Seninle
Başlamadı

It Didn't Start With You: How Inherited Family Trauma Shapes Who We Are and How to End the Cycle first published in the United States by Viking, an imprint of Penguin Random House LLC in 2016. (Seninle Başlamadı: Kalıtsal Aile Travmalarının Kim Olduğumuza Etkileri ve Sorunların Üstesinden Gelmenin Yolları ilk defa Amerika Birleşik Devletleri'nde 2016 Yılında Penguin Random House LLC markası olan Viking ürünü olarak yayımlanmıştır.) © 2016 Sola Yayınları (Sola Koçluk Eğitim Danışmanlık Hizmetleri A.Ş.)

Bu kitabın Türkçe yayın hakkı Akçalı Telif Hakları Ajansı aracılığıyla Viking'den alınmıştır.

SOLA UNITAS YAYINLARI - SOLA KIDZ
Şakayık Sok. No: 40/8 Kat: 2 Teşvikiye Şişli/İSTANBUL
Telefon: 0212 939 76 52 - E-posta: solaunitas@solaunitas.com
www.facebook.com/solayayinlari
www.twitter.com/solaunitas
www.instagram.com/solaunitasyayinlari
www.instagram.com/solakidz
https://kitap.solaunitas.com

ISBN: 9786059692472
Yayıncı Sertifika No: 45798
44. Baskı: İstanbul 2022
İmtiyaz Sahibi: Umut Kısa
Genel Yayın Yönetmeni: Buket Konur
Çevirmen: Mine Madenoğlu
Yayına Hazırlayan: Şirin Aydıner
Editör: Umut Kısa
Redaksiyon: Buket Konur-Hale Özdemir
Okuyucu Deneyimi: Canan Keleş, Gülay Akpınar, İlkin Uysal
Kapak Tasarım: Viking
Mizanpaj: Sibel Deniz

BASILDIĞI YER
Kaplan Ofset
Davutpaşa Caddesi, Güven İş Merkezi C Blok No: 279-280 İstanbul
Sertifika No: 44367

Seninle Başlamadı

Kalıtsal Aile Travmalarının Kim Olduğumuza Etkileri ve Sorunların Üstesinden Gelmenin Yolları

Mark Wolynn

Önsöz

Mark'la 2011 yılında Kaliforniya'da tanıştım. Enerjisini, iliklerinize kadar hissettiren biriydi. Çalışmalarının dönüştürücü etkileri hızla yayılıyordu. *Huffington Post,* Mark'ı "dünyada dönüştürücü etkisi olan beş kişiden biri" olarak tanımlamıştı. Eğitimlerinde yer alan ruh sağlığı uzmanları çalışmalarından etkileniyor, bazen itiraz ediyor bazen de bir "A-ha!" sözüyle ona eşlik ediyorlardı. Yer aldığım eğitimlerdeki canlılığı, düğümleri ve bilmeceleri Sherlock Holmes gibi çözebilme becerisi takdire şayandı. O gün hissettiğim hayranlık, beni onun gibi olma isteğine yönlendirdi.

Yaptığım çalışmaların çoğunda başlangıçta hep o yanımdaymış gibi hissederek çalıştım. Zorlandığım yerlerde, "Benim yerimde Mark olsaydı ne yapardı, nasıl konuşurdu?" diye kendi kendime sormadan edemedim. Sadece birkaç yıl sonra deneyimlerim sayesinde buna ihtiyacım kalmasa da sanırım Mark artık benim bir parçam olmuştu.

Mark Wolynn'in yazdığı *Seninle Başlamadı* çıkar çıkmaz yayıneviyle bağlantı kurup kitabının Türkiye'ye getirilebilmesi için nasıl çaba sarf ettim anlatamam. Birçok kişiyi ikna etmem gerekti ancak bu bilgelikten Türk okurların da yararlanmasını gönülden istiyordum.

Hem eğitimlerimde kullandığım sözlerin bu derece güzel bir akış içerisinde yansıtılması hem de okuyucu için bir deneyim havuzunun oluşması oldukça önemliydi. Özel bir çevirmen bulmalıydık. Konuya yakınlığı olmalıydı. Uzun araştırmalar ve Buket Konur'un yardımıyla muhteşem bir çevirmen bulabildik: Mine Madenoğlu! O kadar titiz ve düzenli çalıştı ki çeviri süresini oldukça aştığını söyleyebilirim. Çalışmasının sonunda bana söylediği cümleyse tam olarak yapmak istediklerimin öncü işareti gibiydi:

"Umut Bey, kitabı çalışırken atalarımı, bazı aile üyelerimi ziyaret etmek ve ilişkilerimi kitaptan yola çıkarak yeniden inceleme isteği duydum. Süreç benim için hem aydınlatıcı hem de biraz zorlayıcı olsa da bu kitabı bana verdiğiniz için size minnettarım."

Söyledikleri o kadar muhteşemdi ki insanlara faydalı olabilmenin gururunu daha ilk aşamada yaşamaya başlamıştım.

Umarım siz de deneyimleri içselleştirebilirsiniz. Daha bağımsız, daha güçlü, daha özgür bir 'SİZ' oluşumunda çok önemli adımlar atmanızı sağlayacak bu kitabı başucunuzdan ayıramayacaksınız.

Umut Kısa
2016, İstanbul

Giriş:
Korkunun Gizli Dili

Karanlık zamanlarda, göz görmeye başlar.
-Theodore Roethke, *In a Dark Time*

Bu kitap bir misyonun ürünüdür, öyle bir misyon ki beni dünya genelinde dolaştırdı, sonra köklerime geri döndürüp bu yolculuğa başladığımda hiç düşünmediğim ve tasarlamadığım bir profesyonel kariyere yönlendirdi. Yirmi yılı aşkın bir süre boyunca depresyon, anksiyete, kronik hastalıklar, fobiler, takıntılı düşünceler, travma sonrası stres bozukluğu ve diğer güçten düşürücü koşullarla mücadele eden bireylerle çalıştım. Birçoğu bana geldiklerinde yıllar süren konuşma terapileri, ilaç tedavileri ve diğer müdahalelerin belirtilerinin kaynağını çözme ve acılarını giderme konusunda başarısızlıkla sonuçlanması nedeniyle cesaretleri kırılmış ve ümitlerini kaybetmiş bir hâldeydiler.

Kendi deneyimimden, eğitim ve klinik uygulamalarımdan cevabın sadece kendi hikâyemizin içinde olmadığını öğrendim. Aradığımız cevap, ebeveynlerimizin hatta onların ebeveynlerinin hikâyesinde bile olmayabilir. Son yapılan bilimsel araştırmalar travmaların etkilerinin bir nesilden diğer nesile geçebileceğini aktarmaya başladı. Bu 'miras', bilinen adıyla kalıtsal aile travmalarının konusunu oluşturuyor. Ortaya çıkan kanıtlar, sistemin gerçekliğini doğruluyor. Kalıtımsal zincirde yer alan acı, her zaman kendi kendine sona ermeyebilir ya da zamanla azalmayabilir. Asıl travmayı yaşayan kişi ölmüş, hikâyesinin üstü örtülmüş ve yıllarca saklı kalmış olsa bile hayat tecrübesine ilişkin parçalar, anılar ve hisler yaşamaya devam edebilir. Âdeta şu an yaşayan kişilerin zihinlerinde ve bedenlerinde çözüm bulmak için geçmişten günümüze uzanır.

İlerleyen sayfalarda okuyacağınız şeyler, San Francisco'daki Kalıtsal Aile Travmaları Enstitüsü'nde yaptığım uygulamalardan edindiğim deneysel gözlemlerin bir sentezidir. Ayrıca nörobilim, epigenetik ve dilbilimindeki buluşlarla da beslenmektedir. Kitap aynı zamanda aile travmalarının birden fazla nesil üzerindeki kalıtsal psikolojik ve fiziksel etkilerini gösteren aile terapisi yaklaşımıyla tanınan Alman psikoterapist Bert Hellinger'la mesleki eğitiminin izlerini de taşımaktadır.

Bu kitap kalıtsal aile yapılarını -nesilden nesile acı döngüsünü canlı tutan, bilmeden edinilmiş korkular, duygular ve davranışlar- tanımlamak üzerine ve de benim çalışmamın özünü oluşturan meseleye, bu döngünün nasıl sonlandırılabileceğine odaklanmıştır. Tıpkı benim gibi sizler de bu yapıların birçoğunun bizlere ait olmadığını öğrenebilirsiniz; bunlar yalnızca aile geçmişimizden ödünç alınmıştır. Peki, bu neden olur? Kuvvetle inanıyorum ki bunun asıl nedeni anlatılmaya ihtiyaç duyulan bir hikâyenin sonunda bir şekilde başka birinin hayatında ortaya çıkarak yeniden anlatılmasından başka bir şey değildir. Hikâye ortaya çıktığında özgürleşme başlar. Sizinle kendi deneyimimi paylaşmak istiyorum.

Ben hiçbir zaman korku ve endişelerimin üstesinden gelmek için bir yöntem oluşturmamıştım. Her şey, görme kaybı yaşadığım gün başladı. İlk defa gözüme vuran bir migren sancısıyla mücadele ediyordum. Hiçbir gerçek fiziksel ağrıdan bahsetmiyorum, sadece görüşümü kapatan bir karanlık terörüydü. Otuz dört yaşındaydım ve gözlerim kararmış vaziyette ofisimde tökezleyerek ilerleyip 911 butonuna basmak üzere masadaki telefonu parmaklarımla yokluyordum. Ulaşabilmiştim ve ambulans yakın zamanda yola çıkacaktı.

Göz migreni genellikle çok ciddi bir şey değildir. Görüşünüz bulanıklaşır fakat genellikle bir saat içinde normale döner. Hatta bu olurken çoğu zaman farkına bile varmazsınız. Fakat benim için göz migreni yalnızca bir başlangıçtı. Birkaç hafta içinde, sol gözümde görme kaybı olmaya başladı. Çok geçmeden, yüzleri ve yol işaretlerini de bulanık görmeye başladım.

Doktorlar, santral seröz retinopati olduğum konusunda beni bilgilendirdi, bunun tedavisi yoktu ve nedeni bilinmiyordu. Gözün arkasında sıvı birikip sonrasında akıyor ve bu da görme alanında yara izi ve bulanıklığa sebep oluyordu. Bazı kişiler -benim gibi kronikleşen %5'lik kesimresmen kör hâle geliyordu. Böyle devam ederse bana her iki gözümün de etkilenebileceğini söylediler. Bu sadece bir 'an' meselesiydi.

Doktorlar bana görme kaybımın neden olduğunu ve bunu neyin iyileştirebileceğini söyleyemediler. Vitaminler, meyve suyu kürleri ve çeşitli tedavi yöntemleri gibi kendi kendime denediğim her şey, durumu daha da kötü hâle getirdi. Çuvallamıştım. En büyük korkum karşımda duruyordu ve bununla ilgili yapacak hiçbir şeyim yoktu. Kör, kendi başımın çaresine bakamaz bir hâlde, yapayalnız ve darmadağın olmuştum. Hayatım mahvolmuştu. Yaşama isteğimi kaybetmiştim.

Senaryoyu kafamda defalarca yeniden kurdum. Bunun hakkında ne kadar çok düşünürsem o kadar çok umutsuzluğa kapılıyordum. Çamura saplanmıştım. Kendimi çamurdan kurtarmaya çalıştığım her sefer yapayalnız, çaresiz ve darmadağın olmakla ilgili görüntüler zihnimde canlanıyordu. O zamanlar 'yalnız', 'çaresiz' ve 'darmadağın' kelimelerinin benim kişisel korku dilimin birer parçası olduğunu bilmiyordum. Bunlar ben doğmadan önce aile geçmişimde meydana gelen travmalardan yankılanıyordu. Dizginsiz ve kontrolsüz olarak, bu kelimeler benim kafamda dönüyor ve bedenimi sarsıyordu.

Düşüncelerime neden bu kadar güç verdiğimi merak ediyordum. Başkalarının benden çok daha kötü sıkıntıları vardı ama benim kadar umutsuzluğa kapılmıyorlardı. Bu kadar korku duymama sebebiyet veren, benimle ilgili şey neydi? Bu soruya cevap verebilmem yıllarımı alacaktı.

O zamanlar, yapabildiğim tek şey terk etmek oldu. İlişkimi, ailemi, işimi, şehrimi; bildiğim her şeyi terk ettim. Parçası olduğum bir dünyada bulamayacağım cevaplar bulmayı istedim. Öyle bir dünya ki birçok insanın karmaşık ve mutsuz olduğu bir şeyi temsil ediyordu. Aklımda sadece sorular vardı ve hayatıma bildiğim hâliyle devam etmek için çok az istek duyuyordum. Organizasyon şirketimi, yeni tanıştığım birine devrettim ve gittim. Güneydoğu Asya'ya varana dek, gidebildiğim en doğuya kadar gittim. İyileştirilmek istiyordum fakat bunun nasıl olacağı hakkında hiçbir fikrim yoktu.

Kitaplar okudum ve onları yazan eğitmenlerle çalıştım. Bana yardım edebilecek birilerinin kulübede yaşayan yaşlı bir kadın veya güleç yüzlü birkaç adam olduğunu duyduğumda bilmediğim sulara açılmaya karar verdim. Eğitim programlarına katıldım ve gurularla şarkılar söyledim. Gurulardan biri, onun konuşmasını dinlemek için bir araya gelen bizlere, kendisinin etrafında "bulan kişilerin" olmasını istediğini söyledi. "Arayan kişilerin" hep o şekilde, arar hâlde kaldığını söyledi.

Ben "bulan kişilerden" olmak istedim. Her gün saatlerce meditasyon yaptım. Üst üste günlerce oruç tuttum. Otlar demledim ve dokularımı işgal ettiğini düşündüğüm kötü toksinlerle savaştım. Bu sürecin başından sonuna kadar, görme gücüm kötüleşmeye devam etti ve depresyonum derinleşti.

O zamanlar fark edemediğim şey, acı veren bir şeye direndiğimiz zaman sıklıkla kaçınmaya çabaladığımız acının süresini uzattığımızdı. Bu şekilde yaparak sürekli acıyı zaman aşımına uğratırız. Ayrıca aradığımız şeyden bizi alıkoyan, arayışla ilgili bir şey daha var. Sürekli dışarıya bakarsak, hedefe ulaştığımızı fark edemeyebiliriz. Kendi içimizde değerli bir şey meydana geliyor olabilir fakat eğer uyumlu değilsek ve odaklanmazsak kaçırabiliriz.

Şifacılar, "Neyi görmek istemiyorsun?" diyerek daha derine bakmam için beni teşvik ettiler. Bunu nasıl bilebilirdim? Tamamen karanlıktaydım.

Endonezya'da bir guru bana, "Gözlerinle ilgili problemin olmasaydı kim olduğunu düşünürdün?" diye sorduğunda içimdeki ışığı biraz daha parlattı ve sözüne şöyle devam etti: "Muhtemelen Johan'ın kulakları Gerhard'ınkiler kadar iyi duymuyordur ve belki de Eliza'nın akciğeri Gerta'nınki kadar güçlü değildir. Dietrich ise Sebastian kadar iyi yürüyemiyordur." (Bu eğitim programında herkes ya Hollandalı ya da Alman'dı ve bir tür kronik durumla mücadele ediyorlardı.) Haklıydı. Göz problemim olmasa ben kimdim? Gerçekle tartışmak benim için burnu büyüklüktü. Beğen veya beğenme, retinam yaralanmıştı ve görüşüm bulanıklaşmıştı fakat her şeyin ötesinde 'ben' sakinleşmeye başlamıştım. Gözüm nasıl olursa olsun, artık benim nasıl olduğumu belirleyici bir faktör olmak zorunda değildi.

Öğrenmeyi derinleştirmek için bu guru bize üç gün üç gece -gözler bağlı ve kulaklar tıkalı- küçük bir minder üzerinde meditasyon yaparak yetmiş iki saat harcattı. Her gün bize yiyecek olarak küçük bir kâse pirinç ve içecek olarak da sadece su verdi. Uyumak yok, uyanmak yok, uzanmak yok ve de iletişim yok. Tuvalete gitmek; elinizi kaldırıp biri tarafından karanlık yerdeki bir deliğe götürülmeniz demekti.

Bu deliliğin amacı, gözlemleme yoluyla zihnin deliliğini derinlemesine deneyimleme durumuna gelmekti. Zihnimin devamlı en kötü senaryoyu düşünerek ve yeterince endişelenirsem en çok korktuğum şeyden kendimi koruyabileceğim yalanıyla benimle nasıl alay ettiğini öğrendim.

Bu ve benzeri deneyimlerden sonra, içgörüm biraz daha netleşmeye başladı ancak gözlerim hâlâ aynı durumdaydı: Sızıntı ve yara izi devam ediyordu. Birçok düzeyde, görme sorununun olması önemli bir metafordur. Sonuçta sorunumun neyi görebildiğim veya göremediğim olmasından ziyade, benim bir şeyleri nasıl gördüğümle alakalı olduğunu öğrendim fakat bu, kriz geçirdiğim zaman böyle değildi.

"Vizyon arayışı" olarak adlandırdığım şeyin üçüncü yılında sonunda aradığım şeyi buldum. Bugüne kadar çok kez meditasyon yaptım. Genel itibarıyla depresyondan kurtuldum. Yalnızca nefesim ve bedenimde duyumsadığım hislerle sessizlikte sayısız saat geçirebiliyordum. Bu, işin kolay kısmıydı.

Bir gün, bir ruhani öğretmen ile yapılan toplantı anlamına gelen *satsang* için sırada bekliyordum. Tapınakta sıra bekleyen herkesin giydiği gibi ben de beyaz elbisemle saatlerdir sıradaydım. Sıra bana geldi. Öğretmenin benim özverimi göreceğini umuyordum. Bunun yerine bana doğru baktı ve benim göremediğim şeyi gördü. Bana "Eve git!" dedi. "Eve git ve anneni babanı ara!"

"Ne?" Çok öfkeliydim. Vücudum sinirden titriyordu. Şüphesiz beni yanlış yorumlamıştı. Ben artık anne babama ihtiyaç duymuyordum. Ben onları arkamda bırakmıştım. Onların yanından uzun zaman önce ayrılmıştım. Onları, daha iyi anne babalar, tanrısal aileler ve uyanışımda bir sonraki seviyeye geçerken bana rehberlik eden öğretmen, guru, bilge erkek ve kadınların bulunduğu ruhsal ailelerle değiştirmiştim. Bunun da ötesinde, gördüğüm yanlış tedaviler, yastıklara vurarak ve anne babamın fotoğraflarını paramparça yırtarak geçirdiğim birkaç yıldan sonra, onlarla aramdaki ilişkiyi zaten "tedavi ettiğime" inanıyordum. Öğretmenin tavsiyesini görmezden gelmeye karar verdim.

Fakat içimde bir yere dokundu ve bir şey çağrıştırdı. Onun söylediği şeyi tam olarak bırakamadım. Hiçbir deneyimin boşa olmadığını sonunda anlamaya başlıyordum. Başımıza gelen her şeyin bir sebebi vardı, biz onun görünür önemini fark etsek de edemesek de bu böyleydi. Hayatımızdaki her şey en nihayetinde bizi bir yere sürüklüyordu.

Hâlâ tam ve eksiksiz olduğuma dair illüzyonu sürdürmeye kararlıydım. Tek yapmam gereken başarılı bir şekilde meditasyon yapmaktı. Bu nedenle başka bir ruhani öğretmen ile buluşmak üzere arayışa başladım. Bunun, tüm yanlış anlamaları ortadan kaldıracak biri olacağına emindim.

Başka bir adam günde yüzlerce insana kutsal sevgisini aşılıyordu. Şüphesiz o beni, kendimi hayal ettiğim gibi derin ruhani bir kişi olarak görecekti. Görüşmeye gittim. Tekrar aynı cümlelerle karşılaştım: "Anne babanı ara! Eve git ve onlarla barış!"

Bu defa bana söylenene kulak verdim.

İyi öğretmenler bilgiye sahip olanlardır. En iyileri ise kişinin onların öğretilerine inanıp inanmamasıyla ilgilenmezler. Onlar gerçeği sunar ve sonra sizi gerçeğinizi keşfetmek üzere kendinizle baş başa bırakır. Adam Gopnik, *Through The Children's Gate* adlı kitabında gurular ve öğretmenler arasındaki farkı şöyle anlatır: "Bir guru bizlere önce kendisini sonra sistemini sunar; bir öğretmense önce konusunu, sonra kendi gerçekliğimizi verir."

İyi öğretmenler nereden geldiğimizi, nereye gideceğimizi ve geçmişimizde çözümsüz kalan şeylerin bugünümüzü nasıl etkilediğini anlar. Onlar ailelerimizin iyi veya kötü ebeveynlik yaptıklarına bakmaksızın, önemli olduklarını bilirler. Bunun dışında başka yol yoktur: Ailemizin hikâyesi, *bizim hikâyemizdir*. Hoşunuza gitsin ya da gitmesin, bu bizim içimizdedir, bize aittir.

Onlarla ilgili hikâyemize bakmaksızın, anne babamız bizden silinemez ve çıkarılamaz. İçimizde olduklarından, onları hiç görmemiş, tanımamış olsak bile bizler onların birer parçasıyızdır. Ailemizi reddetmek sadece bizi kendimizden uzaklaştırır ve daha çok acı verir. Her iki öğretmenim de bunu görebildi. Benim körlüğüm hem gerçek hem de mecaz anlamdaydı. Artık uyanmaya başlıyordum, özellikle de evde koca bir karmaşa bırakmış olduğum gerçeğini artık görmeye başlamıştım.

Yıllarca anne babamı sert bir şekilde yargıladım. Kendimi onların olduğundan daha becerikli, çok daha duyarlı ve insancıl görüyordum. Benim yaşamıma ters düştüğüne inandığım her şey için onları suçladım. Şimdi, içimde eksik kalan şeyleri doldurmak üzere onlara geri dönmem gerekiyordu. Ailem, benim zayıf yanımdı. Başkalarından sevgi alma becerimin annemden sevgi alma becerime bağlı olduğunu fark etme noktasına geliyordum.

Onun sevgisini doğru şekilde alabilmek kolay olmayacaktı. Annemle aramda öyle derin bir kırgınlık vardı ki onun tarafından tutulmak âdeta bir ayı kapanında sıkışmışlık hissi veriyordu. Onun geçememesi için bir kabuk oluşturur gibi bedenimin kendi kendine sıkılaşmasını istiyordum.

İçimdeki yara, özellikle de bir ilişki içinde kendimi açma becerim olmak üzere yaşamımın tüm yönlerini etkiledi.

Annem ve ben aylarca konuşmayabilirdik. Konuştuğumuzdaysa ya kelimelerimle ya da zırhlı beden dilimle bana gösterdiği sıcak duyguları azaltıp kısa kesmenin bir yolunu bulurdum. Soğuk ve mesafeli dururdum. Diğer taraftan, beni göremediği veya duyamadığı için onu suçlardım. Duygusal bir çıkmazdaydım.

Aramızdaki kırgınlığı düzeltmeye kararlı bir şekilde, Pittsburgh'a gitmek üzere uçak rezervasyonu yaptım. Birkaç aydır annemi görmemiştim. Evle cadde arasındaki yola gelir gelmez göğsümün sıkıştığını hissettim. Aramızdaki ilişkinin düzelebileceğinden pek emin değildim, içimde kötü bir his vardı. Kendimi en kötüsüne hazırladım, aklımda senaryoyu canlandırdım: O bana sarılacaktı, bense sadece onun kolları arasında gevşemeyi dileyerek tam tersini yapacaktım. Âdeta çelik gibi olacaktım.

Hemen hemen öyle oldu. Zar zor katlanabildiğim bir kucaklaşmayla beni sardı, nefes almakta zorlandım. Yine de ondan bana sarılmaya devam etmesini istedim. İçten dışa, bedenimin dayanma gücünü, nerede kasıldığımı, ne gibi duyguların açığa çıktığını, nasıl durdurabildiğimi öğrenmek istedim. Bu, benim için yeni bir bilgi değildi. Bu kalıbın ilişkilerime yansıdığını görmüştüm. Sadece bu defa, uzaklaşmıyordum. Planım, içimdeki yaranın kaynağına ulaşmaktı.

Annem bana daha uzun süre sarıldıkça patlayacağımı düşündüm. Bana sarılması fiziksel olarak acı vericiydi. Acı uyuşuklukla, uyuşukluk acıyla karışabilirdi. Ardından, dakikalar sonra bir şey oldu. Göğsüm ve karnım titriyordu. Gevşemeye başladım ve ilerleyen haftalarda gevşemeye devam ettim.

Orada olduğum sürede ettiğimiz sayısız sohbetten birinde ben küçükken meydana gelen bir olayı paylaştı. Bunu duymaya hazırlıksızdım. Annem safra kesesi ameliyatı nedeniyle üç hafta hastanede yatmak zorunda kalmış. Bunu kavrayınca içimde neler olduğu konusunda parçaları birleştirmeye başladım. Annemle ben, aslında ben iki yaşımdayken ayrılmıştık. Bir yerde, bilmeden bir sertlik içimde köklenmişti. Annem eve döndüğünde, onun ilgisine güven duymayı bırakmıştım.

Artık ona karşı savunmasız değildim. Bunun yerine, onu uzaklaştırmış ve sonraki otuz yıl boyunca da böyle yapmaya devam etmiştim.

Hayatımın bir anda mahvolabileceğine dair taşıdığım korkuya, bir başka olayın daha katkısı olmuş olabilir. Annem beni doğururken zor deneyimler yaşadığını anlattı, bunlardan birinde doktor forseps kullanmış. Bunun sonucunda, çok sayıda morluğun ve çöküğün oluştuğu bir kafatasıyla doğmuşum. Annem ilk başta görünüşümün onun beni kucaklamasını zorlaştırdığını pişmanlıkla açıkladı. Onun hikâyesi yankılandı ve içimde ta derinde hissettiğim o mahvolma hissimi açıklamama yardımcı oldu. Özellikle doğumumdan kalma travmatik anılardan dolayı, ben ne zaman yeni bir proje 'doğursam' ve toplum içinde yeni bir çalışmamı sunsam, bedenimde saklı kalan bu duygu su yüzüne çıkıyordu. Bunu anlamak bile bana huzur verdi. Ayrıca beklenmedik biçimde, annemle ikimizi yakınlaştırdı.

Bir yandan annemle bağımı onarırken, bir yandan da babamla ilişkimi yenilemeye başladım. Harabe gibi küçük bir apartmanda tek başına yaşıyordu. (Annemle babam ben on üç yaşımdayken boşandığından beri orada yaşıyordu.) Eski bir denizci çavuşu ve inşaat işçisi olan babam, kendi yaşadığı yeri yenilemek için hiçbir zaman girişimde bulunmamıştı. Eski aletler, cıvatalar, vidalar, çiviler, elektrik ve koli bandı ruloları odalara, koridorlara dağılmış durumdaydı. Tıpkı her zaman oldukları gibi... Babam ve ben paslı demir-çelik öbeklerinin arasında ayakta dururken, ona kendisini ne kadar özlediğimi söyledim. Kelimeler boşlukta buharlaşır gibiydi. Babam bununla ne yapacağını bilmez hâldeydi.

Her zaman babamla yakın bir ilişkimiz olmasını istemişimdir ancak ne o ne de ben bunu nasıl yapabileceğimizi bilemedik. Hâlbuki bu defa, konuşmayı sürdürdük. Babama onu sevdiğimi ve iyi bir baba olduğunu söyledim. Onunla küçüklüğümde benim için yaptığı şeylerle dolu anılar paylaştım. Hareketleriyle -omuz silkmesi, konu değiştirmesi- beni dinlemiyormuş gibi yapsa bile onun söylediklerimi dinlediğini hissedebiliyordum. Konuşmalarımız ve anıları paylaşmak haftalar sürdü. Birlikte öğle yemeği yediğimiz günlerden birinde, doğrudan gözlerime baktı ve "Ben hiç beni sevdiğini düşünmedim." dedi. Nefes almakta zorlandım. İkimizin de içinin büyük acıyla dolu olduğu açıkça belliydi. O anda, bir şey kırılıp açıldı.

Bazen kalbin açılabilmesi için kırılması gerekir. Sonuçta, her ikimiz de birbirimize karşı duyduğumuz sevgimizi ifade edebilmeye başladık. Artık öğretmenlerin söylediklerine güvenmenin etkilerini görebiliyordum ve iyileşebilmek için ailemle birlikte eve döndüm.

Hatırladığım kadarıyla ilk defa anne babamın sevgi ve ilgisini almak için kendimi serbest bırakabilmiştim. Tam olarak bir zamanlar benim umduğum şekilde olmasa da onların verebildiği biçimde gerçekleşmişti. İçimde bir şeyler açıldı. Onların beni sevip sevmediği önemli değildi. Önemli olan, onların bana verdiği şeyi benim nasıl alabildiğimdi. Onlar her zaman oldukları gibi aynı anne babamdı. Fark benim içimde meydana geldi. Annemle aramdaki bağ kopmadan önce bebekliğimde hissetmem gerektiği şekilde onları yeniden sevmeye başladım.

Aile geçmişimden aldığım benzer travmalarla birlikte annemle yaşadığım erken ayrılık, özellikle de dede ve büyükannelerimden üçünün annelerini erken yaşta kaybettikleri gerçeği ve dördüncüsününse babasını bebekken kaybetmesi ve esasen annesinin dikkat ve ilgisinin bu keder üzerinde yoğunlaşması, benim kendi korkumun gizli dilini oluşturmama sebep oldu. *Yalnız, çaresiz ve mahvolmuş* kelimeleri ve bunlara eşlik eden duygular beni yanlış yola saptırma gücünü sonunda kaybediyordu. Bana yeni bir hayat veriliyordu ve anne-babamla yenilenen ilişkim bunun önemli bir parçasıydı.

Önümüzdeki birkaç ay içinde, annemle yeniden sıcak bir iletişim kurdum. Annemin, bir zamanlar bana kendimi saldırılmış ve kafese konulmuş gibi hissettiren sevgisi, artık sakinleştirici ve güçlendirici geliyordu. Aynı zamanda, babamla ölümünden önce on altı yıl birbirimize yakın olduğumuz için şanslıydım. Son dört yılına hâkim olan demans hastalığında, babam bana hassasiyet ve sevgi konusunda bugüne kadar öğrendiklerimin arasında muhtemelen en önemli dersi verdi. Birlikte düşüncenin ve zihnin ötesinde, sadece en derin sevginin olduğu yerde buluştuk.

Seyahatlerim sırasında birçok harika öğretmenim olsa da geriye dönüp baktığımda beni dünyanın öbür ucuna götürüp, aileme geri döndürüp, aile travmalarının karmaşasının ortasına götüren ve sonunda kalbime döndüren şey gözümdü. Aşırı stresli, sorunlu, terör yaratan gözüm... Gözüm, tartışmasız hepsinin arasında en iyi öğretmendi.

Yolculuğumun bir noktasında gözüm hakkında düşünmeyi, iyileşebileceği veya kötüleşebileceği hakkında endişelenmeyi bıraktım.

Yeniden net görebilmem artık beklenmiyordu. Bir şekilde görme sorunum, önemli olmaktan çıktı. Çok geçmeden, görüşüm düzeldi. Bunu ben de beklemiyordum. Hatta buna ihtiyaç bile duymuyordum. Gözüm ne durumda olursa olsun, ona rağmen iyi olmayı öğrenmiştim.

Göz doktorum retinamdaki mevcut yara miktarıyla görmemin mümkün olmaması gerektiği konusunda yemin etse de şimdi görüş oranım 20/20. Doktorum başını iki yana sallayıp onaylamadığını belirterek, ışık sinyallerinin bir şekilde sekerek göz çukurunu, retinanın merkezini atlaması gerektiğini öne sürüyor. Tedavi ve dönüşüme dair birçok hikâyede olduğu gibi, terslik gibi görünerek başlayan şey aslında kılık değiştirmiş bir güzellikti. İşe bakın ki cevaplarımı gezegenin en ücra köşelerinde ararken, iyileşebilmek için en harika kaynakların zaten benim içimde olduğunu, sadece ortaya çıkmayı beklediklerini anladım.

Sonuç olarak iyileşmek içimizle bağlantılı bir iştir. Şükürler olsun ki öğretmenlerim beni anne babama gönderdi ve kendime getirdi. Yol boyunca ailemdeki hikâyeleri ortaya çıkardım ve bunu yapmak bana sonunda huzur verdi. Yeni keşfettiğim özgürlük ve şükür duygusundan dolayı, başkalarının kendi özgürlüklerini keşfetmelerine yardımcı olmak misyonum hâline geldi.

Psikoloji dünyasına girebilmem dil yoluyla oldu. Hem öğrenci hem de bir klinisyen olarak davranış testleri, teorileri ve modellerine dair çok az ilgim vardı. Ben bunun yerine kullanılan dile odaklanıyordum. Dinleme teknikleri geliştirdim ve insanların şikâyetlerinin arkasında ve geçmiş hikâyelerinin altında ne söylediklerini duymak üzere kendimi eğittim. Onları acılarının kaynağına götüren belirgin kelimeleri bulmaları konusunda insanlara yardımcı olmayı öğrendim. Bazı kuramcıların travma sırasında dilin kaybolduğunu öne sürmesine rağmen, bu dilin asla kaybolmadığını tekrar tekrar doğrudan gördüm. Bilinçaltı dünyasında dolaşıyor ve yeniden keşfedilmeyi bekliyordu.

Dilin, tedavinin kuvvetli bir aracı olması benim için tesadüf değildi. Hatırlayabildiğim en uzak geçmiş kadarıyla dil benim öğretmenim, düzenleme ve dünyayı anlama yolum oldu. Gençlik dönemimden beri şiir yazarım ve dil kâğıda dökülmekte ısrar ettiği zaman her şeyi -yani neredeyse her şeyi- bırakabilirim.

Teslimiyetin diğer tarafında, bu şekilde yapmadığım takdirde elde edemeyeceğim içgörüler olduğunu biliyorum. Kendi sürecimde *yalnız, çaresiz* ve *mahvolmuş* kelimelerini yerleştirmem önemliydi.

Travmayı tedavi etmek birçok yönden şiir yazmaya benzer. Her ikisi için de doğru zamanlama, doğru kelimeler ve doğru resim gerekir. Bu faktörler ayarlandığı zaman, bedende hissedilebilecek anlamlı bir şey harekete geçer. İyileşebilmek için hızımız uyumlu olmalıdır. Bir resme çok erken ulaşırsak köklenemeyebilir. Bizi rahatlatacak kelimeler çok erken ulaşırsa onları özümsemek için hazır olmayabiliriz. Kelimeler dakik değilse onları duymayabiliriz veya onlarla aynı rezonansta olamayabiliriz.

Öğretmen ve eğitim lideri olarak yaptığım çalışmalar boyunca, kalıtsal aile travmaları eğitimimde edindiğim içgörüleri ve yöntemleri, dilin önemli rolü konusundaki bilgimle birleştirdim. Ben buna Çekirdek Dil Yaklaşımı diyorum. Belli başlı sorular sorarak, insanların kapıldıkları fiziksel ve duygusal belirtilerin arkasındaki kök nedeni keşfetmelerine yardımcı oluyorum. Doğru dili ortaya çıkarmak sadece travmayı açığa çıkarmakla kalmıyor, aynı zamanda tedavi için gereken araçları ve resimleri de ortaya çıkarıyor. Bu yöntemi kullanarak depresyon, anksiyete ve boşluk duygularının kökleşmiş kalıplarının ışık hızında değiştiğine tanık oldum.

Yolculuğumuzda kullanacağımız araç, dildir. Endişe ve korkularımızın saklı kalan dilidir. Bu dilin, hayatımız boyunca içimizde yaşadığını biliyorum. Bu durum, kendi anne babamızdan veya nesiller önce büyükanne ve dedelerimizden ileri geliyor olabilir. Çekirdek dilimiz duyulmak konusunda ısrarcıdır. Nereye gittiğini veya hikâyesini takip ettiğimiz zaman, en derin korkularımızı etkisiz hâle getirme gücüne sahiptir.

Yol boyunca, bildiğimiz ve bilmediğimiz aile üyeleriyle karşılaşabiliriz. Bazıları yıllar önce ölmüş olabilir. Bazıları alakalı bile olmayabilir fakat onların acıları veya zulümleri ailemizin kaderinin gidişatını değiştirmiş olabilir. Uzun süre önce örtbas edilmiş hikâyelerindeki bir veya birkaç sırrı açığa çıkarabiliriz. Fakat deneyimlerim, bu keşfin bizi nereye götüreceğini düşünmeksizin, bedenlerimizde harika bir özgürlük duygusu ve kendimizle çok daha huzur içinde olabilme becerisi ile hayatlarımızda yeni bir yere varacağımızı göstermektedir.

Kitap boyunca eğitimlerim, atölyelerim ve bireysel seanslarımda birlikte çalıştığım insanların hikâyelerinden yararlandım. Vaka detayları gerçektir ancak gizliliklerini korumak amacıyla isimlerini ve diğer belirleyici özelliklerini değiştirdim. Korkularının gizli dilini paylaşmama izin verdikleri, bana güvendikleri ve kelimelerinin altında yatan önemli şeyleri duymama izin verdikleri için kendilerine minnettarım.

I. Kısım

Aile Travmaları

1. Bölüm

Kaybolan ve Bulunan Travmalar

Geçmiş, hiçbir zaman unutulmuş değildir.
Geçmiş, geçmiş bile değildir.
-William Faulkner, *Bir Rahibeye Ağıt*

Herkese tanıdık geleceği üzere travmaların en önemli özelliklerinden biri onu anlatma ya da açığa çıkarma konusundaki yetersizliğimizdir. Sadece kelimeleri kaybetmeyiz, aynı zamanda hafızamızla da ilgili kayıplarımız vardır. Travmatik bir olay sırasında, düşünce süreçlerimiz öyle dağınık ve düzensiz hâle gelebilir ki asıl olaya ait anıları fark edemez oluruz. Bunun yerine travma anında yaşadıklarımız görüntü, bedensel algı ve kelimeler hâlinde içimizde bir yerlere dağılır ve bilinçaltımızda depolanır. Ardından asıl deneyimi uzaktan andıran herhangi bir tetikleyiciyle aktif hâle gelir. Bir defa tetiklendiğinde, âdeta görünmez bir geri sarma tuşuna basılmış gibi asıl travmanın özelliklerinin günlük yaşamlarımızda yeniden canlanmasına neden olur. Bilinçsizce, kendimizi bazı insanlara, olaylara veya durumlara geçmişi yansıtan o eski, tanıdık yollarla benzer tepkiler verirken bulabiliriz.

Sigmund Freud bu kalıbı yüz yıldan fazla süre önce tanımlamıştır. Travmatik yeniden canlandırmalar veya Freud'un adlandırdığı gibi "yineleme takıntısı" bilinçaltının çözülememiş şeyleri "hatasız yapmak" üzere tekrarlama girişimidir. Geçmişteki olayları çözme amacı güden bilinçaltından gelen bu dürtüler, aile tarihinden gelebilir, geçmişteki çözülmemiş travmalarsa gelecek nesillerde ortaya çıkabilir.

Freud'la çağdaşı Carl Jung da bilinçaltında kalan şeylerin yok olmadığına fakat daha ziyade yaşamlarımızda kader ve talih olarak yeniden yüzeye çıktığına inanmıştır. Jung, *bilinçli olmayan ne varsa, kader olarak deneyimlenecektir*, der. Diğer bir deyişle farkındalık kazanmadığımız müddetçe muhtemelen bilinçaltı kalıplarımızı tekrarlamaya devam ederiz. Hem Jung hem de Freud, işlenmesi çok zor her ne varsa kendi kendine yok olmadığını, daha ziyade bilinçaltımızda saklandığını belirtmişlerdir.

Freud ve Jung, daha önce engellenen, bastırılan veya içe atılan hayat tecrübeleri parçalarının; kullanılan kelimelerde, davranışlarda, jest ve mimiklerde görülebildiğini gözlemlemişlerdir. Takip eden yıllarda terapistler, bunun gibi ipuçlarını dil sürçmeleri, kaza kalıpları veya rüya imgeleri hâlinde danışanlarının hayatlarının kelimelerle anlatılamayan ve akla gelmeyecek alanlarını aydınlatan haberciler olarak görmüşlerdir.

Görüntü teknolojisinde gerçekleşen son gelişmeler araştırmacıların bunaltıcı olaylar sırasında 'tetiklenen' veya bozulan beyin ve bedensel fonksiyonların analiz edilmesini sağladı. Bessel van der Kolk, travma sonrası stres konusunda yaptığı araştırmalarla tanınan Hollandalı bir psikiyatristtir. Kolk, travma sırasında beynin mevcut ânı deneyimlemekten sorumlu bölümü mediyal alın korteksinin konuşma merkezini kapadığını açıklar. Travmanın *kelimelerle ifade edilememe durumu,* tehdit veya tehlike sırasında beynin hatırlama becerisi azaldığında meydana gelen *kelimelerin yetersiz kalma* durumuna benzediğini söyler. Ayrıca insanların travmatik deneyimlerini hafiflettikleri zaman prefrontal korteksin zayıfladığını ve bunun sonucunda düşünme ve konuşma zorlukları yaşadıklarını söyler. Tam olarak ne olup bittiği hakkında ya kendileriyle ya da başkalarıyla iletişim kuramaz hâle gelirler.[1]

Yaşananları hatırlamanın zorlaşması, her şeyi unuttuğumuz anlamına gelmez. Travmatik olayın bir parçası olan kelime, görüntü ve dürtüler içimizde taşıdığımız acılarımızın gizli dilini oluşturmak üzere yeniden ortaya çıkar. Hiçbir şey kaybolmaz. Parçalar sadece yön değiştirir.

Psikoterapide ortaya çıkan akımlar, günümüzde resmin bütününün bir parçası olarak aile ve toplumun geçmişindeki travmatik olayları da resme dahil etmek üzere, bireyin travmasının ötesine işaret etmeye başlamıştır. Terk edilme, intihar, savaş veya bir çocuğun, ebeveynin ya da kardeşin genç yaşta ölümü gibi tür ve yoğunluk bakımından çeşitlilik gösteren üzüntü verici olaylar, şok dalgaları hâlinde sıkıntıyı bir nesilden diğerine aktarabilir. Hücresel biyoloji, nörobilim, epigenetik ve gelişim psikolojisi alanlarındaki son gelişmeler, travma modelleri ve tekrarlayan acıların arkasındaki mekanizmayı anlamak amacıyla aile geçmişindeki en az üç nesili incelemenin önemini vurgulamaktadır.

Aşağıdaki hikâye bunun canlı bir örneğini sunar. Jesse'yle ilk karşılaştığımda bir yıldan uzun bir süredir uyuma zorluğu yaşıyordu. Uyku problemi gözlerinin etrafındaki morluklardan görülebiliyordu fakat bakışlarındaki boşluk daha derin bir hikâyesinin olduğunu söylüyordu. Yalnızca yirmi yaşında olmasına rağmen Jesse on yaş büyük gösteriyordu. Âdeta bacakları ağırlığını daha fazla taşıyamıyormuş gibi kanepeme gömüldü.

Jesse yıldız bir sporcu ve daima iyi not alan çok iyi bir öğrenci olduğunu ancak inatçı uykusuzluğunun hayatını alt üst ederek onu depresyona ve umutsuzluğa sürüklediğini anlattı. Bunun sonucunda okuldan ayrıldığını ve kazanmak uğruna çok çaba sarf ettiği beyzbol bursunu da kaybettiğini söyledi. Hayatını yeniden yoluna koymak için çaresizce yardım arıyordu. Geçtiğimiz yıl üç doktora, iki psikoloğa, uyku kliniğindeki bir klinisyene ve bir natüropati doktoruna gitmişti. Monoton bir tonla anlattığına göre bunlar ne gerçek bir içgörü ne de fayda sağlamıştı. Hikâyesini paylaşırken çoğunlukla yere bakan Jesse, sabrının tükendiğini söyledi.

Ona uykusuzluğunu neyin tetiklemiş olabileceği hakkında bir fikri olup olmadığını sorduğumda, hayır anlamında başını iki yana salladı. Jesse her zaman kolaylıkla uykuya dalıyordu. On dokuzuncu yaş gününün hemen ardından bir gece sabaha karşı üç buçukta birdenbire uyanmıştı. Donuyordu, titriyordu ve ne denediyse bir türlü ısınamıyordu. Üç saat geçmesinin ve birkaç battaniye edinmesinin ardından Jesse, hâlâ uykuya dalamamıştı. Sadece üşümüş ve yorgun değildi aynı zamanda daha önce hiç hissetmediği tuhaf bir korkuya kapılmıştı. Öyle bir korku ki uykuya dalarsa korkunç bir şey olacakmış gibi geliyordu.

Eğer uykuya dalarsam, bir daha asla uyanamam. Kendisini uykuya dalacak gibi hissettiği her an bu korku onu uyandırıyordu. Aynı şey bir sonraki gece ve ondan sonraki gecelerde de tekrarlandı. Çok geçmeden uykusuzluk, onun için gece çilesi hâline geldi. Jesse, korkusunun mantıksız olduğunu biliyordu ancak buna son verme konusunda çaresizdi.

Jesse'nin anlattıklarını dikkatlice dinledim. Benim dikkatimi çeken alışılmadık bir detaydı. Bunu ilk kez yaşadığında en başta çok fazla üşüdüğünü, "Donuyordum." diyerek ifade etti. Bunu Jesse'yle incelemeye başladım. Ona, ailesinde her iki taraftan da herhangi birinin üşüme ve *uykuda olma* tarzı bir durum veya *on dokuz* yaşında bir travma yaşayıp yaşamadığını sordum.

Jesse yakın zamanda annesinin ona varlığını bile bilmediği amcasının trajik ölümünü anlattığını açıkladı. Colin Amcası, Kanada'nın kuzeybatısında yer alan Yellowknife'ın kuzeyinde gerçekleşen bir fırtına sırasında elektrik hatlarını kontrol ederken donarak öldüğünde sadece on dokuz yaşındaymış. Kardaki izler onun dayanmak için mücadele ettiğini gösteriyordu. Sonunda, kar fırtınasında hipotermi -vücut ısısının düşmesi- nedeniyle bilincini kaybetmiş hâlde yüzükoyun yatarken bulunmuştu. Onun ölümü o kadar trajik bir ölüm olmuştu ki aile bir daha asla onun adını bile anmamıştı.

Şimdi, otuz yıl sonra, Jesse hiç bilmeden Colin'in ölümünün özelliklerini, özellikle de bilinçsizlik hâline kendini bırakmak konusunda duyduğu korkuyu tekrar yaşıyordu. Jesse için uykuya dalmak aynı şekilde hissettiriyor olmalıydı.

Bu bağlantıyı yapmak Jesse için bir dönüm noktası oldu. Uykusuzluk probleminin otuz yıl önce yaşanan bir olaydan kaynaklandığını bir kere kavradıktan sonra sonunda uykuya dalma konusunda duyduğu korkuya dair bir açıklaması vardı. Artık iyileşme süreci başlayabilirdi. Çalışmamızda öğrendiği araçlarla Jesse, hiç tanımadığı fakat farkında dahi olmadan korkusunu kendisininmiş gibi üstlendiği amcası nın travmasının üstesinden geldi. (Bu araçların ne olduğu kitabın ilerleyen sayfalarında anlatılacaktır.) Jesse sadece uykusuzluğun yoğun sisinden kurtulmakla kalmadı, aynı zamanda geçmişteki ve şimdiki ailesiyle de daha derin bir bağ kurdu.

Jesse'ninkine benzer hikâyeleri açıklama girişiminde bilim insanları, travmaların bir nesilden diğerine geçebildiğine dair biyolojik kanıtları tespit edebilmektedir. Rachel Yehuda, New York'ta yer alan Mount Sinai Tıp Fakültesi'nde Psikiyatri ve Nörobilim alanlarında profesördür ve Travma Sonrası Stres Bozukluğu (TSSB) konusunda dünyada önde gelen uzmanlardandır. TSSB alanında gerçek bir öncüdür. Yehuda sayısız çalışmada soykırımdan kurtulanlar ve onların çocuklarındaki TSSB'nin nörobiyolojisini incelemiştir. Özellikle bir travma yaşadıktan sonra vücudumuzun normale dönmesine yardımcı stres hormonu kortizol ve kortizolun beyin işlevlerine etkisi üzerine yaptığı araştırma TSSB'nin, dünya çapında anlaşılmasında ve tedavisinde köklü değişiklikler yapmıştır. (TSSB yaşayan insanlar, travma geçmişte meydana gelmiş olmasına rağmen o travmaya ilişkin duyguları yeniden yaşarlar. Belirtileri arasında; depresyon, anksiyete, uyuşukluk, uykusuzluk, kâbuslar, korkutucu düşünceler ve kolay irkilme veya 'diken üstünde hissetme' bulunmaktadır.)

Yehuda ve ekibi, soykırımdan kurtulduktan sonra TSSB yaşayan kişilerin çocuklarının, ebeveynlerine benzer şekilde düşük kortizol seviyeleriyle doğduğunu gördüler ve bu da bir önceki nesilin TSSB belirtilerini yeniden yaşamak üzere yatkın hâle getirmekteydi. Yehuda'nın, akut travmatik olayı deneyimleyen insanlardaki kortizol seviyesinin düşüklüğünü keşfetmesi, uzun zamandır süregelen stresin yüksek kortizol seviyesiyle ilgili olduğu görüşüne ters düştüğü için tartışmaya yol açmıştır. Özellikle kronik TSSB durumunda kortizol üretimi bastırılabilir ve bu da hem soykırımdan kurtulan kişilerde hem de çocuklarında ölçülen düşük seviyelere katkı sağlamaktadır.

Yehuda benzer şekilde düşük kortizol seviyelerinin savaş gazilerinde ve Dünya Ticaret Merkezi saldırılarından sonra TSSB gelişen hamile annelerde ve onların çocuklarında da olduğunu ortaya çıkarmıştır. Çalışmasında, yalnızca hayatta kalan kişilerin daha az kortizol ürettiğini bulmakla kalmadı, aynı zamanda onların çocuklarına aktarabileceği özellikleri de buldu. Yehuda; TSSB, kronik ağrı sendromu ve kronik yorgunluk sendromu da dahil olmak üzere stres kaynaklı birçok psikiyatrik bozukluğun, kandaki düşük kortizol düzeyleriyle ilişkili olduğunu belirtmektedir.[2] Sayısı gittikçe artan TSSB hastalarının %50-70'i ayrıca majör depresyon veya başka bir nevroz veya anksiyete bozukluğunun tanı kriterlerini de karşılamaktadır.[3]

Yehuda'nın araştırması, ebeveynlerimizden birinde TSSB varsa bizim TSSB belirtileri yaşama ihtimalimizin üç kat daha fazla olduğunu ve bunun sonucunda da depresyon veya anksiyete yaşama olasılığımızın daha fazla olduğunu göstermektedir.[4] Yehuda bu tip nesilsel TSSB'nin, bizim varlığımızın ailemizin zorluklardan geçtiği hikâyelerine maruz kalmasından çok, kalıtım yoluyla aldığımıza inanmaktadır.[5] Yehuda, travmadan sağ kalan kişilerin nesilinden gelen insanların doğrudan deneyimlemedikleri travmaların fiziksel ve duygusal belirtilerini nasıl taşıdıklarını gösteren ilk araştırmacılardan biridir.

Gretchen'ın durumu da böyleydi. Stresin etkilerini azaltmak için yıllarca antidepresan ilaçlar kullanıp konuşma ve grup terapi seanslarına katıldıktan ve çeşitli bilişsel yaklaşımlar denedikten sonra, Gretchen'ın depresyon ve anksiyete belirtileri hiç değişmeden aynı kalmıştı.

Gretchen bana artık yaşamak istemediğini söyledi. Hatırlayabildiği kadar uzun süredir, o kadar yoğun duygularla mücadele ediyordu ki bedenindeki dalgalanmaları zar zor kontrol edebiliyordu. Gretchen birkaç kez ruh ve sinir hastalıkları hastanesine yatırılmıştı, oradayken ona anksiyete bozukluğu ve bipolar teşhisi konmuştu. İlaç tedavisi ona hafif bir rahatlama sağlasa da içindeki kuvvetli intihar dürtüsüne hiçbir zaman tesir edememişti. Ergenliğinde, sigaranın yanan ucuyla kendini yakarak yaralamıştı. Şimdi otuz dokuz yaşındaki Gretchen bıkmış durumdaydı. Söylediğine göre, yaşadığı depresyon ve anksiyete evlenmesine ve çocuk sahibi olmasına engel oluyordu. Şaşırtıcı bir şekilde sakin bir ses tonuyla bana bir sonraki doğum gününden önce intihar etmeyi planladığını söyledi.

Gretchen'ı dinlerken aile hikâyesinde önemli bir travmanın varlığına dair güçlü bir his duyuyordum. Bu gibi durumlarda, danışanın belirtilerinin altında yatan travmatik olay hakkında ipucu yakalamak için kullandığı kelimeleri dikkatle dinlemenin çok önemli olduğunu düşünüyorum.

Gretchen'a nasıl intihar etmeyi planladığını sorduğumda, bana kendini 'buharlaştıracağını' söyledi. Birçoğumuza anlaşılmaz gelse de planı tam olarak erkek kardeşinin çalıştığı yerdeki değirmende bulunan sıvı çeliğin içine atlamaktı. Doğrudan gözlerimin içine bakarak "Bedenim saniyeler içinde yanıp kül olacak. Hatta bu, en dibe ulaşmadan olacak." dedi.

O konuştukça duygusuzluğundan dolayı dehşete kapılıyordum. Altta yatan duygu neyse çok derinlerde yatıyordu. Aynı zamanda *buharlaşmak* ve *yanıp kül olmak* kelimeleri içimi titretiyordu. Aileleri soykırımdan etkilenmiş çok sayıda kişiyle çalıştım ve onların kelimelerinin beni yönlendirmesine izin vermeyi öğrendim. Gretchen'ın bana daha çok şey anlatmasını istiyordum.

Ona ailesinde herhangi birinin Yahudi olup olmadığını ve varsa da soykırımdan kurtulup kurtulmadığını sordum. Gretchen ilk önce "Hayır, yok!" diye söze başladı fakat ardından durdu ve büyükannesiyle ilgili bir hikâye anımsadı. Büyükannesi Polonya'da Yahudi bir ailede doğmuştu fakat 1946 yılında Amerika'ya gelip Gretchen'ın dedesiyle evlendikten sonra Katoliklik olmuştu. Bundan iki yıl önce büyükannesinin tüm ailesi Auschwitz'teki fırınlarda can vermişti. Tam anlamıyla gaz ile zehirlenmişler, zehirli gazın içinde kalmışlar ve yanıp kül olmuşlardı. Gretchen'ın birinci derece akrabalarından hiç kimse büyükannesine ne savaşla ne de kardeşlerinin veya ebeveynlerinin kaderiyle ilgili bir soru sormuştu. Bunun yerine buna benzer travmalarda sıklıkla yaşanan bir durum olduğu gibi bu konuyu konuşmaktan tamamıyla kaçınmışlardı.

Gretchen aile hikâyesinin temel gerçeklerini biliyordu fakat bunları kendi anksiyete ve depresyonuyla hiç ilişkilendirmemişti.Kullandığı kelimelerin ve tarif ettiği duyguların ondan kaynaklanmadığını açıkça görebiliyordum, her şey büyükannesi ve yaşamını yitiren aile bireyleriyle başlamıştı.

Ben bu bağlantıyı açıklarken Gretchen beni dikkatle dinledi. Gözleri irileşti ve yanakları al al oldu. Anlattığım şeyin yankı uyandırdığını görebiliyordum. İlk defa Gretchen hissettiği acıya mantıklı bir açıklama bulmuştu.

Yeni anlayışını derinleştirmesine yardımcı olmak için kendini, büyükannesinin yerine koymasını rica ettim ve onu ofisimin ortasındaki halıya yerleştirdiğim bir çift süngerden ayak izi ile temsil ettim. Ondan, büyükannesinin tüm sevdiklerini kaybettikten sonra kendini nasıl hissetmiş olabileceğini hayal etmesini istedim. Bir adım ilerleyerek Gretchen'dan tam olarak ayak izlerinin üzerinde durup *büyükannesinin* duygularını *kendi* bedeninde hissetmesini rica ettim.

Gretchen çok yoğun şekilde keder, yalnızlık ve soyutlanma duyguları hissettiğini söyledi. Ayrıca soykırımdan kurtulan birçok kişinin hissettiği gibi sevdikleri öldürüldükten sonra hayatta kalmanın getirdiği suçluluk duygusunu da hissediyordu.

Travmayı işlemek için danışanların, bedende gizli kalmış hisleri ve duyguları doğrudan deneyimlemeleri genellikle yararlıdır. Gretchen bu hislere erişebildiğinde, kendini yok etme isteği vefat eden aile bireyleriyle derinden bağlantılıydı. Bunun yanı sıra büyükannesinin ölme isteğinin bazı unsurlarını üstüne almış olduğunu fark etti. Gretchen bu anlayışı özümserken aile hikâyesini yeni bir açıdan görüyordu ve bedeni yumuşamaya başladı, âdeta içinde uzun süredir onu sarmalayan bir şey artık gevşiyordu.

Jesse gibi Gretchen'ın da travmasının kendi ailesinin hiç konuşulmayan hikâyesinde saklı kaldığını fark etmesi, onun tedavi sürecindeki ilk adımıydı. Zihinsel anlayış kendi başına kalıcı bir değişimin meydana gelmesinde nadiren yeterli olur. Derinden hissedilen bir içgüdüsel deneyimin, genellikle farkındalığa eşlik etmesine ihtiyaç vardır. İlerleyen sayfalarda, daha önceki nesillerin yaralarının en sonunda serbest bırakılabilmesi için tedavinin tam olarak bütünleşme hâline gelme yollarını inceleyeceğiz.

Umulmadık Bir Aile Mirası

Bir erkek çocuğunun, dedesi gibi uzun bacakları ve bir kız çocuğunun da annesi gibi bir burnu olabilir ancak Jesse, amcasının bir daha asla uyanamama korkusunu devralmıştı ve Gretchen ailesinin soykırım hikâyesini depresyonunda taşımıştı. Kişilerin her birinin içinde uyuyan, bir sonraki nesilde çözülebilmek için ortaya çıkacak travma parçaları vardı.

Ailemizdeki bireyler dayanması zor travmalar yaşadığında, suçluluk veya keder hissettiği zaman, algılanan duygular çok yoğun olabilir ve kontrol edebilecekleri veya çözebilecekleri boyutun ötesine geçebilir. Bu, insanın doğasıdır; acı çok büyük olduğunda, insanlar ondan kaçmaya çabalar ancak duygularımızı engellediğimiz zaman, bizi kendiliğinden serbest bırakmaya götürebilecek gerekli iyileşme sürecine bilmeden engel oluruz.

Bazen acı kendini ifade edebilecek veya çözüme kavuşabilecek bir yol bulabilene kadar saklı kalır. Saklı kalan duygular, genellikle bir sonraki nesilde açıklaması zor belirtiler hâlinde yüzeye çıkabilir. Jesse için sürekli hissettiği üşüme ve titreme hissi, Colin Amcası'nın donarak öldüğü yaşa gelmeden ortaya çıkmamıştı. Gretchen içinse büyükannesinin endişeli çaresizlik duygusu ve intihar dürtüleri kendini bildi bileli içinde vardı. Bu duygular o kadar hayatının bir parçası hâline gelmişti ki hiç kimse duygularının ondan kaynaklanmadığını düşünmemişti.

Günümüzde, toplumumuzda Jesse ve Gretchen gibi kalıtsal aile travmalarının kalıntılarını taşıyan insanlara yardımcı olmak için çok fazla seçenek sunulmamaktadır. Genellikle bir doktora, psikoloğa veya psikiyatriste başvurmakta ve ilaç tedavileri, terapi veya bazen her ikisinin birleşimi bir tedavi almaktadırlar. Bu yollar, biraz hafifleme getirebilecek olsa da genellikle tam bir çözüm sağlayamamaktadır.

Hepimizin aile hikâyesinde Gretchen'ın veya Jesse'ninki gibi dramatik travmalar olmasa da bir ebeveynin veya bebeğin ölümü, bir çocuğun başkasına verilmesi, birinin evini kaybetmesi veya bir annenin ilgi kaybı dâhi desteği yıkıp ailemizdeki sevgi akışını sınırlandırabilir. Görünürdeki bu travmaların kaynağı bulunarak, uzun süredir devam eden aile modelleri sona erebilir. Travmaların bütün etkilerinin olumsuz olmadığını da bilmek önemlidir. Bir sonraki bölümde, epigenetik değişiklikler ve travmatik bir olay sonucunda hücrelerimizde meydana gelen kimyasal değişimler hakkında bilgiler öğreneceğiz.

Rachel Yehuda'ya göre epigenetik değişikliğin amacı stresli durumlarda tepki verme yollarımızın çeşitliliğini genişletmektir ve Yehuda bunun olumlu bir şey olduğunu söylemektedir. Bizlere şunu sorar: "Bir savaş alanında kiminle olmayı tercih ederdiniz? Daha önce sıkıntılı bir durum yaşamış ve kendini nasıl koruyacağını bilen birisiyle mi yoksa daha önce hiçbir şey için savaşmamış biriyle mi?"[6]

Yehuda, stres ve travmanın ne gibi biyolojik değişiklikler yaptığını bir kez anladığımızda, "gerçek becerilerimizin ve potansiyelimizin ne olduğunu kendimize açıklamanın daha iyi bir yolunu geliştirebileceğimizi"[7] söyler.

Bu şekilde bakıldığında, kalıtsal olarak devraldığımız veya doğrudan deneyimlediğimiz travmalar yalnızca sıkıntı mirasını oluşturmaz, aynı zamanda gelecek nesillerle paylaşılabilecek güç ve dayanıklılık mirası yaratır.

2. Bölüm

Üç Kuşak Paylaşılan Aile Hikâyesi: Aile Bedeni

> *Ebeveynlerim, büyükanne, dedelerim ve daha*
> *uzak atalarım tarafından tamamlanmamış,*
> *cevaplanmamış hâlde bırakılan şeylerin ve sorula-*
> *rın etkisi altında olduğuma kuvvetle inanıyorum.*
> *Sıklıkla, bir ailede ebeveynlerden çocuklara geçen*
> *kişisel olmayan bir karma var gibi görünür. Bana*
> *her zaman, önceki nesillerin yarım bıraktığı, ta-*
> *mamlamam veya belki de devam ettirmem gereken*
> *şeyler var gibi gelmiştir.*
>
> -Carl Jung, *Anılar, Düşler, Düşünceler*

Ailenizle deneyimlediğiniz geçmişiniz, anneniz daha size hamile kalmadan önce başlar. En baştaki biyolojik formunuzda, henüz döllenmemiş bir yumurtayken anneniz ve büyükanneniz ile hücresel bir çevre paylaşırsınız. Büyükanneniz annenize beş aylık hamileyken, sizi geliştiren öncü yumurta hücreleri zaten annenizin yumurtalıklarında mevcuttur.

Bu, anneniz doğmadan önce bile anneniz, anneanneniz ve sizin ilk izlerinizin hepsinin aynı bedende olduğu anlamına geliyor. Üç nesil aynı biyolojik çevreyi paylaşır.[1] Bu yeni bir görüş değildir. Embriyoloji kitapları bunu bizlere bir asırdan fazla zaman önce anlatmıştır. Sizin başlangıcınız baba tarafından akrabalarınızda benzer şekilde ortaya çıkabilir.

Sizi geliştiren öncü sperm hücreleri, babanız henüz annesinin rahminde bir ceninken onda mevcuttu.[2]

Yehuda'nın ve diğer araştırmacıların çalışmalarından, stresin ne şekilde kalıtsal olabileceğini öğreniyoruz ve artık büyükannenizin yaşadığı travmaların biyolojik kalıntılarının nasıl nesilden nesile geçebildiğini geniş kapsamlı sonuçlarıyla birlikte ayrıntılı olarak açıklamaya başlayabiliriz.

Ne var ki yumurta ve spermin gelişiminde önemli bir biyolojik farklılık vardır. Babanız ergen olduğu zaman da sperm üretimi devam etti, oysa anneniz yaşamı boyunca kullanacağı sabit bir yumurta miktarıyla doğdu. Annenizin yumurta hücreleri büyükannenizin rahminde oluştuğu zaman, bu hücre dizisi bölünmesi durdu,[3] yani annenizin yumurtalarından biri, babanızın spermiyle döllendi ve sonuçta sizi bugünkü hâlinize getirdi. Günümüzde bilim bize, her iki durumda da hem öncü yumurta hem de öncü sperm hücrelerinin sonraki nesilleri etkileme potansiyeliyle olayların izini taşıyabileceğini söylüyor. Babanızın sperm gelişimi, ergenlik ve yetişkinlik dönemi boyunca devam ettiği için size hamile kalındığı zamana kadar spermlerde travmatik izler barınabilir.[4] Yeni yapılan araştırmalar da bu iddiaları destekliyor.

Hücresel Biyoloji

Bilim insanları ebeveynlerimizin genlerinin, asıl olarak bizi oluşturan modeli şekillendirdiğine ve doğru miktarda rehberlik ve beslenmeyle sorunsuz bir şekilde geliştiğimize inanmaktadırlar. Genetik haritamızın sadece bir başlangıç noktası olmasının yanı sıra ana rahmine düşmemizin hemen öncesinden itibaren çevreden aldığımız etkilerin bizi duygusal, psikolojik ve biyolojik olarak şekillendirmeye başladığını ve bunun yaşamımız boyunca devam ettiğini artık biliyoruz.

Önde gelen hücre biyolojisi uzmanı Bruce Lipton, DNA'mızın hem olumsuz hem de olumlu düşünce, inanç ve duygularımızdan etkilenebildiğini iddia ediyor. Dr. Lipton, tıp fakültesinde profesör ve araştırmacı bilim insanı olarak yıllarını hücrelerin bilgiyi alış ve işleme sürecini gerçekleştiren mekanizmayı araştırmaya adamıştır.

1987 ile 1992 yılları arasında Stanford'da bilim insanı ve araştırmacıyken, çevreden gelen sinyallerin hücre zarı yoluyla işlenebildiğini, hücrenin davranışını ve fizyolojisini kontrol ederek sırayla bir geni aktif hâle getirebildiğini veya susturabildiğini göstermiştir. Onun, bir zamanlar tartışılan fikirleri ve buluşları o zamandan beri birçok araştırmacı tarafından doğrulanmıştır. Hayvan ve insan hücreleri üzerindeki çalışmalarının sonucunda, hücresel hafızayı annenin rahmindeki henüz doğmamış çocuğuna nasıl aktardığını artık biliyoruz.

Lipton şöyle diyor: "Bir annenin korku, öfke, sevgi, umut gibi duyguları çocuklarının genetik ifadesini biyolojik olarak değiştirebilir."[5] Hamilelik sırasında, annenin kanında bulunan besin maddeleri cenini plasenta duvarı yoluyla besler. Besin maddelerinin yanı sıra anne, hissettiği duygulardan oluşan bir sürü hormon ve bilgi sinyallerini de açığa çıkarır. Bu kimyasal sinyaller, hücrelerdeki belirli reseptör proteinleri aktif hâle getirir ve ceninin yanı sıra annenin bedenindeki fizyolojik, metabolik ve davranışsal değişikliklerin zincirini tetikler.

Öfke ve korku gibi kronik veya tekrarlayan duygular bir annenin çocuğunda iz bırakabilir. Özellikle de çocuğun çevresine uyum sağlama biçimini hazırlar veya onu önceden programlar.[6] Lipton şöyle açıklıyor: "Stres hormonlarının plasentadan geçmesi, ceninin iç organlarında kan damarlarının daha dar olmasına neden olur ve bölgeye daha çok kan göndererek cenini savaş/kaç modelinde davranışsal bir tepkiye hazırlar.[7] Bu bakımdan, stresli bir rahim içi ortamı deneyimleyen bir çocuk benzer stresli bir durumda tepkisel hâle gelebilir."

Günümüzde, hamile bir annenin stresinin, özellikle hamileliğinin ilk üç ayında çocuğunu nasıl etkilediğini belgeleyen sayısız çalışma vardır. 2010 yılında *Biyolojik Psikiyatri*'de yayımlanan böyle bir çalışmada, doğum öncesinde yaşanan stresle stresin bebeklerin sinirsel gelişiminin üzerindeki etkileri arasındaki ilişki incelenmiştir. Araştırmacılar yüz yirmi beş hamile kadın üzerinde stres düzeylerine karar verebilmek amacıyla amniyotik sıvı içindeki stres düzenleyici hormon olan kortizol miktarını ölçmüşlerdir. Sonuçlar, rahim içinde kortizol artışına maruz kalan ve hamileliğin on yedinci haftasındaki bebeklerin, on yedi aylık olduklarında yapılan testlere göre bilişsel gelişimlerinde bozulmalar sergilediğini göstermiştir.[8]

Psikiyatrist Thomas Verny, *Doğmamış Çocuğun Gizli Yaşamı* adlı kitabında bizlere şunu anlatır: "Hamile bir anne akut veya kronik stres yaşarsa bedeni, adrenalin ve nöroadrenalin dahil olmak üzere stres hormonları üretecektir ve bunlar annenin kan dolaşımından rahmine doğru yol alıp aynı stresli hâlin doğmamış bebekte başlamasına sebep olur."[9] Verny sözlerine şöyle devam eder: "Çalışmalarımızda görüldüğü üzere sürekli aşırı stres altındaki annelerin bebeklerinin prematüre, az kilolu, hiperaktif, çabuk sinirlenen ve sancılı olmaları daha muhtemeldir. Aşırı durumlarda, bu bebekler parmak kadar küçük ve hatta ülser rahatsızlıklarıyla doğabilirler."[10]

Lipton, bilinçli anne babalık şeklinde adlandırdığı ebeveynliğin önemini vurgular. Bilinçli anne babalık, gebelik öncesinden doğum sonrası gelişimi süresince bir çocuğun gelişiminin ve sağlığının anne babasının düşünce, tutum ve davranışlarından derin şekilde etkilenebileceğinin farkında olarak ebeveynlik yapmaktır.[11]

Çocuk sahibi olmak istemeyen anne babalar, kendisinin ve bunun sonucunda da çocuklarının hayatta kalma ihtimali hakkında devamlı kaygı duyan anne babalar, hamilelik sırasında fiziksel ve duygusal taciz yaşayan kadınlar gibi durumların hepsi çocuklara aktarılması muhtemel, çocukların doğumunu kuşatan olumsuz çevresel ipuçları barındıran şeylerdir.[12]

Duyguların biyolojik olarak iletildiği ve üç neslin rahimde aynı biyolojik çevreyi paylaştığı bilgisiyle şu senaryoyu hayal edin: Annenizi doğurmadan bir ay önce anneanneniz, kocasının bir kazada öldüğünün kahredici haberini alıyor. Bir yandan bebeği için hazırlanırken bir yandan da kocasının yasını tutuyor. Anneanneniz, büyük olasılıkla duygularını, şimdi kızı ve torunuyla paylaştığı bedeninin içinde bastıracaktır.

Siz ve anneniz içinizde derinlerde bir yerde, üçünüzün de ortak olarak paylaştığı bu kederle ilgili bir şeyler biliyorsunuz.

Paylaşılan bu çevredeki stres, DNA'mızda bazı değişimlere neden olabilir. Bu bölümde, aile hikâyemizdeki travmalardan genlerimizin nasıl etkilendiğini gözden geçireceğiz.

Epigenetik

Bruce Lipton'ın, gen işlevindeki DNA dizisinde herhangi bir değişiklik meydana getirmeden gerçekleşen kalıtsal değişimler konusunda hücresel hafıza üzerine yaptığı çalışması, gelişen epigenetik alanından hem önce gelir hem de bu alanı destekler.[13] İlk başlarda, genetik mirasımızın yalnızca anne babamızdan aldığımız kromozomal DNA yoluyla aktarıldığına inanılıyordu. Kromozomal DNA saç, göz ve ten rengi gibi fiziksel özellikleri aktarmakla sorumludur ve şaşırtıcı biçimde bütün DNA'mızın %2'sinden az kısmını oluşturur.[14] Diğer %98'lik bölümse kodlamayan DNA olarak adlandırılır ve kalıtımla aldığımız duygusal, davranışsal ve karakter özelliklerinin birçoğundan sorumludur.[15]

Bilim insanları bu kromozomun, çoğunlukla işlevsiz olduğunu düşünerek "çöp DNA" olarak adlandırırlardı ancak son günlerde bu kromozomun önemini fark etmeye başladılar. İlginç bir şekilde kodlamayan DNA yüzdesi, organizmanın karmaşıklığıyla artmaktadır ve bu karmaşıklığa en yüksek oranda insanlar sahiptir.[16]

Kodlamayan DNA'nın stresli duyguların yanı sıra toksinler ve yetersiz beslenme gibi çevresel stres faktörlerinden etkilendiği bilinmektedir.[17,18] Etkilenen DNA, bizleri rahmin dışındaki dünyaya hazırlamaya yardımcı olan bilgileri aktarır ve bizlere çevremize uyum sağlayabilmemiz için ihtiyaç duyduğumuz belirli özelliklere sahip olmamızı sağlar.[19] Rachel Yehuda'ya göre epigenetik değişiklikler, bizleri anne babamızın deneyimlediği travmalarla baş edebilmemiz için biyolojik olarak hazırlamaktadır.[20] Benzer stres faktörlerine hazırlıklı olmak için hayatta kalmamıza yardımcı olacak bazı araçlarla doğarız.

Bir yandan bu iyi bir haberdir. Stresli durumlara uyum sağlamamıza imkân veren içsel bir yetkinlik, Yehuda'nın tabiriyle "çevresel esneklik" ile dünyaya geliriz.[21]

Diğer yandan, bu kalıtsal aktarımlar zararlı da olabilir. Örneğin daha önce savaş bölgesinde yaşayan bir ebeveynin çocuğu, kalıtım yoluyla ani yüksek seslere karşılık irkilme dürtüsüne sahip olabilir. Bu içgüdü bomba tehlikesi olan bir olayda koruyucu olabilmesine rağmen, böyle bir abartılı irkilme tepkisi kişiyi hiçbir tehlike yokken dahi çok tepkisel bir durumda tutabilir. Böyle bir durumda, çocuğun epigenetik olarak tetikte olma durumu ve çevre arasında uyuşmazlık olacaktır. Böyle bir uyumsuzluk kişiyi sonraki yaşamında stres bozuklukları ve hastalıklarına yatkın bir hâle getirir.[22,23]

Bu uyumsal değişiklikler, DNA'ya eklenen ve hücreye belirli bir geni aktifleştirmesini veya susturmasını söyleyen epigenetik işaretler olarak bilinen, hücrelerdeki kimyasal sinyaller nedeniyle meydana gelir. Yehuda, "Dış ortamda iç ortamı etkileyen bir tetikleyici vardır ve siz bunu bilmeden önce bir gen farklı bir şekilde işlemektedir." der.[24] DNA dizisinin kendisi değişmez fakat bu epigenetik işaretler sebebiyle ortaya konuluş şekli değişir. Araştırmalar, epigenetik işaretlerin sonraki yaşamlarımızda stresi nasıl düzenlediğimiz konusunda farklılıklara neden olduğunu göstermiştir.[25]

Bilim insanları, herhangi bir epigenetik bilginin sonraki nesili etkilemeden tıpkı bir bilgisayarın sabit diskinden bir bilginin silinmesi gibi stresin etkilerinin öncü sperm ve yumurta hücrelerinde (döllenme gerçekleştikten hemen sonra) silindiğine inanıyorlardı. Buna karşın günümüzde bilim insanları, bazı epigenetik işaretlerin yeniden programlama sürecinden kaçtığını ve hatta bir gün biz hâline gelecek öncü yumurta ve sperm hücrelerine aktarıldığını açıklamışlardır.[26]

En yaygın epigenetik işaret DNA metilasyonudur, bu süreç proteinlerin gene eklenmesini engelleyerek ne ifade ettiğini baskılayabilmektedir.[27] DNA metilasyonu 'yararlı' veya 'yararsız' genleri 'kapalı' pozisyonda tutarak sağlığımıza olumlu veya olumsuz şekilde etki edebilir. Araştırmacılar bir stres faktörü veya travma meydana geldiğinde, fiziksel veya duygusal sağlık problemlerinin yanı sıra DNA metilasyonunda sonraki nesillere aktarılabilecek düzensizlikler gözlemlemişlerdir.[28,29]

Gen düzenlemesinde önemli rol oynayan bir başka epigenetik mekanizmaysa mikroRNA olarak adlandırılan küçük RNA molekülüdür. DNA metilasyonunda olduğu gibi mikroRNA düzeylerindeki stres kaynaklı düzensizlikler genlerin birden fazla nesilde ifade biçimini etkileyebilmektedir.[30]

Stresten etkilenen sayısız genin arasında CRF1 (kortikotropin salıcı hormon reseptörü) ve CRF2 bulunur. Depresyon ve anksiyete hastalarında bu genlerin düzeylerinde artış gözlemlenmiştir.[31] CRF1 ve CRF2 genleri, benzer şekilde artan düzeyleri paylaşan stresli annelerden kalıtsal olarak geçebilir.[32] Bilim insanları, bir insanın hayatında daha önce yaşanmış bir travmadan etkilenebilecek sayısız başka gen belgelemişlerdir.[33,34]

Cambridge Üniversitesi'nden Dr. Jamie Hackett, "Araştırmamız, genlerin geçmiş deneyimlerin bazı anılarını muhafaza ettiğini göstermiştir." ifadesini kullanmıştır.[35]

2005 yılında Yehuda tarafından yapılmış tarihsel çalışma, stres modellerinin aktarıldığı hatta hamile kadınlardan çocuklarına aktarıldığı fikrine önemli bir farkındalık getirmiştir. New York City'deki 11 Eylül saldırısı sırasında Dünya Ticaret Merkezi'nde veya yakınında bulunan hamile kadınlar (birinci veya üçüncü üç ayda) ve TSSB geliştirmeye devam edenler düşük kortizol düzeyine sahip çocuklar doğurmuşlardır.[36] Ayrıca bu kişilerin çocukları, yeni uyarıcılara karşılık endişe düzeyinde artış sergilemişlerdir. Kortizol düzeyleri riskli seviyelerde olduğunda, duygularımızı düzenleme ve stresi yönetme becerilerimiz de aynı şekilde kötüleşir. Bunun yanı sıra bu bebekler gebelik sürecinde erken bir dönemdedirler.[37] Yehuda ve ekibi 11 Eylül saldırıları üzerine yapılan çalışmanın sonuçlarının yüksek ihtimalle epigenetik mekanizmalar nedeniyle bu şekilde olduğunu belirtmiştir. Çalışmada, 11 Eylül saldırılarından sonra TSSB gelişen kişilerde TSSB yaşamayan kişilerle kıyaslandığında gen ifadesi farklı on altı gen bulmuşlardır.[38]

Biological Psychiatry dergisinde yayımlanan Ağustos 2015 tarihli bir çalışmada, Yehuda ve ekibi New York'da yer alan Mount Sinai Hastanesi'nde gen değişikliklerinin anne babalardan çocuklarına aktarılabildiğini açıklamışlardır. FKBP5 geninin stresi düzenlemeye ilişkin belirli bir bölgesini inceledikten sonra Yehuda ve ekibi, Soykırım sırasında travma yaşayan Yahudilerin ve çocuklarının benzer bir genetik model paylaştığını bulmuşlardır. Özellikle hem anne babada hem de çocukta tam olarak aynı gen bölümünde epigenetik işaretlerin olduğunu fark etmişlerdir. Bu sonuçları savaş sırasında Avrupa dışında yaşayan Yahudi ailelerininkiyle karşılaştırmışlardır ve çocuklardaki gen değişikliklerinin yalnızca ebeveynlerinin deneyimlediği travmalara bağlı olabileceği sonucuna varmışlardır.[39]

Günümüzde ebeveynlerin travmatik deneyimlerinin çocuklarının gen ifadeleri ve stres modellerini nasıl etkilediği konusunda önemli miktarda çalışma vardır. *JAMA Psychiatry*'de Şubat 2014 tarihinde yayımlanan "Depresyonun Epigenetik Mekanizması" başlıklı makalede Dr. Eric Nestler, "Gerçeği söylemek gerekirse stresli yaşam olaylarının sonraki nesillerde strese yatkınlığı değiştirdiği görülmüştür." der.[40] 11 Eylül saldırılarından sonra TSSB yaşayan hamile annelerin dünyaya getirdikleri çocuklarda sadece kortizol düzeyleri risk seviyesinde değil, aynı zamanda yüksek seslerden ve tanımadıkları insanlardan korku etkileşimlerinde de yükselme olduğu tespit edilmiştir. İngiltere'de yapılan bir çalışmada, anneleri hamilelikleri sırasında endişeli olan çocukların duygusal ve davranışsal problemlerinin iki kat fazla olduğu görülmüştür.[41]

Bağımlılık konusunda uzman psikiyatrist Dr. David Sack *Psychology Today* dergisinde yayımlanan yazısında, "Travmanın geçmişten uzanarak yeni bir kurban seçme gücü vardır." demiştir. "Travma sonrası stres bozukluğuyla mücadele eden bir ebeveynin çocukları da bazen TSSB geliştirebilirler ve bu ikincil TSSB olarak adlandırılır." Dr. Sack, Irak ve Afganistan'da görev yapmış ve TSSB gelişen ebeveynlerin çocuklarının yaklaşık %30'unun benzer belirtilerle mücadele ettiğini belirtmiştir. Dr. Sack, "Ebeveynin travması çocuğun travması hâline gelir ve çocuğun davranışsal ve duygusal problemleri ebeveynin durumunu aynalayabilir." demiştir.[42] Örneğin Kamboçya soykırımı sırasında travma yaşayan bir ebeveynin çocukları depresyon ve anksiyete yaşamaya eğilimlidir. Benzer şekilde Vietnam Savaşı'nda hayatta kalan Avustralyalı gazilerin çocuklarının genel nüfusa göre daha yüksek intihar oranları bulunur."[43]

Rezervasyonlarda yaşayan Kızılderili gençler, batı yarım-küredeki en yüksek intihar oranına sahiptir. Ülkenin bazı bölümlerinde Amerikalı diğer gençlere kıyasla bu oran on ila on dokuz kat daha yüksektir.[44] Cherokee tarihçisi ve Kızılderililerin hukuku konusunda uzman avukat Albert Bender, "Nesiller arası travmaların tüm yerli halk tarafından (özellikle de Kızılderili gençler) hissedilmesinin Wounded Knee Katliamıyla sonuçlanan XIX. yüzyılın sonuna kadar devam eden sonsuz katliamlar, zoraki taşınmalar ve askeri eylemlerle örneklendirilebilecek soykırımın tarihsel politikasının sonucudur." şeklinde ifade etmiştir. Ayrıca nesilsel acıların bu intiharları körüklediğine inanmaktadır. Bender, "Tüm bu anılar gençlerimizin zihinlerinde o veya bu şekilde yankılanmaktadır." der.

Bununla birlikte kendini asan gençlerin sayısı o kadar artmış ki "intiharsız geçirilen bir haftanın lütuf sayıldığı" söylenmiştir.[45]

Harvard Üniversitesi'nde genetik alanında doktora yapan Navaho Kabilesi'nden araştırma görevlisi LeManuel 'Lee' Bitsoi de Bender'le gençlerde görülen belirtilerde gençlerin geçmişi yeniden yaşadığı görüşünü paylaşmaktadır. Epigenetik üzerine yapılan araştırmaların nihayet nesiller arası travmanın gerçek bir olgu olduğu konusunda somut kanıtlar sağlamaya başladığına inanmaktadır.[46]

Kızılderili gençler de tıpkı savaş gazilerinin çocukları, soykırımdan kurtulanların çocukları, Kamboçya soykırımından kurtulanların çocukları ve Dünya Ticaret Merkezi saldırılarından sağ kurtulanların çocukları gibi modern dünyanın nesiller arası travma kurbanları arasındadır. Liste korku verecek derecede genişlemektedir. Şiddet, savaş ve zulüm diğer nesillerin yeniden yaşamalarının tohumlarını ekmektedir çünkü sağ kurtulanlar yaşadıkları travmaları farkında olmaksızın kendilerinden sonra gelen nesillere aktarmaktadırlar.

Buna örnek olarak şu verilebilir: Ruanda'da 1994 yılından

sonra doğan çocuklar, yaklaşık 800.000 kişinin katliamına tanık olmak için henüz çok küçük yaşta olsalar da bu vahşiliğe tanık olmuş ve sağ kalmış kişilerle aynı travma sonrası stres belirtilerini yaşamaktadırlar. Ruandalı gençler, onlar henüz doğmamışken yaşanan dehşete benzer yoğun anksiyete ve takıntılı duygular göstermişlerdir.

Psikiyatrist Naasson Muanyandamutsa, "Bu beklenen bir olgudur, söylenmemiş her şey sonrakilere aktarılır." demiştir. Bu şiddetten hiç zarar görmemiş ailelerin çocukları dahi psikiyatrist Rutakayile Bizora'nın "kolektif bilinçaltındaki bulaşma" olarak ifade ettiği şeyden benzer şekilde etkilenmiştir.[47]

Yehuda, TSSB yaşayan annelerin çocuklarına, kontrol gruplarındaki diğer çocuklara kıyasla TSSB tanısı konmasının daha yüksek ihtimal olduğunu ileri sürmektedir. Bununla birlikte sağ kurtulmuş kişilerin çocuklarının ebeveynlerinden birinde TSSB olduğu durumlarda bu çocukların depresyon ve anksiyeteyle mücadele etmelerinin veya madde bağımlılığıyla uğraşmalarının üç dört kat daha yüksek ihtimal olduğu bulgusuna varmıştır.[48] Ayrıca Yehuda ve ekibi bir çocuktaki belirtilerdeki farklılıklara dayanarak, TSSB geçiren kişinin anne mi yoksa baba mı olduğunu da ayırt edebilmektedir.[49] Babaya ait TSSB'nin çocuğun kendini "anılarından kopmuş" hissetme, anneye ait olan TSSB'ninse çocuğun "sakin olma" konusunda zorluk yaşama olasılığını artırdığını keşfetmiştir.[50]

Yehuda, TSSB yaşayan babaların çocuklarının, "muhtemelen depresyon veya kronik stres tepkilerine daha yatkın" olduğunu özellikle belirtmiştir. Bunun tam tersi de annesi TSSB yaşayan çocuklar için geçerli gibi görünmektedir.[51] Yehuda soykırımdan kurtulan annelerin çocuklarından ayrı kalmaktan korktuklarını ve soykırım çocuklarının sıklıkla annelerinin onlara aşırı bağlı olmalarından şikâyet ettiklerini vurgulamıştır.[52]

Yehuda, atalarımızdan miras aldığımız stres kaynaklı epigenetik değişimlerin bize gebe kalınmadan önce gerçekleştiğini ve babamızın spermine aktarıldığına inanmaktadır. Ayrıca bu değişimlerin, annelerimizde gebelik öncesinde veya gebelik döneminde gerçekleşebileceğine inanmaktadır.[53] Yehuda bir travma meydana geldiğinde annenin yaşının çocuklarına aktaracağı şeyler nedeniyle önemli olduğunu belirtmiştir. Örneğin soykırımdan kurtulan ebeveynlerin çocukları, annelerinin soykırım sırasında genç veya yetişkin olmalarına bağlı olarak aktif kortizolu aktif olmayan kortizole dönüştüren enzimlerde değişkenlikler miras almıştır.[54]

TSSB geçirmiş bir büyükanne/dede de sonraki nesilleri etkileyebilmektedir. Gretchen'ın hikâyesinde gördüğümüz gibi savaşla ilgili travma sarmal hâlinde devam ederek asıl travmanın acısını yaşayanların torunlarını etkileyebilmektedir.

Travmalar, sadece savaşla ilgili değil, ailemizdeki duygusal dengeyi bozmaya yetecek kadar önemli herhangi bir olay -suç, intihar, erken bir ölüm, ani veya beklenmedik kayıpgeçmişten gelen travma belirtilerini tekrardan yaşamamıza neden olabilmektedir. Sack, "Travma nesiller arası aktarılmanın yanı sıra toplumdan topluma da aktarılmaktadır." diye belirtmiştir.[55]

Epigenetik Kalıtım

Son zamanlarda bilim insanları, travmanın kalıtım yoluyla alındığında meydana gelen biyolojik süreçleri anlamaya başlamışlardır.

Daha fazla bilgi sahibi olmak için araştırmacılar hayvanlar üzerinde çalışmalar yaptılar. İnsanlar ve fareler çarpıcı biçimde benzer genetik haritaya sahip oldukları için bu çalışmalar, kalıtsal olarak transfer ettiğimiz stresin yaşamlarımızdaki etkilerini incelemek üzere fırsat vermektedir. (İnsanlarda bulunan genlerin %99'u farelerde de vardır.) Bu araştırmanın değerli olmasının başka bir sebebi daha vardır. Farelerde bir nesil, yaklaşık on iki hafta olduğu için nesiller arası çalışmalar oldukça kısa zamanda sonuçlanabilmektedir. İnsanlarla yapılan benzer bir çalışmaysa altmış yıllık bir zamana yayılmaktadır.

Farelerin kanında, beyninde, yumurtalarında ve spermlerindeki kimyasal değişimler, sonraki nesillerde görülen anksiyete ve depresyon gibi davranışsal modellerle ilişkilendirilmektedir. Örneğin çocuklar üzerinde uygulanan çalışmalar, anneden ayrı kalma stresi gibi travmaların, üç nesil görülebilen gen ifadesi değişimlerine neden olduğunu göstermiştir.

Gerçekleştirilen bir çalışmada araştırmacılar, dişi farelerin gün içinde üç saat, iki haftalık yavrularını beslemelerini engellemişlerdir. Yavrular büyüdüklerinde, insanlarda depresyon olarak adlandırdığımız duruma benzer davranışlar sergilemişlerdir. Fareler yaş aldıkça belirtiler kötüleşmeye başlamıştır. Bazı erkeklerin şaşırtıcı biçimde bu davranışları ifade etmedikleri fakat bu davranışsal değişimleri dişi yavrularına epigenetik olarak aktardıkları görülmüştür. Bununla birlikte araştırmacılar stresli farelerin metilasyon değişikliği ve gen ifadesi değişikliklerini keşfetmişlerdir. Bunların arasında, hem farelerde hem de insanlarda endişe seviyesini düzenleyen CRF2 geni vardı. Ayrıca araştırmacılar üreme hücrelerinin (öncü yumurta ve sperm hücreleri), beyin ve sinir sisteminin anneden ayrı kalma stresinden etkilendiklerini bulmuşlardır.[56] Sıçanlarla yapılan diğer bir çalışmada, düşük düzeyde anne bakımı alan yavrular büyüdüklerinde, yüksek düzeyde anne bakımı alanlara kıyasla daha endişeli ve tepkili olmuşlardır. Bu stres modeli, sonraki birçok nesilde gözlemlenmiştir.[57]

Annelerinden ayrı kalan bebeklerin, bunun sonucunda problemler yaşayabildiği artık bilinen bir gerçektir. Erkek fareleri kapsayan çalışmalarda, annelerinden ayrılan yavrular ömürleri boyunca strese yatkınlık sergilemişlerdir ve birçok nesil boyunca benzer stres modelleri sergileyen yavrular doğurmuşlardır.[58,59]

2014 yılında Zürih Üniversitesi'nin Beyin Araştırmaları Enstitüsü'nde gerçekleştirilen bir çalışmada, araştırmacılar erkek fareleri annelerinden ayırarak onları tekrarlayan ve uzatılan yoğun stres dönemlerine maruz bırakmışlardır. Ardından travmatize olmuş fareler depresyona benzeyen birtakım belirtiler göstermişlerdir. Sonrasında araştırmacılar fareleri yeniden yavrulatmışlar ve hem ikinci hem de üçüncü nesildeki yavruların kendileri hiç yaşamamalarına rağmen aynı travma belirtilerini gösterdiklerini keşfetmişlerdir.[60]

Araştırmacılar, travmatize olmuş farelerin sperm, kan ve hipokampüslerinde anormal şekilde yüksek sayıda mikroRNA keşfetmişlerdir. MikroRNA, gen ifadesini düzenleyen genetik materyellerdir. Anormal seviyede mikroRNA, ikinci nesil farelerin kanlarında ve hipokampüslerinde de keşfedilmiştir. Üçüncü nesil fareler, baba ve dedeleriyle aynı travma belirtilerini gösterseler de onlarda yüksek düzeyde mikroRNA tespit edilmemiştir ve araştırmacıların bir travmatik olayın davranışsal etkilerinin üç nesil görülebildiğini, bunun ötesinde görülmediğini düşünmelerine yol açmıştır.[61]

Araştırmanın ortak yazarı Isabelle Mansuy, "Spermdeki mikroRNAlarda görülen dengesizlikler sonucunda, travmanın aktarılabileceği önemli bir faktör keşfettik." şeklinde açıklamada bulunmuştur.[62] Mansuy ve ekibi şu anda, mikroRNAların insanlar üzerinde travma kalıtımının rolü konusunda çalışmalar yapmaktadırlar.

2016 yılında yapılan başka bir çalışmada Mansuy ve ekibi, travma belirtilerinin tıpkı yetişkinlerdeki gibi stres seviyesi düşük pozitif ortamlarda yaşayan farelerde tam tersine döndüğünü gösterebilmişlerdir. Farelerin yalnızca davranışları iyileşmekle kalmamış, aynı zamanda DNA metilasyonlarında da değişiklikler meydana gelmiş ve bu da belirtilerin bir sonraki nesle aktarılmasını önlemiştir. Bu çalışmanın etkileri özellikle önemlidir. İlerleyen bölümlerde, ailemizdeki birçok nesili etkilemiş olabilecek stres modellerini tersine döndürmemize yardımcı olabilecek güçlendirici deneyimler ve pozitif imgeleri nasıl oluşturacağımızı öğreneceğiz.

Fareler üzerindeki araştırmaları bu denli ilgi çekici yapan şey, günümüzde bilimin bir nesilin yaşadığı problemlerin nasıl sonraki nesillere aktarılan birer kalıt olabileceğinin doğruluğunu ispat edebilir olmasıdır. 2013 yılında Emory Tıp Fakültesi'nde gerçekleştirilen, stresli erkek farelerin yavrularını kapsayan bir çalışmada araştırmacılar travmatik anıların DNA'da meydana gelen epigenetik değişimler yoluyla sonraki nesillere aktarılabildiğini keşfetmişlerdir. Nesillerden birindeki fareler, kiraz çiçeğinin kokusuna benzer asetofenon kokusuna maruz bırakılmışlardır. Bu kokuya maruz bırakıldıkları her seferde eşzamanlı elektrik şoku verilmiştir. Bir süre sonra, şoklanmış fareler bu kokuya ilişkin müthiş düzeyde koku algılama kapasitesine sahip olmuştur ve böylece daha düşük düzeyde konsantrasyonların kokusunu duyabilmeye başlamışlardır. Ayrıca bu algılayıcılara ayrılan beyin bölgelerini geliştirmişlerdir. Bununla birlikte araştırmacılar, farelerin spermlerinde değişiklikler belirlemişlerdir.

Çalışmanın en ilgi çekici yönü sonraki iki nesilde neler meydana geldiği olmuştur. Hem yavrular hem de onların yavruları kiraz çiçeği kokusuna maruz bırakıldığında bunu daha önce deneyimlemediği hâlde gerginleşmiş ve bundan kaçınmışlardır. Bunun yanı sıra, aynı beyin değişimlerini sergilemişlerdir. Farelerin sadece bu kokuya duyarlılığı değil aynı zamanda buna ilişkin tepkiyi de kalıtsal olarak transfer ettiği görülmüştür.[63]

Çalışmanın araştırmacılarından biri olan Brian Dias, "Spermde bilginin nesilden nesile aktarılmasını bildiren veya bunu sağlayan bir şey bulunmaktadır." görüşünü öne sürmüştür.[64] Dias ve ekibi hem baba farede hem de yavrularında anormal derecede düşük DNA metilasyonu olduğunu belirtmiştir.[65] Bir ebeveynin travmatik yaşantısının DNA'da ne şekilde saklandığının mekanizması hâlâ araştırılıyor olmasına rağmen Dias, "Belli bir çevrenin onlar için olumsuz olduğu hakkında çocukları bilgilendirmenin atalara düşen bir görev." olduğunu belirtmiştir.[66]

Bu çalışma araştırmacıların, "nesiller arası epigenetik kalıtım" diye adlandırdığı görüşe ikna edici kanıt sunmaktadır. Bu teoriye göre davranışlar bir nesilden diğerine aktarılabilmektedir. Ailelerle yaptığım uygulamalarda sıklıkla, tekrarlayan hastalık, depresyon, anksiyete, ilişki mücadeleleri, finansal zorlukları dikkatle gözlemlerim ve her zaman daha derinlere bakmak zorunda hissederim. Bir önceki nesilde çözülmemiş hangi şey, at yarışında tüm parasını kaybeden bir adamın veya sadece evli erkeklerle ilişki yaşamayı seçen bir kadının davranışlarını açıklar? Bunların genetik kalıtımları nasıl etkilenir?

Dias ve ekibi, benzer etkilerin insan genlerinde de görülebilir olup olmadığını tanımlayabilmek için daha ileri çalışmalar gerçekleştirmeyi umut etmektedir. Bu bilgiler, insanlar üzerinde birden çok nesili kapsayan çalışmalarda incelenene kadar, hayvanlar üzerinde yapılan mevcut araştırma bizlerden kesinlikle duraklamamızı, anne babamızın ve anneanne/babaanne/dedelerimizin stresini paylaşarak nasıl dünyaya geldiğimizi düşünmemizi istiyor.

2013 yılında yapılan ve *Biological Psychiatry* dergisinde yayımlanan dişi sıçanlarla yapılan bir çalışmada, Hayfa Üniversitesi'nden araştırmacılar Hiba Zaidan, Micah Leshem ve Inna Gaisler-Salomon, gebelik öncesi ve sırasında stres oranı farklılıklarının yavruları etkileyecek kadar önemli olduğunu keşfetmişlerdir. Sıçanların birkaçı doğduktan henüz kırk beş gün sonrasında (bu da insanlarda ergenlik çağına denk gelir) ısı değişiklikleri gibi hafif strese maruz bırakılmıştır. Etkileri dikkat çekici derecede bir sonraki nesilde ölçülebilmiştir.[67]

Vücudun strese verdiği tepkiyi içeren molekülü kodlayan CRF1 genine odaklanıldığında araştırmacılar, stres altındaki dişi sıçanların beyinlerinde bu genin aynısının moleküler üretim miktarında artış belirlemiştir. Bunun yanı sıra aynı moleküler üretimin oranında önemli bir artış da stres altındaki dişilerin yumurtalarında ve yavrularının beyinlerinde fark etmişlerdir. Bu da stres yaşantısına ait bilginin yumurtalara aktarıldığını göstermiştir. Araştırmacılar yeni doğan sıçanlardaki davranış değişikliklerinin, yavruların annelerinden aldıkları ebeveynlikle bağlantısız olduğu konusunda ısrar etmektedirler.[68] Bu özel çalışma, insanlar bebekliklerinde anne babalarından destekleyici ebeveynlik görmüş olsa da hâlâ bizlere hamile kalınmadan önce ebeveynlerimizin deneyimlediği stresin alıcıları konumunda olduğumuzu gösteriyor. Bir sonraki bölümde, aynı anne babadan doğan kardeşlerin nasıl farklı travmaları kalıtsal olarak aldığını ve benzer şekilde yetiştirilmiş olmalarına rağmen nasıl birbirleriyle zıt yaşantılar sürdürdüklerini inceleyeceğiz.

2014 yılında Kanada'da yer alan Lethbridge Üniversitesi'nde sıçanlarla yapılan bir çalışmada araştırmacılar, stresin hamile anneler ve erken doğum üzerindeki etkilerini incelemişlerdir. Sonuçlar, stres altındaki annelerin erken doğum yaptıklarını ve kızlarının da hamileliklerinin kısa sürdüğünü ortaya çıkarmıştır. Kız torunlar ise annelerinden de kısa hamilelik yaşamışlardır. Araştırmacıları en çok şaşırtan şey üçüncü nesilde meydana gelmiştir. Stres altındaki büyükannelerin kız torunlarının, anneleri stresli olmamasına rağmen daha kısa hamilelikleri olmuştur.[69] Makalenin yazarı Gerlinde Metz, "Hamilelik sırasında yaşanan hafif-orta dereceli stresin nesiller arası geniş etkisinin olması şaşırtıcı bir sonuç olmuştur. Bunun sonucunda stresin etkileri her bir nesille daha çok genişlemiştir." demektedir.[70] Metz, epigenetik değişimlerin kodlamayan mikroRNA moleküllerinden kaynaklandığına inanmaktadır.[71]

Bu bulguların, stres nedeniyle hamilelikleri risk altında olan veya doğum komplikasyonları riski taşıyan insanlar için de anlamı olabilir.

İnsanlarda bir nesilin yaklaşık yirmi yıl olduğunu düşünürsek, insanlar üzerinde yapılan ve birden çok nesili kapsayan çalışmaların sonuçları hâlâ kesin karara bağlanmamıştır ancak farelerde stresin en az üç nesil aktarılabildiğini gösteren araştırmalardan sonra araştırmacılar, insanlarda travmatik veya stresli bir olay deneyimleyen anne babaların çocuklarının büyük ihtimalle bu örüntüyü sadece çocuklarına değil, aynı zamanda torunlarına da aktarabileceğini tahmin etmektedirler. Olağandışı bir biçimde, modern bilimin söylediği gibi *İncil*'de (14:18) de anne babaların günah, suç veya sonuçlarının, üçüncü ve dördüncü nesilin çocuklarına kadar etkileyebildiği iddiaları öne sürülmektedir. Özellikle New Living Translation'da, "Tanrı çok zor sinirlenir, o sonsuz sevgiyle doludur ve her günahı, isyanı affeder fakat suçu affetmez. O, anne babaların günahlarını çocuklarına yükler, bütün aile -üçüncü ve dördüncü nesillerdeki çocuklar da dahil olmak üzere- etkilenmektedir." denir.

Epigenetik alanında yeni keşifler ortaya çıktıkça travmanın nesiller arası etkilerinin nasıl hafifleyebileceği konusundaki yeni bilgiler standart alıştırma hâline gelebilir. Günümüzde araştırmacılar, düşüncelerimizin içsel imgeleme, zihinde canlandırma ve meditasyon gibi günlük uygulamaların genlerimizin ifade şekillerini değiştirebileceğine dair bulgular ortaya çıkarmaktadırlar. Bu görüşü bir sonraki bölümde daha detaylı biçimde inceleyeceğiz.

3. Bölüm

Aile Zihni

Baba koruk yer, çocuğun dişi kamaşır.
-Ezekiel (18:2)

Basitçe söylemek gerekirse annemiz aracılığıyla anneannemizin annelik özellikleri bize aktarılır. Anneannemizin katlandığı travmalar, acılar, kederler, çocukluğunda veya dedemizle yaşadığı zorluklar, sevdiklerinin erken ölümü (bir dereceye kadar filtrelenerek) bizim annemize geçmektedir. Geriye dönüp diğer bir nesle bakarsak anneannemizin aldığı annelikle ilgili olarak da büyük ihtimalle aynı şeyin geçerli olduğu görülecektir.

Onların hayatlarını şekillendiren olayların özellikleri belki bizden gizlenecektir ancak yine de bu özelliklerin etkileri derinden hissedilecektir. Konu sadece ebeveynlerimizden kalıtım yoluyla almamız değil, aynı zamanda onlara ne tür ebeveynlik yapıldığı da bizlerin partnerlerimiz ve kendimizle ilişkimizi olduğu kadar çocuklarımızı nasıl yetiştireceğimizi de etkilemektedir. İyi de olsa kötü de olsa anne babalar kendilerine yapılan ebeveynliği aktarma eğilimindedirler.

Bu modellerin, beynin içine işlendiği ve bizler henüz doğmadan önce şekillenmeye başladığı bilinmektedir. Rahimdeyken annemizin bizimle nasıl bağ kurduğu, nöral devre gelişimimizde etkilidir. Thomas Verny, "Gebelik ânından itibaren rahimde yaşananlar, beyni şekillendirir ve kişilik, duygusal mizaç ve üst bilincin gücüne zemin hazırlar." diye belirtmektedir.[1]

Tıpkı bir şablon gibi bu özellikler öğrenilmekten daha çok aktarılmaktadır.

Rahim dışında geçirilen ilk dokuz ay, rahim içindeyken oluşan nöral gelişimin devamı olarak işlev görür. Hangi nöral devrelerin kaldığı, hangilerinin bırakıldığı ve kalan devrelerin nasıl düzenlendiği bebeğin annesiyle veya bakım veren kişiyle nasıl bir yaşantı deneyimlediğine ve etkileşimde bulunduğuna bağlıdır. Bebeklik dönemindeki etkileşimler sayesinde çocuk; duygu, düşünce ve davranışlarını yönetmek üzere bir şablon oluşturmaya devam eder.

Bir anne kalıtsal bir travma taşıyorsa veya annesiyle bağında bir kopma yaşadıysa, kendi bebeğiyle oluşan yeni bağı etkileyebilir ve bu bağın kesintiye uğraması daha muhtemeldir. Anne-çocuk bağında erken kopmanın etkisi (hastanede yatışın uzaması, zamansız bir tatil, uzun süre ayrı kalma gibi) bebek için yıkıcı olabilir. Annenin, bünyesinde şekillenen o bilindik kokusu, duygusu, dokunuşu, sesi ve tadı -çocuğun bildiği ve bağlı olduğu her şey- birdenbire gitmiştir.

Davranış bilimleri alanında yazan Winifred Gallagher, "Anne ve çocuğu, bağımlılıkla çok fazla ortak özellik taşıyan bir biyolojik birliktelikle yaşarlar. Ayrı kaldıkları zaman, bebek sadece annesini özlememektedir, aynı zamanda fiziksel ve psikolojik bir geri çekilme durumunu da deneyimlemektedir. Bu bir eroin bağımlısının, bir anda bu alışkanlığını bıraktığında yaşadıklarından farklı değildir." diye ifade etmiştir.[2] Bu karşılaştırma, insanlar dahil olmak üzere yeni doğan tüm memelilerin annelerinden ayrılmaya neden şiddetle karşı çıktıklarını açıklamaktadır. Loma Linda Üniversitesi Çocuk Hastanesi'nde neonatalog Dr. Raylene Phillips şöyle söylemiştir: "Bir bebeğin bakış açısından, anneden ayrılma "yaşamı tehdit edici" şekilde hissedilebilir. Ayrılık süresi uzamaya devam ederse buna gösterilen tepki umutsuzluk olacak ve bebek vazgeçecektir."[3] Dr. Nils Bergman ve anne-bebek bağının nörobilim alanındaki diğer uzmanları da Dr. Phillips'in bu fikrine katılmaktadırlar.

Küçük yaşlarımda, vazgeçme duygusunu tanıyordum. Hissettiğim bu duygu, bana ailemden geçmişti. Annemin kendi annesinden almadığı şey onun bana ve kardeşlerime verebileceği şeyleri etkiledi.

Annemin diğerlerinin arasında parlayan sevgisini hissedebilmeme rağmen özellikle de annesi Ida'nın iki yaşındayken hem annesini hem de babasını kaybetmesi gibi aile hikâyemizdeki travmalar, anneliğini belirleyen önemli bir unsur olmuştu.

Aile hikâyemiz şöyle devam ediyor: "Büyük anneannem Sora, 1904 yılında zatürre sebebiyle öldüğünde, ailesi beceriksiz, serseri ve kumarbaz olarak tanımladıkları kocası Andrew'u suçlamış. Hikâyeye göre Sora, kışın ortasında pencereden sarkıp kocasına eve gelmesi için yalvarırken zatürreye yakalanmış. Anneannem Ida'ya babasının, "kira parasını kumarda kaybettiği" anlatılmış ve bu cümle ailemizde nesilden nesile tekrar edilmişti. Sora'nın ölümünden sonra büyük dedem Andrew aileden dışlanmış ve bir daha asla ondan haber alınmamıştı. Çocuk olmama rağmen anneannemin bu hikâyeyi anlatırken -bunu defalarca yapardı- duyduğu acıyı hissedebiliyordum ve babasını hiç tanıyamadığı için üzülüyordum.

İki yaşında öksüz kalan anneannem, Pittsburgh'ta yer alan Hill District'te seyyar biçimde el arabasıyla dolaşıp eski kıyafet satarak evini geçindiren yaşlı anneanne ve dedesi tarafından büyütülmüştü. Anneannem kendi anneanne ve dedesine hayrandı ve çoğu zaman onların kendisini ne kadar çok sevdiğiyle ilgili anılar anlatırken neşelenir, ışıl ışıl parlardı."

Ne var ki bu, hikâyenin sadece bir parçasıydı. En azından bilinçli olarak hatırlayabildiği bir parçasıydı. Daha ayrıntılı hikâyetse onun ulaşabileceğinden çok daha derinlerde yatıyordu.

Anneannem Ida çocukluk döneminden önce, muhtemelen ana rahmindeyken annesinin devamlı süren tartışmalar, gözyaşları ve hayal kırıklıkları yüzünden yaşadığı sıkıntılı hislerini devralmıştı. Tüm bunların Ida'nın beyninde meydana gelen nöral gelişimin üzerinde derin etkileri oluyordu. Ardından iki yaşındayken annesinin ölümü onu duygusal olarak yıpratmıştı.

Yalnızca annemin, kendi annesinden hiçbir zaman bakım alamayan öksüz kalmış anneannem Ida tarafından yetiştirilmiş olması değil, aynı zamanda Ida'nın küçük yaşta annesinden ayrılmasının içsel travmasını da annem kalıtım yoluyla miras almıştı. Ida, annemin yaşamında fiziksel olarak var olmuşsa da annemin gelişimini destekleyecek duygu derinliğini ifade edememişti. Bu eksik duygusal bağ da annemin kalıtsal parçası hâline gelmişti.

Annemin babasının hikâyesi de benzer zorluklarla doluydu. Dedemin annesi Rachel, dedem Harry henüz beş yaşındayken doğum sırasında ölmüş.

Dedem Harry'nin babası Samuel, onu hamile bıraktığı için ölümünden kendisinin sorumlu olduğuna inanıyor ve bu suçluluk duygusunun ağır yükünü taşıyordu. Anlattıklarına göre Samuel hızla ikinci kez evlenmiş fakat kadın Harry'den çok biyolojik çocuğuyla ilgilenmiş ve Harry'ye kayıtsız davranıp zalimlik yapma eğilimindeymiş. Dedem çocukluğundan nadiren bahsederdi. Onun hakkında bildiğim şeyleri, Harry'nin gençken neredeyse açlıktan ölecek durumda olduğuyla ilgili tekrar tekrar hikâyeler anlatan annemden öğrendim. Hayatta kalmak için çöp tenekelerinden artıkları toplayıp karahindiba yaprakları yiyormuş. Küçük bir çocukken, dedemi de bir çocuk olarak kaldırım üzerinde tek başına oturmuş bayat bir ekmekten kocaman ısırık alırken veya tavuk kemiğinden bozulmuş et parçaları koparırken gözümde canlandırırdım.

Her ikisi de küçük çocukken annelerini kaybeden anneannem ve dedem sonraki nesillere travmalarını kalıtım yoluyla aktarmış oldular. Bizim ailemizde, anne-çocuk bağı en az üç nesilde kopuktu. Bu parçalanmalar annem doğmadan önce gerçekleşmiş olmasaydı kardeşlerim ve ben farklı bir annelik modeli alabilirdik ancak bunlar yaşandığı için annemin ebeveynlerinin ona sağlayamadığı sevgiye duyduğu ihtiyaç sıklıkla onun endişeli ve bunalmış hissetmesine neden olmuştu.

Ailemdeki kalıtsal travmaların döngüsünü sonlandırmak ve sonunda kendi tedavim için annemle ilişkimi düzeltmem gerektiğini fark ettim. Geçmişte yaşananları değiştiremeyeceğimi biliyordum fakat şimdi var olan ilişkimizi değiştirebilirdim.

Annemin, anneannemden kalıtsal olarak devraldığı stres modelini dolayısıyla ben de aldım. O sıklıkla göğsüne sıkıca bastırıp vücudunda hissettiği ajitasyondan şikâyet ederdi. Şimdi fark ediyorum ki bilmeden ailemiz boyunca yayılan korku ve yalnızlık duygularını, en ihtiyaç duyduğu kişiden (annesinden) ayrı kalmanın korkusunu yeniden yaşıyordu. Hatırlıyorum da beş altı yaşlarımda küçük bir çocukken annem evden ayrıldığında o kadar korkardım ki onun yatak odasına girer, eşarplarının ve geceliklerinin olduğu çekmeceyi açar yüzümü onlara gömerdim, böylece onun kokusunu alırdım. O duyguyu, annemi bir daha hiç göremeyip geriye kalanın sadece kokusu olacağı duygusunu çok canlı biçimde hatırlıyorum. Bir yetişkin olarak bu anılarımı annemle paylaşarak böylece onun da çocukken aynı şeyi yapıp yapmadığını öğrenmek istedim ve onun da annesi evden çıktığında yüzünü annesinin kıyafetlerine gömdüğünü öğrendim.

Benim hikâyemde görüldüğü gibi anne-çocuk bağında erken kopma ve kesintiler bizlere henüz gebe kalınmadan çok önce başlayabilmektedir. Etkileriyse bilinçaltımızda kalmakta ve reddedilme veya terk edilme duygularını anımsatan olaylarla tetiklenebilen somatik bellek olarak bedenimizde yaşayabilmektedir.

Bu meydana geldiğinde kendimizi kendimizle tamamen uyumsuz hissedebiliriz. Düşüncelerimiz çok baskın, bunaltıcı hâle gelebilir ve bedenimizdeki duygular sebebiyle kendimizi bunalmış hatta korkmuş hissedebiliriz. Travma çok önce gerçekleştiği için genellikle bizim bilinçli farkındalığımızın ötesinde bir yerlerde saklı kalmış hâldedir. Bir sorun olduğunu biliriz ancak "ne olduğu"yla ilgili kısmını anımsayamaz, tanımlayamayız. Bunun yerine kendimizde sorun olduğunu zannederiz, içimizde bir şeyin "bozuk veya eksik" olduğu kanısına varırız. Korku ve endişe duyduğumuzda kendimizi güvende hissetmek için sıklıkla çevremizi kontrol etmeye çalışırız. Bu küçükken yok denecek kadar az miktarda kontrolümüzün olması ve hissettiğimiz yoğun duygular için güvenli bir yer yok gibi görünmesinden kaynaklanır. Bu modeli bilinçli bir biçimde değiştirmediğimiz sürece bağlanma sorunları nesiller boyu birbirine aktarılarak devam edecektir.

Aile Bilinci

Aile travmalarının özelliklerini kalıtsal olarak devraldığımız ve "yeniden yaşadığımız" görüşü, tanınmış Alman psikoterapist Bert Hellinger tarafından birçok kitapta konu olarak ele alınmıştır. Başlarda Katolik rahip, sonrasında aile terapisti ve filozof olan Hellinger, elli yıldan fazla süre boyunca ailelerle çalışmış biri olarak bizden önceki biyolojik aile üyeleriyle ortak bir aile bilinci paylaştığımızı anlatmaktadır. Hellinger, bir ebeveynin, kardeşin veya çocuğun zamansız ölümü, terk ediliş, suç veya intihar gibi travmatik olayların üzerimizde kuvvetli etkiler ortaya çıkardığını ve tüm aile sistemimiz üzerinde nesiller boyunca iz bıraktığını gözlemlemiştir. Bu izler sonrasında aile üyeleri bilinçsiz biçimde geçmişte yaşanan bu acıları tekrarladığında ailenin gelecek planı hâline gelebilmektedir.

Bir travmanın tekrarlanması her zaman asıl olayın tam bir kopyası değildir. Örneğin birinin suç işlediği bir ailede daha sonraki bir nesilde doğan biri hiç fark etmeden o suçun bedelini ödeyebilmektedir.

Bir keresinde John adında bir adam hapishaneden çıktıktan kısa bir süre sonra beni görmeye geldi. İşlemediğini iddia ettiği zimmetine para geçirme suçuyla üç yıl hapishanede yatmıştı. John duruşmada suçlamayı reddetmişti fakat aleyhindeki kanıtların ağırlığı -eski iş ortağı tarafından yapılan yanlış suçlama- nedeniyle avukatı tarafından suçu itiraf ederek ceza indirimi almayı kabul etmesi tavsiye edilmişti. Ofisime girdiği anda John tedirgin görünüyordu. Çenesini sıkıyordu ve montunu sandalyenin arkasına fırlattı. Ona iftira atıldığını ve şimdi kafasını intikam düşüncelerine taktığını anlattı. Aile durumunu birlikte gözden geçirdiğimizde, bir önceki nesilde 1960 yıllarında babasının iş ortağını öldürmekle suçlandığı fakat duruşmada ayrıntılara dayanarak suçsuz bulunup beraat ettiği ortaya çıktı. Ailedeki herkes babasının suçlu olduğunu biliyordu ancak hiç kimse bununla ilgili konuşmuyordu. Kalıtsal aile travmalarıyla ilgili deneyimlerim göz önüne alındığında, John'un mahkeme önünde yargılandığında babasıyla aynı yaşta olduğunu öğrenmek şaşırtıcı değildi. Adalet sonuçta yerini bulmuştu ancak yanlış kişi bedelini ödemişti.

Hellinger tekrarlayan bu olayların ardındaki mekanizmanın bilinçsiz bağlılık olduğuna inanmaktadır ve bu bilinçsiz bağlılığı ailelerde yaşanan birçok acının kaynak sebebi olarak göstermektedir. Daha önceki nesillere ait olması sebebiyle insanlar yaşadıkları problemlerin belirtilerini tanımlayamazlar. Sıklıkla problemlerinin kaynağının kendi yaşam deneyimleri olduğunu zannederler ve bir çözüm bulmak konusunda çaresiz kalırlar. Hellinger, herkesin bir aile sistemine bağlı olma konusunda eşit hakkı olduğunu ve her ne olursa olsun hiç kimsenin hiçbir sebeple bundan hariç tutulamayacağını iddia eder. Buna büyükannemizi yoksul bırakan alkolik dedemiz, ölü doğarak annemizin yüreğini burkan erkek kardeşimiz ve hatta babamızın araba yoluna çıkar çıkmaz kazara öldürdüğü komşu çocuğu bile dahildir. Suçlu amca, annemizin üvey ablası, kürtajla aldırdığımız bebek gibi her şey ailemize aittir. Liste bu şekilde uzar gider.

Hatta normalde aile sistemimize dahil etmediğimiz kişiler de dahil edilmelidir. Eğer biri ailemizin bir üyesini incitmiş, yaralamış, öldürmüşse veya birinden faydalanmışsa o kişi de dahil edilmelidir. Aynı şekilde ailemizden biri başka birini incitmiş, yaralamış, öldürmüş veya birinden faydalanmışsa mağdur olmuş kişinin de aile sistemimize dahil edilmesi gerekmektedir.

Anne babamızın ve anneanne/babaanne/dedelerimizin eski kalıpları da bize aittir. Onların ölümü, terk etmiş veya terk edilmiş olmaları annemizin, babamızın, büyükannemizin veya dedemizin sisteme girebilmesini sağlayan açık alan oluşturmuştur ve nihayetinde bizim doğmamıza olanak vermiştir.

Hellinger, aile sisteminden biri reddedildiğinde veya dışlandığında o kişinin sistemin daha sonraki bir üyesi tarafından temsil edildiğini gözlemlemiştir. Daha sonra gelen bu kişi, benzer şekilde davranarak veya dışlanmış kişinin çektiği acının özelliklerini tekrarlayarak daha önceki o kişinin kaderini paylaşabilmekte veya tekrarlayabilmektedir. Örneğin dedeniz içki içme, kumar ve çapkınlık alışkanlıkları sebebiyle aileden reddedilmişse bu veya benzeri davranışların sonraki nesillerden biri tarafından yinelenmesi mümkündür. Böylelikle aile acıları daha sonraki nesillerde devam etmektedir.

John'un babasının öldürdüğü adam şimdiyse John'un aile sisteminin bir parçasıydı. John, iş ortağı tarafından iftiraya uğradığında bilmeden babasının kırk yıl önce başına gelenleri tekrardan yaşamıştı. John, babasının deneyimiyle kendi deneyimi arasındaki bağlantıyı anlayınca sonuçta takıntılı düşüncelerinden kurtuldu ve yaşamına devam etti. İki kader öyle karmakarışık birbirine bağlıydı ki âdeta iki kişi tek bir kaderi paylaşıyordu. Bu bağlantı gizli kaldığı süre boyunca, John'un duygusal özgürlüğü sınırlı kalmıştı.

Hellinger, her birimizin zorluğuna bakmaksızın kendi kaderimizi taşımamız gerektiğini vurgulamaktadır. Hiç kimse sonradan gelecek bir tür acı olmadan bir ebeveynin, dedenin, kardeşin, amcanın veya halanın kaderini üstlenmeye çalışmamalıdır. Hellinger bu tür acıyı betimleyebilmek için "iç içe geçmişlik" kelimesini kullanmaktadır. İç içe geçildiği zaman, hiç bilmeden daha önceki bir aile üyesinin duygu, belirti, davranış veya zorluklarını sanki sizinmiş gibi taşırsınız.

Hatta aynı anne babadan doğmuş, aynı evde ve benzer şekilde yetişen çocukların farklı travmaları devralması ve farklı kaderler yaşaması muhtemeldir. Örneğin her zaman bu şekilde olmasa da ilk doğan erkek çocuğun babayla ilgili çözümsüz kalmış konuları devralma olasılığı yüksekken ilk doğan kız çocuğun anneyle ilgili çözülmemiş konuları kalıtsal olarak taşıması muhtemeldir.

Bunun tam tersi de geçerli olabilir. Ailede sonraki çocukların anne babalarının veya anneanne/babaanne/dedelerinin travmalarının farklı özelliklerini taşıması muhtemeldir.

Örneğin ilk doğan kız çocuk, babasını algılayış biçimine benzer şekilde duygusal olarak ulaşılmaz ve kontrolcü özellikteki bir erkekle evlenebilir ve bunu yaparak annesiyle aynı dinamiği paylaşabilir. Duygusal yönden kapalı ve kontrolcü bir erkekle evlenerek annesinin deneyimlerini tekrarlamakta ve onun memnuniyetsizliğine katılmaktadır. İkinci kız çocuğununsa annesinin ifade edilmemiş öfkesini taşıma ihtimali vardır. Bu şekilde, o da aynı travmadan etkilenmektedir fakat farklı bir özelliğini taşımaktadır. İlk kız çocuk babasını reddetmediği hâlde ikinci kız çocuk, bunu yapabilir.

Bir ailede çocuklar genellikle anneanne/babaanne/dedelerinin çözümlenmemiş travmalarını taşıyabilmektedirler. Aynı ailede üçüncü veya dördüncü kız çocuk, sevmediği bir erkek tarafından kontrol edileceğinden korkarak hiç evlenmeyebilir.

Bir keresinde benzer bir dinamik paylaşan Lübnanlı bir aileyle çalışmıştım. Daha önceki nesilleri incelediğimizde her iki Lübnanlı büyükannenin çocuk gelin olmak üzere aileleri tarafından verildiklerini öğrenmiştik, büyükannelerden biri dokuz diğeriyse on iki yaşındaydı. Büyükannelerinin henüz çocuk oldukları hâlde evlenmeye zorlandıkları deneyimiyle bağlantılı olarak Lübnanlı iki kız kardeş ilişkilerinde bu kaderin özelliklerini tekrarlamışlardı. Büyükanneleri gibi biri kendisinden yaşça çok büyük bir erkekle evlenmişti. Diğeriyse mutsuz babaannesinin sevgisiz bir evliliğin içinde sıkışmış durumda kalarak hissettiklerine benzer şekilde erkeklerin tiksindirici ve kontrolcü olduğundan şikâyet ederek hiç evlenmemişti.

Kardeşler arasında anne-çocuk bağında yaşanan kopma sebebiyle her bir çocuk anneyle kopukluğu farklı biçimde ifade edebilir. Çocuklardan biri yeterince iyi olamama korkusuyla herkesi memnun etmeye çalışan biri olabilir veya sorun çıkararak insanlarla bağlantısını kaybedebilir. Diğer çocuk kendi iletişiminin hiçbir zaman ilk sırada olmadığına inanarak kavgacı biri hâline gelebilir ve yakın olduğu insanları kendinden uzaklaştırmak için çatışmalar yaratabilir.

Başka bir çocuksa kendisini soyutlayabilir ve insanlarla yok denecek kadar az iletişime geçebilir.

Kardeşler anne-çocuk bağında kopukluklar yaşarsa sıklıkla öfke ve kıskançlıklarını ifade etmekte veya birbirlerinden kopuk hissettiklerini fark ettim. Örneğin yaşça büyük olan çocuk kendisinin almadığı sevgiyi küçük çocuğun aldığını düşünerek kendisinden sonra doğan çocuğa içerleyebilir. Beynimizin anıları oluşturmakla sorumlu bölümü hipokampüs iki yaşından biraz sonrasına kadar tam olarak faaliyette olmadığından büyük çocuk annesi tarafından nasıl bakım verildiğini, beslendiğini veya kucaklandığını bilinçli bir şekilde hatırlamayabilirken anneleri tarafından küçük çocuğun nasıl sevgi aldığını hatırlamaktadır. Buna karşılık olarak önemsenmemiş hisseden büyük çocuk, kendisinin almadığı şeyleri aldığı için bilinçsizce küçük çocuğu suçlayabilir.

Bununla birlikte tabii ki hiç aile travması taşımıyor gibi görünen bazı çocuklar da vardır. Bu çocukların, anne ve/veya babalarıyla başarılı bağ kurdukları oldukça yüksek ihtimaldir ki bu bağ, çocuğun geçmişten iç içe geçen herhangi bir aktarım taşıması durumundan muaf olmasına yardımcı olmuştur. Muhtemelen annenin özellikle bir çocuğa daha çok şey verebildiği ve diğerlerine veremediği bir zaman dilimi olmuştur ve muhtemelen ebeveynlerin ilişkisi iyileşmiş, gelişmiştir. Belki de anne bir çocukla özel bir bağ deneyimlemiş fakat diğerleriyle derinden bağlanamamıştır. Genellikle küçük çocuklar, her zaman olmasa da hayatı ilk çocuklardan -ya da tek çocuktan- biraz daha iyi sürdürürler çünkü tek çocuklara aktarılan aile geçmişinin bitmemiş meseleleri daha büyük paya sahiptir.

Kardeşler ve kalıtsal aile travmaları söz konusu olduğunda her bir çocuğun nasıl etkilendiğini yöneten belirgin bir kural bulunmamaktadır. Doğum sırası ve cinsiyetin yanı sıra birçok değişken, kardeşlerin yaptıkları seçimleri ve sürdürdükleri hayatlarını etkileyebilmektedir. Dışarıdan bakıldığında kardeşlerden biri travmadan hiç yara almamış gibi görünebilir, bir başkasıyla yüklenmiş olabilir. Klinik deneyimlerim bana şöyle farklı bir bakış açısı kazandırdı: Birçoğumuz aile geçmişimizden en azından bazı kalıntılar taşımaktayız. Ancak birçok soyut değer de denklemin içine girmekte ve köklü aile travmalarının nasıl saklandığını etkileyebilmektedir. Bu soyut değerler öz-farkındalık, kendini yatıştırabilme becerisi ve kuvvetli bir içsel iyileşme deneyimine sahip olmayı kapsamaktadır.

İyileşme Görüntüleri ve Beynimiz

Aile travmalarını yeniden yaşadığımız görüşü psikiyatrist Norman Doidge'un çığır açan *Kendini Değiştiren Beyin* adlı kitabında kısaca bahsettiği şeyin özü olabilir: "Psikoterapi genellikle hayaletlerimizi atalarımıza dönüştürmekle ilgilidir." Nesilden nesile geçmiş travmalarımızın kaynağını tanımlayarak Dr. Doidge, "Hayaletlerimizin bize sık sık uğrayıp rahatsız etmesi yerine tamamen geçmişimizin birer parçası hâline gelebileceğini öne sürmektedir."[4]

Bunu yapmamızın başlıca yollarından biri eski travmalarımızın içimizde yaşayan duyguları ve hisleri gölgede bırakacak kadar güçlü deneyimler ve görüntülerle yüreğimizin sızlamasını tolere edebilmektir. Zihinlerimiz görüntüler aracılığıyla iyileşme konusunda muazzam bir kapasiteye sahiptir. İster affetmeye veya rahatlığa dair bir sahneyi hayal edelim, serbest bırakalım ister sadece sevdiğimiz birini gözümüzde canlandıralım görüntüler, bedenimize derinden yerleşir ve zihnimize gömülür. Çalışmalarımda, kişilerin en çok etkileşim içinde oldukları görüntüleri ortaya çıkarmalarına yardımcı olmanın tedavinin temel taşı olduğunu keşfettim.

Görüntülerin sahip olduğu iyileştirme gücüne dair iddiayı, beyin taramaları kanıtlayabildiğinden çok daha önce geçerli hâle gelmişti. Yüz yılı aşkın süre önce, şair William Butler Yeats şöyle yazmıştı: "Zekâ ilk olarak görüntüler aracılığıyla kendisini ifade eder." Yani yalnızca içimizde yaşayan resim tarafından yönlendirilmeye izin verirsek ruhumuz "alev gibi basit" ve bedenlerimiz "akik bir lamba gibi sessiz" hâle gelecektir. 1913 yılında Carl Jung literatüre *aktif imajinasyon* terimini kazandırmıştı. Aktif imajinasyon tekniğinde bilinçaltı zihinle bir diyalog hâline girmek için görüntüleri kullanır (sıklıkla rüyalardan) ve karanlıkta saklı kalan şeyleri ortaya çıkarır. Son zamanlarda, iyileşme için imgeleme yapmaya dair görüş geniş çapta ilgi çekti ve yönlendirilmiş imajinasyon programları stres ve endişeyi azaltmak, atletik performansı artırmak ve belli bazı korku ve fobiler konusunda yardımcı olmak üzere hazır durumdadır.

Bilim, bu görüşü desteklemektedir. Doidge, insan beynini sabit ve değişmez olarak gören yaklaşımdan beynin esnek ve değişim kapasitesi olan bir şey şeklinde tanımlayarak insan beyninin nasıl çalıştığına ilişkin anlayışımızı kökten değiştirmiştir. Onun çalışmaları yeni deneyimlerin nasıl yeni nöral yollar oluşturabildiğini göstermiştir. Bu yeni nöral yollar tekrarlanmayla güçlenip, odaklanmış dikkatle derinleşebilmektedir. Özünde, bir şeyi ne kadar çok uygularsak beynimizi değişime yönelik o kadar iyi eğitiyoruz.

Bu temel ilke, Kanadalı nöropsikolog Donald Hebb'in 1949 yılında sunduğu çalışmasını özetleyen bir sözde ifade edilmiştir: "Birlikte ateşlenen nöronlar, birlikte bağlanırlar." Özü itibarıyla beyin hücreleri birlikte aktif hâle geldiği zaman aralarındaki bağlantı güçlenmektedir. Basitçe söylemek gerekirse belli bir deneyimi tekrar ettiğimiz her seferde, deneyim bizde daha yerleşmiş hâle gelmektedir. Yeterli miktarda tekrarlamayla bu otomatik hâle gelebilmektedir.

Hebb'in ilkelerinden en çok pozitif, ödüllendirici veya anlamlı olarak algıladığımız merak duygumuzu uyandıran yeni bir deneyimi uygularken faydalanırız. Bu, içimizde güç ve huzur hissetmemizi sağlayan herhangi bir şey; rahatlık, destek almak, merhamet veya minnet duymak gibi bir deneyim olabilir.

Bu yeni deneyime ilişkin duyguları ve hisleri tekrar tekrar hissettiğimiz zaman, yalnızca beynimizdeki yapılar birlikte bağlanmakla kalmayıp aynı zamanda serotonin-dopamin gibi nörotransmitterlerin ve oksitosin gibi iyi hissetmemizi sağlayan hormonların salınımını da harekete geçirebiliriz. Hatta gen ifadelerimiz dahi etkilenebilir; bedenin stres tepkisine dahil olan genler daha iyi bir şekilde işlevini yerine getirebilir.

Nörofizyoloji düzeyindeyse faydalı deneyimi uyguladığımız her seferinde, bağlantıyı beynimizin travma tepki merkezinden çekip beynimizin bir başka alanına getiririz. Özellikle de yeni deneyimleri entegre edebileceğimiz ve nöroplastik değişimin meydana gelebileceği prefrontal korteks alanına getiririz.

Nöroplastisite alanında bir lider olan Michael Merzenich şöyle ifade etmektedir: "Yeni bir beceriyi uygulamak, doğru koşullar altında, beyin haritalarımızdaki sinir hücreleri arasındaki yüz milyonlarca ve muhtemelen milyarlarca bağlantıyı değiştirebilir."[5] Bir kere yeni bir beyin haritası oluştuğunda, yeni düşünceler, duygular ve davranışlar organik olarak meydana çıkabilir ve eski korkular ortaya çıktığında dağarcığımızı dönüştürebilir.

Korkularımızın ve hastalık belirtilerimizin ardındaki sebeplerle bağlantıyı kurduğumuz zaman çözüm için yeni olasılıklara açılmış oluruz. Bazen bu yeni anlayış tek başına eski acı verici görüntüleri değiştirmek için yeterlidir ve vücudumuzun merkezinde hissedilebilen iç organsal salgıları başlatabilir. Diğer durumlarda, bu bağlantıyı yapmak sadece anlayışı artırabilmektedir fakat öğrendiklerimizi tamamıyla bütünleştirebilmek için daha fazlası gerekmektedir. Yeni bir içsel görüntü yaratmamıza yardımcı olması için cümlelere, alışkanlıklara, uygulamalara veya alıştırma yapmaya ihtiyacımız olacaktır. Bu yeni görüntü, bizi huzurla doldurabilir ve bu sakinliği tekrar tekrar dönebileceğimiz iç referans noktası hâline getirebilir. Yeni düşünceler, yeni duygular, yeni algılar ve yerleşmiş yeni bir beyin haritasıyla eski travma tepkilerimizle ve bizi yanlış yola sürükleme güçleriyle baş etmeye başlayan iyilik hâlinin içsel deneyimini oluşturmaya başlarız.

Yeni beyin haritamızın nöral ve iç organsal yollarını ne kadar çok kullanırsak, kendimizi o kadar çok bu haritaya eşlik eden güzel duygularla tanımlayabiliriz. Zaman içinde, bu güzel duygular bize tanıdık gelmeye başlar ve temelimiz geçici olarak sallandığında bile kendimizi sağlam zemine döndürme becerimize güvenmeye başlarız.

Doidge sadece hayal ederek beynimizi değiştirebileceğimizi söylemektedir. Gözlerimizi kapatıp bir eylemi imgelediğimizde o eylemi gerçekten yapar gibi beynimizdeki birincil görme korteksimiz aktif hâle gelmektedir.

Beyin taramaları aynı nöronların birçoğunun ve beyin bölgelerinin bir olayı gerek hayal ettiğimizde gerekse gerçekten yaşadığımızda aktif hâle geldiğini göstermektedir.[6] Doidge imgelemeyi hem hayal etme hem de anıları kullanan bir süreç olarak betimlemektedir. Doidge şöyle ifade eder:

"İmgelemek, hatırlamak veya güzel deneyimleri hayal etmek 'gerçek' deneyimler sırasında açığa çıkan duyusal, hareketlendirici, duygusal ve bilişsel devrelerin birçoğunu aynı şekilde aktif hâle getirmektedir."[7]

Oyun yazarı George Bernard Shaw, 1921 yılında şöyle yazmıştır: "Hayal gücü yaratıcılığın başlangıcıdır." Nöroplastisite bir seçenek olarak düşünülmeden çok önce dahi Shaw şu ilkeyi belirtmiştir: "Neyi hayal edersek onu mümkün kılarız."

İyileşme Görüntüleri ve Genlerimiz

Doidge, şöyle demiştir: "Deneyimle oluşan yapay değişim, beyinde ve hatta genlerde derine nüfuz ederek onları da şekillendirir.[8] Gen ifadeleri ve duygular arasındaki bağlantıyı inceleyen çok satan *The Genie in Your Genes* adlı kitabında Dr. Dawson Church, içsel epigenetik müdahaleler olarak adlandırdığı imgeleme, meditasyon, olumlu düşünceler, duygular ve dualara odaklanmanın genleri nasıl aktif hâle getirdiği ve sağlığımızı olumlu yönde etkilediğini açıklamaktadır. Dr. Church, "Zihinlerimizi iyilik hâlinin olumlu resimleriyle doldurmak iyileşme sürecini güçlendiren bir epigenetik ortam oluşturabilir." diye söyler.[9]

Meditasyonun gen ifadelerimizi nasıl pozitif yönde etkilediğini gösteren çok sayıda araştırma yapılmıştır. 2013 yılında *Psychoneuroendocrinology* dergisinde yayımlanan Madison'daki Winconsin Üniversitesi'nde yapılan bir çalışmaya göre meditasyon yapan kişilerin sadece sekiz saatlik bir meditasyondan sonra proinflamatuar genlerin düzeyinde azalma dahil olmak üzere genetik ve moleküler değişimler yaşamışlardır ve bu da onların stresli durumları fiziksel olarak çok daha hızlı atlatabilmelerini sağlamıştır.[10] Church, meditasyon yaptığımız zaman, "Beynimizin mutluluk üreten bölümünü büyütüyoruz." demiştir.[11]

Yaşamımız boyunca devamlı yeni beyin hücreleri üretiriz. Bu yeni gelişen hücrelerin çoğu hipokampüste yer alır. Doidge, "Farkındalığa ulaştığımızda, nöronlarımızda davranışlarımızı etkileyen genleri değiştirebiliriz." diye belirtir.

"Bir gen etkinleştirildiği zaman, hücrenin yapısını ve işlevini değiştiren yeni bir protein üretir." Doidge'un açıklamasına göre bu süreç, yaptıklarımızdan ve düşündüklerimizden etkilenir. "Genlerimizi şekillendirebiliriz böylece beynimizin mikroskopik anatomisi de şekillenir."[12]

Rachel Yehuda şöyle der: "DNA'nızı değiştiremezsiniz ancak DNA'nızın işleyiş biçimini değiştirebilirseniz. Bu, bir anlamda aynı şeydir."[13]

Travmadan tamamen yoksun bir yaşam ihtimali, son derece düşüktür. Travmalar uyumaz, sonraki nesillerin çocuklarında çözümlenmek üzere verimli zemin aramaya devam eder. Neyse ki insanoğlu dayanıklıdır ve birçok travma çeşidinde hızla iyileşme kapasitesine sahiptir. Yalnızca doğru içgörülere ve araçlara ihtiyacımız var. Daha sonra, danışanlarımla yaptığım çalışmalarda etkili olan uygulamaları paylaşacağım, böylece kendi aile kalıtımınızın parçası olabilecek travmaları iyileştirme deneyimlerini doğrudan elde edebilirsiniz.

4. Bölüm

Çekirdek Dil Yaklaşımı

Bilinçaltı duyulmak için ısrar eder, tekrarlar ve
bir bakıma kapıyı kırar.
-Annie Rogers, *The Unsayable*

Eski travmaların parçaları içimizde olduğundan, arkalarında ipuçları bırakırlar, bu duygu yüklü sözler ve cümleler biçimindeki ipuçları genellikle bizi eski çözümlenmemiş travmalara bağlar. Anlayacağınız gibi bu travmalar, bize ait olmayabilir. Ben bu travmaların sözlü ifadesi olarak çekirdek dil terimini kullanıyorum. Çekirdek dil sözel olmayan yollarla da ifade edilebilir. Bunlar fiziksel hisler, davranışlar, duygular, dürtüler ve hatta bir hastalığın belirtisi olarak da görünebilir. Jesse'nin çekirdek dili sabaha karşı saat 3:30'da nedenini bilmeden titreyerek ve tekrar uykuya dalmaktan korkarak uyanmayı içeriyordu. Gretchen'ın çekirdek dili depresyon, çaresizlik, endişe ve kendini 'buharlaştırma' isteğini içeriyordu. Hem Gretchen hem de Jesse onları aile geçmişlerinden çözümlenmemiş bir şeylere bağlayan bulmacanın parçalarını taşıyorlardı.

Hepimiz Hansel ve Gratel'in kandırılarak karanlık ormana götürüldüğü hikâyeyi biliriz. Çıkış yollarını asla bulamayacaklarından endişe duyan Hansel, evlerine güvenli bir şekilde geri dönmelerini garanti altına almak için ormanda yol

69

boyunca ekmek kırıntıları bırakır. Bu yerinde bir benzetme olacaktır: İster korku ormanımızın derinliklerinde olalım ister bildiğimiz yoldan uzaklaşmak konusunda endişe duyalım, bizler de yolumuzu bulmamıza yardımcı olabilecek kırıntılar bırakırız.

Ancak ekmek kırıntıları yerine, sözcük kırıntıları bırakırız, bunlar bizi doğru yola yönlendirecek güce sahip sözcüklerdir. Bu sözcükler, rastgele gibi görünebilir ancak değillerdir. Bunlar gerçekte bilinçaltımızdan gelen ipuçlarıdır. Nasıl bir araya getireceğimizi ve bağlantı kuracağımızı bildiğimiz zaman, kendimizi daha iyi anlayabilmemize yardımcı olması için izleyebileceğimiz bir yol oluştururlar.

Masallardaki çocuklar gibi evimizin yolunu bulabilmek için korku ormanımızın içinde öylece uzaklara doğru dolaşabiliriz. Sözcüklerin yolunu izlemek yerine, kendimizi ilaçlara başvurmuş, yiyeceklerle, sigarayla, seksle veya alkolle rahatlatır veya anlamsız aktivitelerle kendimizi oyalar hâlde bulabiliriz. Kişisel deneyimlerimizden bildiğimiz üzere, bu yolların her zaman bir sonu vardır. Gitmemiz gereken yere asla bizi götürmezler.

Kullandığımız çekirdek dilin ekmek kırıntılarının etrafımızı sardığını fark etmeyiz. Bunlar sesli söylediğimiz sözcüklerde ve sessizlikte söylenen cümlelerde yaşarlar. Tıpkı bir saatin alarmı gibi aklımızdan devamlı geçen sözcüklerde yaşarlar ancak bunların bizi nereye götürdüğünü görmek yerine bu sözcüklerin, içimizde yarattığı trans hâli tarafından paralize olmuş duruma gelebiliriz.

Bilinçdışı Bellek

Travmatik anıların nasıl depolandığını anlamak, bunaldığımızda kullandığımız sözcüklerde ne meydana geldiği konusunu bir nebze açıklığa kavuşturabilecektir. Uzun süreli bellek genellikle iki ana bölüme ayrılır: Bildirimsel bellek ve bildirimsel olmayan bellek. Bildirimsel bellek, açık veya açıklayıcı bellek olarak da adlandırılır, olguları ve olayları bilinçli olarak hatırlama becerisidir. Bu tür bellek daha sonra geri kazanılabilir anıları dilin organize etme, kategorize etme, bilgi ve deneyimleri depolama özelliklerine dayanmaktadır. Bu tıpkı geçmişten bir hikâyeye bakmaya ihtiyaç duyduğumuzda raftan çekip çıkardığımız bir kitaba benzerdir. Olayları sözcüklerle ifade ettiğimiz zaman onları geçmişimizin birer parçası olarak hatırlayabiliriz.

Bildirimsel olmayan bellek; örtük bellek, duyu-devinimsel bellek veya prosedürel bellek olarak da adlandırılır ve bilinçli hatırlama olmadan işlev gösterir.

Bu tür bellek, daha önce öğrendiklerimizi tekrardan öğrenmemiz gerekmeden otomatikman geri hatırlamamıza olanak verir. Örneğin bisiklet sürdüğümüz zaman onu ileri doğru harekete geçirmek için gerekli olaylar adımını düşünmeyiz. Bisiklet sürmenin anısı içimizde o kadar yerleşmiştir ki sadece üzerine biner ve süreci adımlara bölmeden pedal çevirmeye başlarız. Bu tür anıları her zaman sözcüklerle ifade etmek kolay değildir.

Travmatik deneyimler genellikle bildirimsel olmayan bellekte depolanır. Bir olay fazlasıyla bunaltıcı olup kelimelerle anlatılamayacak bir hâl aldığında, o anıyı hikâye olarak doğru biçimde kaydedemez veya ifade edemeyiz, bunu yapmak için dil gereklidir. Âdeta hep bir ağızdan tüm kapı ve pencerelerimizden aniden taşan sel gibidir. Tehlikedeyken deneyimlerimizi sözcüklerle ifade etmek üzere fazla uzun süre durmayız. Sadece evden dışarı çıkarız.

Sözcükler olmadan, olayın anısına tamamıyla erişmemiz mümkün değildir. Deneyimin parçaları tanımsız kalır ve gözden uzak örtük kalır. Kaybolan ve açıklanamayan anılar, bilinçaltımızın parçaları hâline gelir.

Bilinçaltımızın geniş depo alanı yalnızca travmatik anıları değil, aynı zamanda atalarımızın çözümlenmemiş travmatik deneyimlerini de barındırır. Bu ortak bilinçaltında, atalarımızdan birinin anısının kalıntılarını yeniden yaşarız ve kendimizinmiş gibi ifade ederiz.

Daha önce fareler üzerinde yapılan çalışmalar travmaların bir nesilden diğerine nasıl aktarıldığı konusunda bazı kanıtlar göstermiş olmasına rağmen bu aktarımın insanlarda tam olarak nasıl bir mekanizmayla gerçekleştiği henüz tamamıyla anlaşılamamıştır. Hâlâ atalarımızdan birinin tamamlanmamış işinin bizim içimizde nasıl kökleştiği konusunda tam emin olmamamıza rağmen böyle bir bağlantı bilinçli yapıldığında bir iç rahatlaması getiriyor gibi görünmektedir.

Açıklanmamış Dil: Sözcükler Kaybolduğunda

Deneyimlerimizi tarif etmekte zorlandığımız iki önemli zaman vardır. Bunlardan birincisi, iki veya üç yaşında olduğumuz, beyinlerimizin dil bölgesinin henüz tam anlamıyla gelişmediği dönemlerdir. İkincisiyse travmatik olaylar sırasında meydana gelir, bellek fonksiyonlarımız bastırılır ve bilgiyi doğru biçimde işleyemeyiz.

Bessel van der Kolk şöyle ifade eder: "Bellek fonksiyonu kısıtlandığı zaman duygusal yönden önemli olan bilgiler frontal lobları atlar ve sözcüklerle veya dil kullanımıyla tanımlanamaz veya düzenlenemez. Dil olmadan, deneyimlerimiz genellikle 'açıklanamaz' olur ve daha çok anı parçaları, bedensel hisler, görüntüler ve duygular olarak depolanır. Dil, deneyimlerimizi hikâye biçiminde toparlayıp tutmamızı sağlar. Bir defa hikâyeleştirdiğimizde, deneyimi ona bağlı olan kargaşayı yeniden yaşamadan tekrar değerlendirebiliriz."

Bunaldığımızda başvurduğumuz ilk şeylerden biri dildir ve asla kaybolmaz. Bilinçaltımızın derinliklerinde incelenir ve hiç ummadığımız anda yok sayılmayı reddederek yüzeye çıkabilir. Psikolog Annie Rogers şöyle der: "Bilinçaltı duyulmak için ısrar eder, tekrarlar ve bir bakıma kapıyı kırar. Onu duymanın ve odaya davet etmenin tek yolu, ona bir şeyler dayatmayı bırakmak ve bunun yerine her yerde, sözde, ifade biçiminde, rüyada ve bedende söylenememiş olanı dinlemektir."[1]

Çekirdek Dil ve Bellek Kurtarma

Bilinçaltımızda yer alan dile getirilmemiş deneyimlerin hepsi içimizdedir. Bunlar değişik şekillerde dilimizde belirebilir. Kronik hastalık belirtilerimizde ve açıklanamaz davranışlarımızda kendini gösterir. Günlük yaşamımızda karşılaştığımız tekrar eden mücadelelerimizde yeniden yüzeye çıkar. Bu dile getirilmemiş deneyimler duyulmak için kapılarımızı kırar, çekirdek dil ise duyduğumuzdur.

Çekirdek dilimizin duygu yüklü sözleri hem kendi bedenimizde hem de aile sistemimizin 'bedeninde' yer alan açık olmayan anılardır. Bunlar tıpkı bilinçaltımızda kazılıp ortaya çıkarılmayı bekleyen değerli madenler gibidir. Anıları doğru rehberlikle görmeyi başaramazsak mücadelelerimizin ardındaki sırrı çözmemize yardımcı olabilecek önemli ipuçlarını kaçırabiliriz. Bir kez kazıp çıkardığımızda, travmayı iyileştirmek üzere önemli bir adım atmış oluruz.

Çekirdek dil 'açıklanmamış' anılarımızı 'açıklamamıza' yardım eder ve birleştirilememiş hatta hatırlanmayan olayları ve deneyimleri bir araya getirmemizi sağlar.

Bu parçalar, bilinçaltımızda yeterli miktarda bir araya geldiği zaman, bize veya aile üyelerimize ne olmuş olabileceğini daha derinden anlayabileceğimiz bir hikâye oluşturmaya başlarız. Tüm hayatımız boyunca bizi rahatsız eden anıları, duyguları ve hisleri anlamlandırmaya başlarız. Bir kez bunların kaynağını geçmişte, kendi travmamız veya bir aile travmasında bulduğumuzda, sanki şimdiki zamana aitmiş gibi bunları yaşamayı bırakabiliriz. Her korku, endişe veya tekrarlayan düşünce ailede yaşanmış bir travmatik olayla açıklanamayabilir ancak bazı deneyimler çekirdek dilimizin anlamını çözdüğümüz zaman daha iyi anlaşılabilir.

Çekirdek Dilinizin Yapısını Nasıl Çözersiniz?

En derin korkularımızı ifade ederken kullandığımız yoğun veya anlık sözcükler bizim çekirdek dilimizdir. Ayrıca bunları ilişkilerimiz, sağlığımız, işimiz ve diğer yaşamsal durumlarımız hakkında şikâyet ederken de kullanabiliriz. Çekirdek dil, bedenimiz ve özümüzle bağlantımız koptuğu zaman dahi ortaya çıkabilir. Esasen bunlar çocukluğumuzda veya aile geçmişimizde yaşanmış travmaların yansımalarıdır.

Dil içeride öyle alışılmadık ve yabancıdır ki bildiğimiz veya deneyimlediğimiz şeyden kendimizi bağlam dışında hissedebiliriz. Çekirdek dilin, içimizde deneyimlenirken dışımızdan gelme özelliği vardır. Artık *buharlaşma* ve *yanıp kül olma* kelimelerinin ardında ne olduğunu anlayan Gretchen şöyle demiştir: "O duygular benim içimde yaşıyordu fakat benden kaynaklanmıyordu." Kişiye özgü dil, bir kez deşifre olduğunda yoğunluğu ve üzerimizdeki etkisi gücünü kaybeder.

Çekirdek Dil Haritası

İlerleyen bölümlerde, daha önce açıklanamamış duygularla geçmişteki olaylar arasında bağlantı kurmaya yardımcı olacak araçlar önereceğim.

Her bir araç muhtemelen daha önce hiç ifade edilmemiş veya tamamıyla bilinç durumuna getirilmemiş bir duyguyu ortaya çıkartmak için tasarlanmış sorular içermektedir. Bir kez yeteri kadar bilgi alındığında, bir harita (bilinçaltı haritası) görünmeye başlar. Bu, çekirdek dil haritası olarak adlandırılır ve gerçekten kâğıt üzerine şema hâlinde çizilebilir. Yazdığımız kelimeler gideceğimiz yönü belirleyecektir. Herkesin bir çekirdek dil haritası vardır ve her harita eşsiz ve biriciktir.

Çekirdek dil haritalarımız muhtemelen biz daha doğmadan çok önce var olmuştur. Bu, babamıza veya büyükannemize ait olabilir ve sadece onlar için bunu taşıyor olabiliriz. Muhtemelen onlar da bu haritayı kendilerinden önce yaşayan bir aile üyesi için taşımışlardı. Bazı haritalar bebekken henüz konuşamadığımız dönem sırasında şekillenir. Her ne şekilde almış olursak olalım, şimdi bunun asıl kökenini bulma fırsatına sahibiz.

Aile geçmişimizdeki çözümlenmemiş travmalar, sonraki nesillere aktarılır ve sorgulamak hiç aklımıza gelmeyen şekillerde duygu, tepki ve seçimlerimize karışır. Bu deneyimlerin bizden kaynaklandığını zannederiz. Genellikle görünmeyen gerçek kaynağıyla bize ait olanı ve olmayanı birbirinden ayırt edemeyebiliriz.

Çekirdek dil haritamızı izlemek bizi hayalet gibi yaşayan, görülmeyen ve yok sayılan aile üyeleriyle yüz yüze getirebilir. Bazıları uzun zaman önce ölmüştür. Bazıları reddedilmiştir veya unutulmuştur. Diğerleri öyle travmatik olaylardan geçmiştir ki onların nelere katlanmış olabileceğini düşünmek oldukça acı vericidir. Bir kez onları bulduğumuzda, serbest kalırlar ve özgürleşiriz.

Geçmişimiz keşfedilmeyi bekliyor. Sözcükler, dil, harita... Keşif yolculuğu yapmamız için ihtiyacımız olan her şey, tam şu anda içimizdedir.

Üçüncü bölümde imgeleme gibi araçların beyinde nasıl yeni nöral yollar oluşturabildiğini ve hatta genlerimiz üzerinde olumlu etkisinin olduğunu gösteren güncel bilimsel araştırmadan bahsettim. Şimdi öğrendiklerimizi uygulayalım.

Önümüzdeki bölümlerde, sizi her zamanki düşünme şeklinizin kısıtlamalarının ötesine götürmesi için tasarlanmış alıştırmalar bulacaksınız.

Sorular dağınık ve farklı bir şekilde tasarlandı, böylece bilinçaltının daha derin akışı fokurdayarak aniden yüzeye çıkabilir.

Her bir alıştırma bir öncekinden türeyerek ilerler. Bazısı sizden gözlerinizi kapamanızı ve aile üyelerinizi gözünüzde canlandırmanızı ister, diğerleriyse bedeninizdeki hislere dikkat vermenizi ister. Birkaç alıştırmada çekirdek dilinizdeki önemli ipuçlarını ortaya çıkarmanıza yardımcı olmak için tasarlanmış sorulara cevap yazmanız gerekecek. Yakınınızda bir kalem ve kâğıt bulundurmanız yararlı olacaktır, defter de iyi olabilir böylece ilerlerken kolaylıkla cevaplarınızı inceleyebilirsiniz.

Deneyimlerime göre bu alıştırmaları yaparak kendi deneyiminizi derinleştirecek ve kendinizle ilgili daha fazla şey keşfedeceksiniz. Cevaplarınızın doğru mu yanlış mı olduğu hakkında endişelenmenize gerek yok. Ben, süreci her yönüyle size açıklarken merakınızın, rehberiniz olmasına izin verin.

5. Bölüm

Dört Bilinçaltı Teması

Doğmamızı sağlayan insanlarla aramızdaki bağ, en güçlü bağdır. Kaç yıl geçerse geçsin, kaç ihanet yaşarsak yaşayalım, ailede ne kadar mutsuzluk olursa olsun hiç önemli değil. Kendi irademiz pahasına olsa bile onlarla bağımız devam eder.

-Anthony Brandt, *Bloodlines*

İster anne babamızın duygularını rahimdeyken kalıtsal olarak alalım veya annemizle küçüklüğümüzdeki ilişkimizde bize aktarılsın ister bilinçdışı bağlılığımızla veya epigenetik değişiklikler yoluyla paylaşalım, bir şey çok açıktır: "Hayat bizi geçmişte çözümlenmemiş bir şeyle geleceğe gönderir."

Hayatımızı tam olarak planladığımız gibi yaşayabileceğimize inanarak kendimizi kandırırız. Niyetlerimiz, sıklıkla eylemlerimizden farklılaşır. Sağlığımızın iyi olmasını arzu edebiliriz fakat çok fazla abur cubur yeriz veya egzersiz yapmamak için bahaneler buluruz. Romantik bir ilişkiyi çok arzu edebiliriz fakat potansiyel bir partner bize yakınlaştığı an derhal aramıza mesafe koyarız. Anlamlı bir kariyer isteyebiliriz ancak bunu başarmak için gerekli adımları atmayız. En kötü tarafıysa ilerlememize mani olan şey genellikle bize görünmezdir ve bizi hayal kırıklığına uğratır ve kafamızı karıştırır.

Cevapları olağan yerlerde ararız. Yetiştirilişimizdeki eksikliklere odaklanırız. Çocukluğumuzda bizi güçsüz bırakan üzücü olaylar üzerinde düşünürüz. Başımıza gelmiş olan talihsiz olaylar nedeniyle anne babamızı suçlarız. Aynı düşünceleri tekrar tekrar gözden geçiririz. Ancak bu yöntemle hatırlamak bir şeyleri nadiren daha iyi yapar. Problemimizin asıl hâlini görmeden, şikâyetlerimiz sadece sürekli mutsuzluğumuzu devam ettirir.

Bu bölümde, yaşamın ileriye doğru gelişim göstermesini engelleyen dört bilinçaltı temasını; ilişkilerimizi, başarımızı ve sağlığımızı bozabilecek dört yolu öğreneceğiz. Oraya gitmeden önce buraya nasıl geldiğimize bakalım.

Hayatın Akışı

Aldığımız yolu, aslında hepimiz biliyoruz. Buraya anne babamız aracılığıyla geldik. Ebeveynlerimizin çocukları olarak, uzun bir geçmişe dayanan büyük bir şeye, kelimesi kelimesine insanlığın kendisinin başlangıcına bağlıyız. Anne babamız aracılığıyla hayatın akımına nüfuz ederiz, buna rağmen bizler bu akımın kaynağı değiliz. Akım bize aile geçmişimizle birlikte sadece iletilmiştir, biyolojik olarak aktarılmıştır.

Bu akım bizim yaşam gücümüzdür. Belki de bunu okudukça onun içinizde yaşadığını hissedebilirsiniz. Eğer bugüne kadar birisi ölürken onun yanında olduysanız, bu gücün azalışını hissedebilirsiniz. Hatta bu güç bedenden ayrıldığı zaman tam o ayrılış ânını hissedebilirsiniz. Aynı şekilde bugüne kadar bir doğuma tanık olduysanız yaşam gücünün odayı doldurduğunu hissedebilirsiniz.

Bu yaşam gücü, doğumdaki fiziksel bağın kopmasıyla durmaz. Kendinizi onlardan kopuk bile hissetseniz, anne babanızdan size akmaya devam eder. Hem klinik uygulamalarımda hem de kendi yaşamımda yaptığım gözlemlerime göre anne babamızla bağımız serbest şekilde aktığında kendimizi hayatın önümüze getirdiği şeyleri almaya çok daha açık hissederiz. Anne babamızla bağımız bir yönden bozulduğunda, bizim için mevcut yaşam gücü sınırlıymış gibi hissederiz. Kendimizi engellenmiş ve sıkışmış hissedebiliriz veya âdeta akışa karşı yukarı doğru yüzer gibi hayat akışının dışında hissedebiliriz. En sonunda acı çekeriz ve nedenini bilmeyiz. Ne var ki iyileşebilmemiz için gerekli kaynaklar içimizdedir. Hâlâ yaşıyor veya ölmüş olmalarına bakmaksızın, tam şu anda anne babamızla bağı değerlendirerek başlayalım.

Akışı Hissetmek

Bir dakika durun ve anne babanızla aranızdaki bağı veya kopukluğu hissedin. Onlarla ilgili sahip olduğunuz hikâyeye bakmaksızın, ilişkiyi ve bunun bedeninizi fiziksel açıdan nasıl etkilediğini hissedin.

Biyolojik anne babanızın önünüzde ayakta durduklarını, gözünüzde canlandırın. Eğer onlarla hiç tanışmadıysanız veya onları gözünüzde canlandıramıyorsanız, sadece onların varlığını hissedin. Onları karşınızdaymış gibi gözünüzde canlandırın ve kendinize aşağıdaki soruları sorun:

- Onları içtenlikle karşılıyor muyum yoksa dışlıyor muyum?

- Onların beni içtenlikle karşıladığını hissediyor muyum?

- Onlardan farklı biri gibi mi hissediyorum?

> - Onları gözümde canlandırdığımda rahat mıyım yoksa gergin miyim?
>
> - Onlardan hayat veren bir güç aksaydı, bunun ne kadarı bana geçerdi: %5'i? %25'i? %50'si? %75'i ya da %100'ü mü?

Anne babamızdan yaşam gücü bize serbest biçimde akar. Yapmamız gereken hiçbir şey yoktur. Tek işimiz onu almaktır.

Bu yaşam gücünü evinize elektrik veren bir ana kablo olarak gözünüzde canlandırın. Diğer odalara ayrılan diğer tüm kablolar güç için bu ana kabloya bağlıdır. Evimize ne kadar başarılı bir şekilde kablo döşersek döşeyelim, ana kablo bağlantımız hasar görmüşse akış etkilenecektir.

Şimdi bu "ana kablonun" dört bilinçaltı teması tarafından nasıl etkilenebileceğini inceleyelim.

Hayatın Akışını Kesen Dört Bilinçaltı Teması

Bu temalar her birimiz için ortak temalardır ancak etkileri bilinçaltımızda bulunmaktadır:

1. Ebeveynle birleşmek.

2. Ebeveyni reddetmek.

3. Anneyle kopan bağ.

4. Anne babamız dışında aile sistemimizdeki bir aile bireyiyle özdeşleşmek.

Bu temalardan herhangi biri ilerlemek için becerimizi ve koyduğumuz hedeflere ulaşmamızı engelleyebilir. Yaşama gücümüzü, sağlığımızı ve başarımızı sınırlandırabilirler. Davranışlarımızda ve ilişkilerimizde ortaya çıkabilirler. Kullandığımız kelimelerde görünebilirler.

Bu dört tema, anne babamızla ve aile sistemimizdeki diğer kişilerle nasıl bağlantılı olduğumuzu farklı yönlerden açıklar. Bu temaları anlarsak ve onlara nasıl bakacağımızı bilirsek hangilerinin bize iyi hizmet ettiğini ve hangilerinin yaşam tecrübelerimizin bütünlüğüne sahip olmamızı engellediğini anlayabiliriz.

Anne veya babamızla kopukluk, dört bilinçaltı temasının üçünün temelini oluşturur ve mücadele ederken üzerinde düşünmemiz gereken ilk noktadır.

Hayatı dolu dolu yaşamamıza engel olabilecek, yaşam gücümüzü kesintiye uğratacak başka faktörler de vardır fakat bu kesintiler her zaman bilinçsiz değildir ve ille de bir ebeveyni veya aile sistemimizden başka birini içermesi şart değildir. Böyle bir kesinti kişisel bir travma yaşadığımız zaman meydana gelebilir. Travmanın üzerimizdeki etkilerinin farkında olmamıza rağmen çözmek için kendimizi güçsüz hissedebiliriz.

Bir başka tür kesinti de yaptığımız bir eylem veya işlediğimiz bir suç nedeniyle kendimizi suçlu hissettiğimiz zaman meydana gelir. Muhtemelen birini incitecek bir karar almışızdır veya bir ilişkimizi zalimce sonlandırmışızdır ya da bize ait olmayan bir şeyi almışızdır veyahut kazara ya da kasıtlı biçimde birini öldürmüşüzdür. Suçluluk hissi yaşam gücümüzü pek çok yönden dondurabilir. Hem de bunu üstlenmediğimizde veya çözümlemediğimizde, çocuklarımıza ve hatta onların çocuklarına kadar uzanabilir. İlerleyen bölümlerde bununla ilgili daha çok şey okuyacaksınız. İlk olarak, doğrudan anne babamızla veya aile sistemimizdeki başka kişilerle bağlantılı dört kesinti faktörünü inceleyelim.

1. Ebeveynlerden birinin duyguları, davranışları veya deneyimleriyle kendinizi birleştirdiniz mi?

Şöyle düşünün: Ebeveynlerinizden biri duygusal, fiziksel veya psikolojik açıdan zorluk yaşıyor muydu? Onların acı çektiğini görmek sizi incitiyor muydu? Onların acısını dindirmek istemiş miydiniz? Bunu denemiş miydiniz? Bugüne kadar diğerine karşı bir ebeveynin tarafını tuttunuz mu? Diğer ebeveyni incitmekten korktuğunuz için ebeveynlerinizden birine sevginizi göstermekten çekindiniz mi? Bugünkü yaşamınızda insanlarla kurduğunuz ilişkiler, ebeveynlerinizin kurduğu ilişkilere benziyor mu? Ebeveynlerinizin acısını içinizde mi hissediyorsunuz?

Birçoğumuz ebeveynlerimizin acısını bilinçsizce üstleniriz. Küçük bir çocukken benlik algımızı aşama aşama geliştiririz. O zamanlar, anne babamızla nasıl ayrı olacağımızı ve aynı zamanda da bağlı olacağımızı öğrenmemiştik. Bu masum yerde, muhtemelen düzelterek veya paylaşarak onların mutsuzluklarını dindirebileceğimizi hayal ettik. Acılarını birlikte taşıdığımız takdirde tek başlarına acı çekmek zorunda kalmayacaklardı fakat bu hayali bir düşünce şekliydi ve sadece daha çok mutsuzluk getiriyordu. Mutsuzluğun ortak modelleri dört bir yanımızdadır. Üzgün anne, üzgün kız; saygı gösterilmemiş baba, saygı gösterilmemiş oğul. Ebeveynlerin ilişki takıntıları çocukları tarafından aynalanmaktadır. Kombinasyonlar sonsuzdur.

Ebeveynlerden biriyle birleştiğimizde, bilinçsiz olarak genellikle olumsuz olmakla beraber o ebeveynin hayat tecrübelerinin bir özelliğini paylaşırız. Belli durumları ve koşulları, bizi özgür bırakabilecek bağlantıları yapmadan tekrar ederiz veya yeniden yaşarız.

Gavin'in Hikâyesi

Aşağıdaki hikâye, sıklıkla üstü kapalı olan dinamikleri çözmek için kendimizi güçsüz hissettiğimiz bir mücadelede bilginin güç sağladığını örnekleyerek anlatır.

Gavin otuz dört yaşındayken hem kendinin hem de ailesinin biriktirdiği tüm paraya mal olan bir dizi ani finansal karar aldı. Teslim tarihlerine uyma konusunda başarısız olduğu için yakın zamanda proje müdürlüğü işinden çıkarılmıştı. Gavin, karısı ve iki çocuğuyla çaresiz hâldeydi. Bir yandan faturalarını ödemek için mücadele verirken diğer yandan da evliliğinde gerilim yaşıyordu. Gavin, derin bir depresyona girdi.

O zamanlar otuzlu yaşlarının ortasındaki babası, Gavin küçük bir çocukken ailenin tüm birikmiş parasını özel bir atla ilgili içeriden bilgi aldığına inanarak at yarışında kaybetmişti. Bunun ardından Gavin'ın annesi çocukları almış ve anne babasının evine geri taşınmıştı. Ondan sonra Gavin, annesinin bencil, aşırı kumarbaz ve ezik bir adam olarak bahsettiği babasını nadiren görebilmişti.

Şimdi otuz dört yaşındaki Gavin, bilinçli olarak bu bağlantıyı kurmamış olmasına rağmen babasının 'eziklik' deneyimini tekrar ediyordu. O da ailesinin birikmiş parasını kaybetti, şimdiyse karısı ve çocuklarını kaybetme ihtimaliyle yüz yüze geldi. Gavin geçmişi yeniden yaşadığını birlikte yaptığımız seansa kadar fark etmemişti.

Babasından bunca zamandır ayrı kalan Gavin yaşamlarının nasıl böyle benzer bir modelde aynalandığını anlayamıyordu. Babasıyla bilinçli olarak bir bağ kurmamış olsa da Gavin bilinçsiz bir ilişki kurmuştu ve farkında olmayarak babasının başarısızlıklarını tekrar ediyordu. Bunu anladıktan sonra Gavin babasıyla bozuk ilişkilerini onarma işine koyuldu.

Babasıyla konuşmayalı neredeyse on yıl olmuştu. Kendi direncinin bilinci ve babasını çoğunlukla annesinin anlattığı hikâyelerden bildiğinin farkındalığı ile Gavin temkinli fakat açık fikirlilikle ilerledi. El yazısıyla yazdığı bir mektupta, babasının iki küçük kızın dedesi olduğunu ve kendisinin bunca zamandır irtibatta olmadığı için üzgün olduğunu anlattı. Gavin altı hafta bekledi fakat cevap gelmedi. Babasının öldüğünü ya da daha kötüsü onu hayatından sildiğini düşünüp korkuya kapıldı.

Korkusunun altında yatan hisse güvenerek Gavin telefonu eline aldı ve babasının numarasını çevirdi. Bunu yaptığı için memnundu, şaşırtıcı biçimde babası mektubu almamıştı. Telefon görüşmelerinde her ikisi de bağ kurmaya çalışırken acemice kelimelerini ve duygularını seçemiyorlardı. Birkaç gergin telefon konuşmasından sonra gerçek duyguları yüzeye çıkmaya başladı. Gavin babasına onu gerçekten özlediğini söyleyebildi. Babası dinledi ve gözyaşlarına boğuldu. Gavin'a ailesini kaybetmenin inanılmaz derecede acı veren bir şey olduğunu, keder ve üzüntü duyguları olmaksızın tek bir gününün dahi geçmediğini anlattı. Gavin hemfikirdi. Birkaç hafta içinde Gavin'ı içine çeken depresyon geçmeye başladı.

Babası yeniden hayatına giren Gavin evde de işleri dengelemeye başladı, karısıyla arasında kaybolan güveni tazeledi ve çocuklarıyla bağını kuvvetlendirdi. Âdeta kaybolduğunu bilmediği bir anahtarı bulmuş gibiydi. Gavin artık hayatındaki en değerli şeyin ailesine bağı olduğunu açıkça söyleyebiliyordu.

Anne babaların en son görmek isteyeceği şey, çocuklarının onların namına acı çekmesidir. Çocuklar olarak anne babamızın acılarıyla onlardan daha iyi baş edebileceğimizi düşünmek kibirli ve abartılı bir davranıştır. Ayrıca bu hayatın düzeniyle de uyumsuzdur. Anne babamız bizden önce varlardı. Onlar bizim ihtiyaçlarımızı karşıladı bu sayede hayatta kaldık. Bebek hâlimizle biz onlara hayat sağlamadık, onların bakımından biz sorumlu değildik.

Bir çocuk ebeveynlerden birinin yükünü bilerek veya bilmeyerek üstlendiğinde kendisine verilecek deneyim fırsatlarını kaçırıyor ve yaşamının ilerleyen dönemlerinde ilişkilerinde başkalarından almak konusunda zorluk yaşayabiliyor. Ebeveynine bakan çocuklar, genellikle hayatları boyunca aşırı gerginlik ve alıştığı üzere bunaltıcı hisler sergiliyorlar. Ebeveynlerimizin yüklerini taşıma veya paylaşma girişimimizle, aile acısını devam ettirmiş oluruz, bizim ve bizden sonraki nesiller için mevcut yaşam gücünün akışını engelleriz.

Hatta hasta veya yaşlı bir ebeveyne bakım verip kendilerinin yapamadığı şeyleri onlara sağladığımız zaman, ebeveynimizin itibarını azaltmaktansa ebeveyn-çocuk ilişkisinin bütünlüğünü korumamız ve saygı duymamız önemlidir.

2. Ebeveynlerinizden birini yargıladınız, suçladınız, reddettiniz veya biriyle iletişiminizi kestiniz mi?

Hayatı tüm yanlarıyla kucaklamak, neşeyi deneyimlemek, derin ve tatmin edici ilişkiler kurmak, sağlıklı olmak ve tam kapasitemizi kullandığımız bir yaşamımız olmasını istiyorsak ilk önce içimizde kırgınlık hissi olmadan ebeveynlerimizle ilişkimizi onarmamız gerekir. Bize hayat vermiş ve kim olduğumuzun değiştirilemez bir parçası olmalarının ötesinde, anne babamız gizli kuvvetlerimiz ve yaratıcı güçlerimize birer geçit olmakla beraber, karşılaştığımız zorluklar da atalarımızın mirasının parçasıdır.

Onlar hayatta veya ölmüş olsa da onlardan uzak olsak da veya ilişkimiz dostça da olsa anne babamız ve yaşadıkları veya kalıtsal travmaları tedavimiz için bir anahtar barındırır.

Ebeveynlerine yakınlaşmaktansa avuç dolusu çivi yutmayı bile tercih edebileceğinizi düşünenleriniz olabilir ancak ne kadar uzun sürerse sürsün bu adım atlanamaz. (Asker emeklisi babamla ancak otuz altı hafta üst üste öğle yemeği yedikten sonra babam onu sevdiğime hiçbir zaman inanmadığını anlatabildi.) Bozuk ilişkiler genellikle aile geçmişimizdeki acı verici olaylardan kaynaklanır ve biz yargılayıcı zihinlerimizi serbest bırakıp, gizli saklı kalbimizi açıp, anne babamıza ve aile bireylerine merhamet ışığıyla bakıp cesaretimizi toplayana kadar nesiller boyunca tekrarlanabilirler. Ancak bu şekilde yaşamımızı bütünüyle kucaklamamızı engelleyen acıyı çözebiliriz.

Anne babamızı düşündüğümüzde tüylerimizi diken diken etmesi yerine rahatlayabildiğimiz ve sakinleşebildiğimiz bir yer bulmamız önemlidir.

Bu yaklaşım size öğretilenlere zıt gibi gelebilir. Geleneksel konuşma terapisi, çektiğimiz acının ana nedeni olarak anne babamızı görüp onları suçlamaya odaklanır. Tıpkı durmadan aynı labirentte gezinen fareler gibi birçok insan anne babalarının onları nasıl hayal kırıklığına uğrattıkları ve hayatlarını perişan ettiklerine dair eski hikâyeleri tekrar tekrar ele alarak yıllarını harcarlar. Eski hikâyelerimizin bizi tuzağa düşürebilecek olmasına rağmen bunların arkasındaki daha derin hikâyeleri bir kez meydana çıkardığımızda bizi özgürleştirecek kuvvete sahip olurlar. Bu özgürlüğün kaynağı içimizdedir, sadece çıkarılmayı bekler.

Kendinize şu soruyu sorun: Size yaptığı bir şey nedeniyle ebeveynlerinizden birini reddediyor, suçluyor veya yargılıyor musunuz? Anne babanızdan birini veya her ikisini yok sayıyor musunuz? Herhangi biriyle ilişkinizi kestiniz mi?

Annenizi suçladığınızı veya reddettiğinizi varsayalım. Ondan almanız gereken miktarda duygu alamadığınız, size yeterince sevgi vermediği için suçladığınızı varsayalım. Bu durum sizin için geçerliyse hiç ona ne olduğunu kendinize sordunuz mu? Hangi olay ilişkinizdeki sevgi akışını kesme gücüne sahipti?

Sizi birbirinizden ayıran veya onu anne babasından ayıran herhangi bir şey yaşandı mı?

Muhtemelen anneniz, anneannenizden dolayı içinde bir yara taşıyordu ve kendisinin almadığı bir şeyi size veremedi. Onun annelik becerileri anne babasından almadığı, görmediği şeyler nedeniyle kısıtlıydı.

Eğer annenizi reddediyorsanız, annenizle aranızda travmatik bir olayın var olduğunu söyleyebiliriz. Belki de anneniz siz doğmadan önce bir çocuğunu kaybetti veya evlatlık verdi ya da evlenmeyi planladığı ilk aşkını bir trafik kazasında kaybetti. Muhtemelen babası o küçükken öldü veya çok sevdiği erkek kardeşi okul servisinden inerken oracıkta hayatını kaybetti. Böyle bir olayda yaşanan şok dalgaları sizi etkileyebilirdi ancak asıl olay sizinle doğrudan ilgili olmayabilir. Bunun yerine annenizin size duyduğu sevgi ne kadar büyük olursa olsun, bu travma annenizin odağını ve ilgisini bağlayabilirdi.

Bir çocuk olarak onu ulaşılmaz, bencil veya kısıtlayıcı bulduğunuz deneyimler yaşamış olabilirsiniz. Bunun ardından, onun tükenmiş sevgi akışını kişisel algılayıp sanki bir şekilde sizden esirgemeyi tercih etmiş gibi onu reddetmiş olabilirsiniz. Büyük resimdeki gerçek, hasret duyduğunuz sevginin annenizde size vermek üzere mevcut olmayabileceğidir. Benzer koşullar içine doğan herhangi bir çocuk da benzer tipte annelik deneyimlemiş olacaktır.

Küçük bir çocukken ona verdiğiniz tüm sevgiye karşılık vermediği için onu suçlayabilirsiniz ve ilişkinizi kesebilirsiniz. Belki de bunalmış ve çok ağlamıştı, belki siz onu sevginizle mutlu etmeye çabalamıştınız. Belki onunla ilgilendiniz ve acısını dindirmeye çalıştınız. Belki de bir gün gösterdiğiniz tüm çabaların başarısız olduğunu, sizin sevginizin annenizin daha iyi hissetmesini sağlamadığını fark ettiniz. İhtiyaç duyduğunuz şeyi size vermediği için onu suçladınız, verdiğiniz tüm sevgi karşılığında kendinizi görünmez hissettiniz veya ondan aynı şekilde sevgi alamadığınızı gördüğünüzde kalbiniz kırıldı ve bu nedenle de kendinizi ondan uzaklaştırdınız.

Belki de bildiğiniz tek seçenek ilişkiyi kesmekti. İlişkiyi kesmek ilk başta özgür hissettirebilir fakat bu çocukluk savunmasının yanlış bir özgürlüğüdür. Önünde sonunda, bu sizin yaşam deneyiminizi kısıtlayacaktır.

Belki de ebeveynlerinizi birbirleriyle savaş hâlinde oldukları ve taraf tutmak zorunda hissettiğiniz için suçladınız ve yargıladınız.

Çocuk, genellikle ebeveynlerden birine görünür şekilde, diğerineyse gizlice bağlı olacaktır. Çocuk bir ebeveynde olumsuz olarak yargılanan özelliği benimseyerek veya taklit ederek reddedilen veya kötülenen ebeveynle gizli bir bağ oluşturabilir.

Bunu tekrar inceleyelim. Anne babamızda reddettiğimiz duygular, özellikler ve davranışlar kuvvetle muhtemel bizim içimizde yaşayacaktır. Bu bizim onları farkında olmadan sevme biçimimizdir, onları yaşamlarımıza geri getirme yolumuzdur. Bu durumun, Gavin'in yaşamında nasıl farkında olmadan, bilinçsizce meydana geldiğini gördük.

Ebeveynlerimizi reddettiğimizde, onlara benzediğimiz yanlarımızı da göremeyiz. Davranışlar içimizde reddedilmiş hâlde kalır ve sıklıkla çevremizdeki insanlara yansırlar. Buna karşılık, reddettiğimiz davranışlara sahip arkadaşları, sevgilileri veya iş arkadaşlarını hayatımıza çekeriz. Böylece bu dinamiği fark etmemiz ve iyileştirmemiz için bize sayısız fırsat sağlar.

Fiziksel düzeyde, bir ebeveyni reddediş bedenimizde ağrı, gerginlik veya uyuşukluk olarak hissedilebilir. Bedenimizde, reddettiğimiz ebeveyn için içimizde sevgi hissettiğimiz zamana kadar bir nebze huzursuzluk hissedilecektir.

Hatta bu reddedişi tetikleyen şeyi anlamak için aile geçmişini tam olarak bilmemize bile gerek yoktur. İkinizi yakın olmaktan alıkoyan bir şey yaşandığı açıkça bellidir. Muhtemelen anneniz küçükken kendi annesinden kopuk hissetmiştir veya annenizin bir kardeşi ölmüştür ya da hayatının aşkı tarafından terk edilmiştir. Geçmişini açıkça ifade edemeyebilir ve siz bunu asla bilmeyebilirsiniz. Böyle bile olsa annenizle ilişkinizi iyileştirmek kendinizi içinizde daha tam ve bütün hissetmenize yardımcı olacaktır. Bir şey olduğu kesindir. Sizin bilmeniz gereken tek şey budur.

O şeyse sizin kalbinizi veya onun kalbini ya da her ikinizin kalbini kapattı. Sizin yapmanız gereken, küçükken ona hissettiğiniz o doğal sevgiyle yeniden bağlanmaktır. Bu yolla, sizin taşımakta olduğunuz fakat aslında ona ait olan ne varsa serbest bırakabilirsiniz.

Anne babamızla ilişkimizi iyileştirme süreci genellikle içsel bir resimle başlamaktadır. Bazen dış dünyada bir adım atmadan önce iç dünyamızda bir adım atmamız gerekir.

Sonraki sayfada bu süreci ilerletmenin bir yöntemini bulacaksınız. Alıştırma annemizle ilişkimiz üzerine odaklansa da aynı alıştırma babamızı gözümüzde canlandırarak da yapılabilir.

Annenizi ve Onun Geçmişini Gözünüzde Canlandırmak

Annenizin önünüzde, sizden birkaç adım mesafede ayakta durduğunu hayal edin. Hislerinizi gözden geçirin. Ne gibi duygular fark ediyorsunuz? Şimdi onun üç büyük adım attığını ve size çok yakın durduğunu, bedeninize çok yaklaştığını hayal edin. Fiziksel olarak nasıl hissediyorsunuz? Rahat mısınız yoksa kasıldınız mı veya uzaklaşmak mı istiyorsunuz? Cevabınız kasıldığınız ve uzaklaşmak istediğiniz yöndeyse açılma işinin artık annenizin değil, sizin sorumluluğunuz olduğunu fark etmeniz çok önemlidir.

Şimdi bakış açımızı genişletelim ve tekrar annenizin sizden birkaç adım uzakta durduğunu hayal edelim. Bu defa, onu yaşadığı tüm travmatik olaylar tarafından etrafının sarıldığını hayal edin. Onun neler deneyimlediğini tam olarak bilmiyorsanız da onun aile geçmişini ve hayatında nasıl bir mücadele vermiş olabileceğini hissedebilirsiniz. Onun neler hissetmiş olabileceğini anlayabilmek için kendinize bir dakika zaman verin.

- Gözlerinizi kapatın.

- Annenizin aile geçmişinden tüm hikâyeleri hatırlayın ve bildiğiniz tüm trajedileri düşünün.

- Annenizin genç bir kadın, küçük bir çocuk veya küçük bir bebek olarak kayıplara karşı gerildiğini ve acının şiddetinden kendini korumaya çalıştığını hayal edin.

- Onun ne hissettiğini algılarken sizin bedeniniz nasıl tepki veriyor? Ne hissediyorsunuz ve hisleriniz bedeninizin neresinde beliriyor?

- Bunun annenize neler hissettirmiş olabileceğini anlıyor musunuz ya da hayal edebiliyor musunuz?

- Bunu düşünmek size dokundu mu? Annenize karşı şefkat besliyor musunuz?

- İçinizden ona şöyle deyin: "Anne, seni anlıyorum." Tamamıyla anlamıyorsanız bile bu kelimeleri tekrar söyleyin. "Anne, seni anlıyorum." Şu kelimeleri eklemeyi düşünebilirsiniz: "Anne, senin sevgini *yargılamadan* veya *farklı olmasını beklemeden, olduğu gibi* almayı deneyeceğim."

- Bunu söylemek size nasıl hissettirdi?

- Bunları ona söylerken bedeninizde neler oluyor?

- Bedeninizde gevşeyen, açılan bir yer oldu mu veya daha rahat hissediyor musunuz?

Yaşamda hissettiğimiz konfor ve desteğin sadece ebeveynlerimizle ilişkimizle değil, aynı zamanda sağlıkla ilişkili olduğu bilinir. Harvard Üniversitesi'nde gerçekleştirilen otuz beş yıllık bir çalışmanın sonucunda bulunan ikna edici nitelikteki kanıtlar, ebeveynlerimizle aramızdaki ilişkinin kalitesinin, yaşamımızın ilerleyen dönemlerinde sağlığımızı da etkilediğini göstermiştir.

Daha belirgin ifade edecek olursak, katılımcılardan aşağıdaki ölçeği kullanarak ebeveynleri ile ilişkilerini tasvir etmeleri istenmiştir: çok yakın, sıcak ve arkadaşça, tahammül edici, gergin ve soğuk. Annesiyle ilişkisini "tahammül edici" ve "gergin" olarak tanımlayanların %91'i orta yaş dönemlerinde kanser, koroner arter hastalığı, hipertansiyon vb. sağlık problemleriyle karşılaşmışlardır. Katılımcıların %5'i anneleriyle ilişkilerinin sıcak veya yakın olduğunu belirtmişlerdir. Babalarıyla ilişkilerini tasvir eden katılımcılarda da benzer rakamlar ortaya çıkmıştır. Babasıyla ilişkisinin "tahammül edici" ve "gergin" olduğunu belirten katılımcıların, ilişkilerinin sıcak veya yakın olarak belirten diğer %50 katılımcıya kıyasla, %82'sinin orta yaş dönemlerinde önemli sağlık problemleri meydana gelmiştir. Her iki ebeveynle de gergin ilişkisi olan katılımcıların sonuçları şaşırtıcıdır: Ebeveynleriyle ilişkilerini "sıcak ve yakın" olarak tasvir eden %47 oranındaki katılımcıya kıyasla, diğer grubun %100'ünün sağlık problemleri olduğu görülmüştür.[1]

Johns Hopkins Üniversitesi'nde yürütülen bir başka çalışmada, 1.100 öğrenci elli yıl boyunca izlenmiştir ve kanser oranlarının katılımcının ebeveynlerinden birine duyduğu uzaklık derecesiyle yakından ilişkili olduğu bulunmuştur.[2]

Ebeveynlerimizle yaşadığımız zorlu ilişkiler yalnızca sağlığımızı etkilemekle kalmaz, aynı zamanda çocukluğumuzda annemizle olan ilişkimiz yaşamımızın daha sonraki dönemlerindeki ilişkilerimize birer şablon niteliğinde hizmet edebilmektedir. Aşağıda okuyacağınız hikâye annemize karşı çözümlenmemiş duygularımızın eşlerimize/sevgililerimize nasıl yansıdığını göstermektedir.

Tricia'nın Hikâyesi

Tricia hep kısa süren ilişkiler yaşıyordu. Hiçbir ilişkisi bir veya iki yıldan daha uzun sürmedi. Şimdiki sevgilisinden de ayrılmak üzereydi. Onun soğuk ve duygusuz olduğundan şikâyet ediyordu.

"İhtiyaç duyduğumda hiçbir zaman yanımda olmuyor." diyordu. Tricia fark etmeksizin annesini de benzer şekilde tasvir ediyordu. "Annem mesafeli ve duygusal olarak erişilmez bir kadındır. Hiçbir zaman destek almak için ona gidemedim. Beni hiç ihtiyaç duyduğum şekilde sevmedi."

Tricia'nın annesini reddetmesi, ilişkilerindeki başarısızlığın sebebiydi. Annesiyle çözemediği ne varsa sevgilileriyle ilişkisinde bilinçaltından yüzeye çıkıyordu ve paylaştıkları bağı ve arzu ettikleri yakınlığı sarsıyordu.

Tricia annesini neden reddettiğini belirgin bir olayla anlatamıyordu ancak birlikte yaptığımız çalışmada, annesinin sıklıkla kendi annesini (Tricia'nın anneannesi) bencil ve duygusal olarak erişilmez biri olarak tasvir ettiğini anlattı. Hikâye şu şekilde devam ediyordu: Anneannesi henüz bebekken, annesinin ölümünden sonra teyzesiyle yaşamak üzere teyzesinin yanına gönderilmişti. Yeni ailede kendini genellikle bir yabancı gibi hissediyordu ve yaşamının büyük bölümünde durumuna içerlemiş ve dargın hissediyordu. Sonunda Tricia annesinin sıcaklıktan yoksun oluşunun kaynağını anladı. Ayrıca aile öykülerinde kızların yaşadığı gibi bir aile modelini takip edercesine annelerinden sevgi alamadıklarını, onun da yalnızca bu modeli tekrar ettiğini ilk defa görmüş oldu. Tekrar eden bu model en az üç nesil boyunca devam ediyordu.

Annesinin duygusal uzaklığının arkasındaki sebebi daha iyi anlayan Tricia, ilk defa annesine merhamet duyduğunu söyledi. Tricia bu durumu ilişkileriyle bağdaştırdıktan hemen sonra sevgilisiyle ilişkisi üzerine etkilerini anlamaya başladı. Zor ve problemli dönemlerde bile artık daha az savunmacıydı ve açık olabiliyordu. Üstü örtülü yansımalar şimdi bir bütün hâlinde görünüyordu.

Ebeveynlerinizle ilişkiniz gerginse endişelenmeyin. Size iletişiminizi onarmaya yardımcı olacak araçlar sunuyorum. Ebeveynlerinizin oldukları kişiden farklı olacaklarını beklememeniz önemlidir, değişim sizin içinizde gerçekleşecektir. İlişki dinamikleri aynı kalabilir ancak sizin bakış açınız farklı olacaktır. Bu, hiç düşünmeden kendinizi hareket hâlindeki bir trenin önüne atmakla değil, daha çok yolculuğunuz için en iyi rotayı seçmekle ilgilidir.

3. Annenizle bağınızda erken bir kopukluk yaşadınız mı?

Annenizi reddediyorsanız bu durum, siz henüz çok küçükken annenizle bağlanma sürecinizde bir kopukluk yaşanmış olabileceğini gösterir. Küçük yaşta annesiyle bir ayrılık yaşayan herkes annesini reddedecek değildir. Bebeklik döneminde anneyle yaşanmış bir kopukluk nedeniyle, sevgilinizle yakın ilişki kurma konusunda bir miktar endişeli olabilirsiniz. Bu endişe, ilişkiyi sürdürme konusunda zorluklara dönüşebilir hatta ilişkiyi sonlandırmaya bile neden olabilir. Ayrıca çocuk doğurmama kararına da dönüşebilir. Görünürde çocuk yetiştirmek çok zaman ve enerji isteyen bir şey olduğu için şikâyet eder gibi görünebilirsiniz ancak daha derinden baktığımızda, kendi sahip olamadığınız şeyleri çocuğunuza sağlama konusunda kendinizi yetersiz ve donanımsız hissediyor olabilirsiniz.

Önceki nesillerde anne-çocuk bağında yaşanmış bir kopukluk, kendi annenizle aranızdaki bağı da etkileyebilir. Anneniz veya anneanneniz kendi anneleriyle herhangi bir kopukluk yaşamış mı? Bu travmalardan kalan kısımlar sonraki nesillerde deneyimlenebilecektir. Bununla kalmayıp bir de annenizin kendi annesinden alamadığı bir şeyi size vermesi onun için çok zordur.

Ebeveynlerinizden uzaklaşmış ve yabancılaşmışsanız veya ölmüşlerse özellikle siz bu ayrılık yaşandığında çok küçük yaştaysanız, bu soruların cevaplarını asla bilemeyebilirsiniz. Küçük yaşta yaşanılan ayrılıkları genel olarak anlamak, kavramak zordur çünkü beyin, yaşamımızın ilk beş yılındaki deneyimlerimizi telafi etmek için donanımlı değildir. Beynin anıları şekillendirme, organize etme ve depolama bölümü hipokampüs, iki yaş sonrasına kadar prefrontal korteksle (beynin deneyimlerimizi yorumlamamızı sağlayan bölümü) iletişimini tamamıyla geliştirmemiştir. Bunun sonucunda erken yaşta yaşanan bir ayrılığın travması, parçaları birleştirilip hikâyeleştirilen berrak anılar olarak değil, fiziksel hisler, görüntüler ve duygular hâlinde depolanmaktadır. Hikâye olmadığında duyguların anlaşılması zor olabilmektedir.

Kopukluk Yaşanmış Bir Bağı İncelerken Sorulacak Bazı Sorular

- Anneniz size hamileyken herhangi bir travmatik olay yaşanmış mı? Annenizin endişe düzeyi yüksek miymiş? Bunalmış mı veya stresli miymiş?

- Hamilelik sırasında ebeveynlerinizin ilişkisinde problemler var mıymış?

- Doğumunuz esnasında bir zorluk yaşanmış mı? Prematüre olarak mı doğdunuz?

- Anneniz hamilelik sonrası depresyonu (postpartum depresyon) yaşamış mı?

- Doğumdan kısa süre sonra annenizden ayrıldınız mı?

- Evlatlık mısınız?

- Yaşamınızın ilk üç yılında annenizle ilgili bir travma yaşadınız mı veya ondan ayrıldınız mı?

- Anneniz veya siz, hastanede yattığınız için ayrılmaya mecbur kaldınız mı? (Belki bir süre küvözde kaldınız veya bademcikleriniz alındı veya herhangi bir tıbbi süreç yaşadınız ya da annenizin ameliyat olması gerekti veya hamilelik nedeniyle bir komplikasyon geçirdi vb.)

- Yaşamınızın ilk üç yılında anneniz herhangi bir travma veya duygusal karmaşa deneyimledi mi?

- Siz doğmadan önce anneniz hamilelik sırasında çocuk düşürmüş mü veya hiç çocuk kaybetmiş mi?

- Annenizin dikkati, ilgisi kardeşlerinizden biriyle ilgili bir travmaya çekilmiş miydi? (Geç dönem düşük, ölü doğum, ölüm, acil bir tıbbi durum vb.)

Bağda meydana gelen kopukluk bazen fiziksel değildir. Bazı zamanlar annemizden enerjisel olarak bir kopma deneyimleriz. Fiziksel olarak yanımızda olsa da duygusal olarak bize uzak ve mesafeli olabilir. Yaşamın ilk beş yılında annenin kurduğu mevcudiyet ve bağlılık çocuğun psikolojik ve duygusal açıdan sağlığı için yararlıdır.

Psikoanalist Heinz Kohut, annenin bebeğine bakarken "gözlerindeki ışıltının" çocuğun kendini kabul edilmiş ve onaylanmış hissetmesine aracı olduğunu ve sağlıklı bir şekilde gelişmesinin başlangıcı olduğunu açıklamıştır.

Eğer annemizle aramızdaki bağda erken yaşta bir kopukluk yaşadıysak, kendi geçmişimizin yanı sıra annemizin geçmişinde meydana gelen belli ipuçlarını birleştirmemiz gerekebilir. Geriye bakıp şunu sormamız gerekebilir: Annemizin dikkatli/özenli olma becerisini etkileyen travmatik bir şey başından geçmiş mi? Sizin yanınızda mıydı yoksa meşgul müydü? Bize dokunuşunda, bakışında, bizimle konuşurken ses tonunda bir kopukluk var mıydı? Bir ilişkide bağlanma sorunu yaşıyor muyum? Kendimi kapatıyor muyum, uzaklaşıyor muyum veya karşımdaki kişiyi kendimden uzaklaştırıyor muyum?

Otuz yaşında ve iki çocuk annesi Suzanne, annesiyle fiziksel olarak yakın bir ilişkisi olma fikrini düşününce dahi korkuyordu. Hatırlayabildiği kadarıyla annesinin ona sarıldığı, annesi tarafından kucaklandığı bir anısı yoktu. Ayrıca Suzanne kocasıyla da aralarında fiziksel açıdan samimi bir ilişki olmadığını belirtti. Suzanne şunu söylemişti: "Sarılmak, enerjini alıp götürür." Suzanne dokuz aylıkken, zatürre sebebiyle tek başına iki hafta boyunca hastanede kalırken annesi diğer kardeşleriyle ilgilenmek için evdeydi. O sırada, Suzanne bilinçli olmayan bir şekilde içine kapanarak kendisini geri çekmeye başladı. Suzanne, annesinin sevgisini reddederek kendini incinmekten ve tekrar terk edilmekten koruyordu. Annesine duyduğu uzaklaştırıcı tepkinin kökenini tam olarak tanımlayabilmek çok önemliydi. Sonrasında, Suzanne aralarındaki kopuluğu giderip yeniden bağ kurabilmeyi başardı.

İlişki bağında bir kopukluk deneyimledikten sonra bir çocuk annesiyle yeniden bağ oluşturma konusunda tereddütlü davranabilmektedir. Bu bağın yeniden kurulma şekli sonraki ilişkilerinde bağlanma ve ayrılma konusunda bir şablon oluşturabilmektedir. Eğer anne ve çocuk bu bağı yeniden tamamıyla kuramazlarsa çocuk yaşamının sonraki dönemlerinde sevgilisiyle bağ oluşturma girişiminde tereddütlü kalabilmektedir. Psikolog David Chamberlain şöyle belirtir: "Yeniden bir bağ oluşturmada yaşanılan başarısızlık günlük yaşamdaki ilişkiler üzerine gölge düşüren ve açıklanamayan bir kopukluk, uzaklık yaratabilmektedir. Yakınlık ve gerçek ilişki erişilmez görünebilir."[3]

Bizler birer bebekken, annelerimizi dünyamız olarak algılarız. Anneyle yaşanılan bir ayrılık hayattan kopmuşluk hissi verebilir.

Boşluk, kopukluk, umutsuzluk, çaresizlik, kendimizde veya hayatın kendisinde bir şeylerin yanlış olduğu inancı bebeklik döneminde yaşanan bir ayrılık sebebiyle ortaya çıkabilir. Travmayı işlemek için çok küçük yaşta olmamız sebebiyle, içimizde geçmişle bağdaştırılamayan ve hikâyesi olmayan duygu, inanç ve bedensel duyular hissederiz. Hayatımız göz önüne serildikçe karşılaştığımız birçok yara, kayıp, hayal kırıklıkları ve kopukluklar yaratan bu olaylardır.

Çocukluğun Negatif Anıları

Birçoğumuz çocukluğumuzun acı resminin ötesini göremediğimiz gibi yaşadığımız olumlu ve güzel şeyleri de hatırlayamayız. Küçük birer çocukken hem bizi keyiflendiren ve rahatlatan hem de bize üzüntü ve rahatsızlık veren anlar yaşarız ancak annemizin bizi beslerken kucaklandığımız, bizi temizlediği veya sallayarak uyuttuğu vb. rahatlatan anlar genellikle hatırlanmaz. Bunun yerine istediğimizi alamadığımız veya yeterince sevgi görmediğimiz acı verici anıları hatırlarız.

Bunun nedenleri vardır. Küçük birer çocukken, güvenliğimizin tehlikede olduğu veya bedenlerimizin savunmaya geçerek tepki gösterdiği deneyimlerimiz oldu. Sonrasında bu bilinçaltı savunmaları, dikkatimizi bizi rahatlatan şeyler yerine zor ve rahatsız edici olana yöneltti. Halbuki güzel anılarımız yalnızca duvarın diğer tarafında, ulaşamadığımız bir yerde yer alıyordu. Duvarın yalnızca bir tarafını görebildiğimiz için gerçekten hiç güzel bir şey yaşamadığımıza inanırız.

Aslında sadece ilkel savunma sistemimizi destekleyen bu anıları hatırlayarak geçmişi yeniden yazmış oluruz, bu savunmalar o kadar uzun süredir bizimledir ki artık biz bu savunmaların kendisi hâline geliriz. Bilinçaltı barikatının altında ebeveynlerimiz tarafından sevilmeye duyduğumuz derin bir arzu yatar. Ancak birçoğumuz artık bu duygulara erişemeyiz. Ebeveynlerimizle paylaştığımız sevgi ve şefkat dolu anları hatırlasak, kendimizi yeniden hassas, kırılgan hissedebilir ve yeniden incinme riskine maruz kalabiliriz. Dolayısıyla bizi iyileştirebilecek, şifa verecek anılar bilinçaltımızda engellediğimiz, saklı kalan anılardır.

Evrim biyologları bu önermeyi desteklemektedirler. Amigdalamızın tehlikeleri algılamak için nöronlarının yaklaşık üçte ikisini kullandığını anlatmaktadırlar. Sonuç olarak acı ve korku dolu olaylar, güzel olaylara göre uzun süreli hafızamıza daha kolay alınabilmektedir.

Bilim insanları bu mekanizmaya, "olumsuzluk önyargısı" demiştir ve bu terim, durumu mükemmel şekilde ifade etmektedir. Hayatta kalmamız, muhtemel saldırıları fark edip elememize bağlıdır. Nöropsikolog Rick Hanson, "Zihin negatif anılar için bağlayıcı bir bant gibiyken pozitif anılar içinse teflon gibidir." demiştir."[4]

4. Bilinçaltınızda Kendinizi Ebeveynleriniz Dışında Aile Sisteminizden Bir Kişiyle Özdeşleştirdiniz mi?

Bazen ebeveynlerimizle ilişkimiz sağlam ve sevgi doludur ancak yine de kendimizi, hissettiğimiz zor duyguları açıklayamadığımız durumlarda buluruz. Genellikle problemin bizden kaynaklandığını sanırız ve yeterince derin kazarsak kaynağını bulabileceğimize inanırız. Aile geçmişimizdeki asıl tetikleyici olayı ortaya çıkartana kadar, bize ait olmayan korkuları ve duyguları yeniden yaşayabiliriz ve bunları bize ait zannedebiliriz.

Todd'un Hikâyesi

Todd kanepeye tükenmez kalem batırmaya başladığında dokuz yaşındaydı. O yıl, komşunun çocuğuna sopayla saldırdı ve çocuğa kırk dikiş atılması gerekti. Todd sonraki birkaç yılı hem ilaç tedavisi hem de psikolojik tedavi alarak geçirdi fakat agresif davranışları devam etti. Todd'un babası Earl bana kendi babasını hiç sevmediğini ve ondan tiksindiğini anlatınca yapbozun kayıp parçası resimde belirdi.

Todd'un dedesi, saldırgan bir adammış. Yalnızca çocuklarını dövmekle kalmamış, bar kavgasında bir adamı öldüresiye bıçaklamış. Bedeller ödenmemiş ve dedesi de istediği gibi özgürce yaşamaya devam etmiş ancak ondan sonraki nesiller mutlu olamamış. Torunu Todd, ona ait olmayan saldırgan duyguların beklenmedik alıcısı oldu. Dedesiyle bilinçaltından bir bağ paylaşıyordu. Bu öyle bir bağdı ki Todd'un babası aile geçmişini anlatmasaydı saklı kalacaktı.

Birlikte yaptığımız seansta Earl, babasının kendi babasının da (Todd'un büyük dedesi) bir adamı öldürdüğünü anlattı. Bundan önceki nesilde, büyük dedesi ailesinden birkaç kişiyle toprak ağası ve çetesi tarafından katledilmişti. Durum şimdi anlaşılır hâle gelmeye başlamıştı. Earl, babasının aile vahşetinin dönen çarkının yalnızca bir dişi olduğunu görmeye başlamıştı.

Bakış açısı genişleyen Earl, muhtemelen hayatında ilk defa, babasına karşı merhamet hissetmişti. Bana, babası yaşıyor olsaydı onunla aile geçmişi hakkında konuşmayı çok istediğini söyledi.

Earl evine gitti ve bildiklerini Todd'la paylaştı ve o da babasını dikkatle dinledi. Her ikisi de bu anlatma ve dinleme sürecinin biteceğini içgüdüsel olarak biliyordu. İçgüdüleri doğruluğunu gösterdi. Beş ay sonra Earl beni aradı ve bana Todd'un artık ilaç kullanmadığını ve saldırgan davranışlarda bulunmadığını anlattı.

Aile sisteminizden bir kişiyle özdeşim kurduysanız, muhtemelen bunun farkında olmazsınız. Özdeşimler bilinçsizce yapılır ve bu nedenle de kendi kendinize bu bağlantıyı yapabilmeniz mümkün değildir. Bu kitabın ilk sayfalarında tanıştığınız Jesse ve Gretchen de aile sistemlerindeki kişilerle özdeşleşmişlerdi, Megan'da da durum aynıydı.

Megan'ın Hikâyesi

Megan on dokuz yaşındayken Dean'le evlendi, ilişkilerinin ömür boyu süreceğine inanıyordu. Sonra bir gün, Megan yirmi beş yaşındayken, mutfak masasında karşılıklı otururken ona baktı ve uyuştuğunu hissetti. Dean'e hissettiği duygular yok olmuştu. Birkaç hafta sonra, Megan boşanma davası açtı. Dean'e karşı sevgisinin birdenbire yok olmasının anormal olduğunu fark edince yardım almaya karar verdi.

Onun aile geçmişinde bilmediği bir hikâyenin olduğundan şüphelendim ve derinlemesine incelemeye başladım. Bu konuda şanslıydık. Megan'ın yapamadığı bağlantıyı görmek kolay oldu. Megan'ın anneannesi, hayatının aşkı biricik kocası balık tutarken denizde boğularak öldüğünde yalnızca yirmi beş yaşındaydı. Megan'ın annesini tek başına büyütmüştü ve bir daha evlenmemişti. Kocasının ani ölümü ailelerinde büyük bir trajediydi.

Hikâye o kadar tanıdıktı ki Megan bu olayın, onun üzerindeki etkisini hiç düşünmemişti. Megan, anneannesinin hikâyesini, yasını ve uyuşmayı yeniden yaşadığını fark ettiği an gözlerini kırpıştırmaya ve yüzünü buruşturmaya başladı. Ona bu içgörüyü sindirmesi için ihtiyaç duyduğu kadar zaman verdim. Birkaç dakika içinde hızlı hızlı nefesler almaya, sonra da nefes alış süresi aralıklı olmaya başladı. Kafasında parçaları birleştiriyordu: "Garip bir şekilde umutluyum, bunu Dean'e anlatmalıyım." dedi. Günler sonra beni aradı ve içinde bir şeylerin değiştiğini, Dean'e karşı hislerinin geri geldiğini söyledi.

Şunu yeniden belirtmek çok önemli: Bizim tarafımızdan sergilenen davranışların hepsi, aslında bizden kaynaklanmamaktadır. Bunlar bizden önceki aile bireylerine ait olabilmektedir. Bu duyguları onlar için taşıyor ve onlarla paylaşıyor olabiliriz. Biz bunlara "özdeşim duyguları" diyoruz.

Bilinçaltınızda Kendinizi, Ebeveynleriniz Yerine Aile Sisteminizden Bir Kişiyle Özdeşleştirdiniz mi?

- Sizden önceki nesilden biri gibi hissediyor, davranıyor, acı çekiyor, öfkeleniyor veya birinin acısını taşıyor olabilir misiniz?

- Hayatınızda neden olduğunu açıklayamadığınız belirti, duygu veya davranışlarınız var mı?

- Suçluluk veya acı duyguları aile bireylerinden birinin, diğerini sevmesini engelledi mi?

- Bir aile bireyi ailede reddedilmesine sebep olan herhangi bir şey yaptı mı?

- Ailede, çok acı verici ve konuşulmaktan utanılan herhangi bir travma yaşanmış mıydı? (Bir ebeveynin, çocuğun veya kardeşin erken ölümü veya bir terk ediliş, cinayet, suç işleme veya intihar vb.)

- Sizin bu olayla bağlantınız olabilir mi? Kimsenin bahsetmediği bir kişiyle benzer bir yaşam yaşıyor olabilir misiniz?

- Siz bu aile bireyinin travmasını size aitmiş gibi yeniden yaşıyor olabilir misiniz?

Dört Bilinçaltı Teması Nasıl Harekete Geçiyor?

Gelin varsayımlara dayalı bir senaryo oluşturalım: İlk önce bir trajedi meydana gelir. İki yaşında bir çocuğun abisi birden ölür, geride keder içinde bir aile bırakır ve çocuk neler olduğunu anlayabilmek için çok küçük bir yaştadır. Böyle bir şeyi hayal etmek acı vericidir fakat hayatta kalan çocuk için bu olay, dört temadan birini veya birkaçını harekete geçirebilir. Örneğin:

Çocuk ebeveynlerden birini reddedebilir: Yas tutarken, ebeveynlerden biri yaşama isteğini dahi kaybedebilir. Anne veya baba acısını dindirmek için içki içmeye başlayabilir veya evin dışında fazladan zaman harcayabilir. Muhtemelen bir arada olmak üstesinden gelebilecekleri oranda yası yalnızca yoğunlaştırıp artıracaktır. Belki de oğullarının ölümü konusunda olumsuz bir katkıları olduğuna inanıp bu nedenle kendilerini suçlayabilirler. Veyahut içten içe birbirlerini suçluyor olabilirler. "Doğru doktora götürmedin." veya "Onu daha dikkatli gözlemeliydin." gibi suçlamalarda bulunabilirler ancak üzerinde konuşulmayabilir. Her durumda, hayatta kalan çocuk, ebeveynlerinin dalgalanan duygularını hissedecektir. Öfke, kendini suçlama, kendini kapatma, âdeta dünya birdenbire çökmüş ve yok olmuş gibi hissetmeye neden olabilir. Bunun sonucunda çocuk, bölünmüş hissedebilir veya içindeki bunaltıcı duyguları bastırmak için savunmaya geçebilir ve böylece kendini korumaya çalışabilir. İki yaşında bir çocuk yaşanılan bu trajedinin ölçüsünü anlayamayacaktır. Ebeveynlerinin ilgisini kaybettiği için kafası karışacaktır ve muhtemelen tehdit altındaymış gibi hissedecektir. Sonrasındaysa hissettiği bu incinmişlik sebebiyle, yaşanılan trajediyi ve ailesinin neler hissetmiş olabileceğini hiç dikkate almadan ebeveynlerini suçlayabilir veya kendisini onlardan uzaklaştırabilir.

Anne-çocuk bağında bir kopukluk yaşanabilir: Büyük kardeşin ölümünde yaşanan şok, annenin kalbini paramparça edebilir. Perişan ve çaresiz durumdaki anne, haftalarca veya aylarca kederin ve yasın içinde yok olabilir, bunun sonucundaysa iki yaşındaki oğluyla arasındaki enerjisel bağ zarar görebilir. Bunun gibi bir olay çocuğun o zamana kadar sahip olduğu bağı koparabilir ve iki yaşındaki çocuğun bedeninde ve beyninde süregelen önemli nöral gelişimi aksatabilir.

O yaştaki bir çocuk, annesinin ilgisinin kendisinden başka yöne kaymasına neden olan trajedinin büyüklüğünü anlayamayacaktır. Çocuğun hissedeceği tek şey, annesinin ışığını bir an çocuğuna yönelttiği, hemen akabinde ise kendisinden çektiği olacaktır. Bedeninde, kendisini tetikte hissettirmek üzere yer alan kimyasallar devreye girecektir ve onu savunmada tutacaktır. Sonra ise annesinin tutarsızlığından korkup her an "Yok olabilir." düşüncesiyle ona karşı kendisini güvensiz hissetme ihtimali vardır.

Çocuk, annenin veya babanın hissettiği acıyla birleşebilir: Ailedeki büyük çocuğun ölümünden sonra, hayatta kalan çocuk annesinin veya babasının hissettiği acının ağırlığını âdeta kendisine aitmiş gibi taşıyabilir. Yasın peş peşe gelen etkileri tüm aileyi katılaştırabilir. Ailesinin duyduğu acıyı azaltma isteğiyle çocuk annesinin depresyonunu veya babasının kederini sanki sihirli güçleri varmış gibi üstlerinden alıp taşımaya çalışabilir. Bu tıpkı şunu söylemek gibidir: "Anne, baba eğer acınızı sizinle birlikte taşırsam veya onu sizin için ben taşırsam, bu size daha iyi hissettirecektir." Tabii ki bu girişimi başarılı olmayacaktır. Bu, yalnızca mevcut kederi sonraki nesle aktarmak olacaktır.

Ebeveynlerinin acısını paylaşan çocuklar bunu bilinçsizce, farkında olmadan yaparlar. Ebeveynlerini kurtarmak gibi körü körüne bir hayalleri vardır. İçgüdüsel olarak sadık olan çocuklar genellikle ebeveynlerinin acılarını tekrar ederler ve yaşadıkları talihsizlikleri yeniden yaşarlar. Hellinger'ın sadakat bağı olarak adlandırdığı bu bağ, sonraki birkaç nesle taşınabilir ve aile mirasını mutsuzluk bağına çevirebilir.

Çocuk, vefat eden kardeşiyle özdeşleşebilir: Küçük bir çocuk öldüğü zaman, ailenin üzerine âdeta bir örtü gibi keder çöker. Acının dayanılmaz sancısı, canlılık ve mutluluk ifadelerini engeller. Hayatta kalan çocuk, anne babasının daha fazla üzülmemesi için keder içindeki ebeveynlerinin etrafında onları üzmemek için hassaslaşarak parmaklarının ucunda yürümeye başlayabilir. Acıdan ve ölümün anlamsızlığından kurtulmak için aile bireyleri ölen çocuğu düşünmemeye çalışabilirler ve hatta adını söylemeye dahi direnebilirler. Bu şekilde, ölen çocuk ekarte edilmiş olur ve özdeşleşme durumuna elverişli bir zemin hazırlanmış olur.

Hellinger, sistemde var olan sonraki çocuğun -sonraki nesilden biri- ailenin bastırdığı şeyi ifade edebildiğini anlatır.

Bu da demek oluyor ki hayatta kalan çocuk, tıpkı ailesinin ölen kardeşi algıladığına benzer şekilde kendisini bunalmış veya cansız hissederken bulabilir, sanki hayatta değilmiş gibi ruhundan ayrılmış hissedebilir. Aile içinde kendisini ihmal edilmiş veya görünmez gibi hissedebilir veya ölen kardeşin özelliklerini üstlenebilir ve onun cinsiyet, kişilik, hastalık veya travma özelliklerini ifade edebilir. Farkında olmadan vefat eden kardeşiyle özdeşleşen çocuk heves ve coşkusunun söndüğünü, yaşam gücünün sınırlı miktara indiğini fark edebilir. Bu kendisine âdeta ölen kardeşiyle sessizce duygudaşlık kurarak yaşayan çocuğun şöyle söylemesi gibidir: "Sen yaşayamadığın için ben de tam olarak yaşamayacağım."

Bir keresinde ölü doğan erkek kardeşinden bir yıl sonra dünyaya gelen bir kadınla çalıştım. Ölen çocuğa aile içinde isim veya yer verilmemişti. Aile yalnızca iki çocukları olduğunu söylüyordu, benim danışanım ve kız kardeşi. Danışanım sadece bir kardeşi olduğunu söylüyordu. Ancak "Bu ailede kendimi bir yabancı gibi hissediyorum." diyerek aidiyet sorunu yaşıyordu. "Sanki bir yerim yokmuş gibi bir his." diye ifade ediyordu. Bunun doğruluğunu kanıtlayacak bir şey olmamasına rağmen danışanımın erkek kardeşinin ailede dışlanmış olma durumunu taşıdığı görünüyordu. Birlikte yaptığımız çalışmadan sonra, ait olamama hissinin çözüldüğünü söyledi.

Bu gibi özdeşleşmeler yaşamımızın akışını önemli ölçüde değiştirebilmektedir. Kuşku duymadan ve farkında olmadan, ailemizin travmalarını sarsıcı sonuçlarla yeniden yaşıyoruz. Bu yaşantılar olağandışı değildir. Birçoğumuz zor travmalardan acı çekmiş olan aile bireyleri ile farkında olmayarak duygudaşlık yaşarız. Acı bizi şaşkına çevirdiği zaman kendimize şu soruyu sormalıyız: Ben kimin duygularını yaşıyorum?

Çekirdek Dil Haritasının Dört Aracı

Travma çözümlerken karşılaşılan en büyük bariyerlerden biri, kaynağın genellikle görünmez olmasıdır. Duygularımızı anlayabilmemiz için bir içerik olmadan genellikle hangi adımları atmamız gerektiğini bilemeyiz. Çekirdek dil, bir travmanın kaynağını görüş alanına getirir, böylece geçmişi yeniden yaşarken çektiğimiz acılardan özgürleşebiliriz.

İlerleyen sayfalarda, kendi çekirdek dil haritanızı resmetmeye başlayacaksınız. Dilinizi, konuşurken kullandığınız kelimeleri kullanan, adım adım ilerleyen bir süreç takip edeceksiniz. Bu size, anlatmakta zorlanmış olabileceğiniz duyguların kaynağını bulmak üzere yardımcı olacaktır.

Çekirdek dil haritanızı oluşturmak üzere dört adım takip edeceğiz. Adımların her birinde, size yeni bir araç verilecektir. Her bir araç yeni bilgi alabilmeniz amacıyla tasarlanmıştır. Araçlar şunlardır:

1. Çekirdek Şikâyet

2. Çekirdek Tanımlayıcılar

3. Çekirdek Cümle

4. Çekirdek Travma

Bir sonraki bölümde, çekirdek şikâyetinizde bulunan kelimelerdeki ipuçlarını dinlemeyi öğreneceksiniz. Neyin size ait olduğunu ve nelerin aile geçmişinizden geldiğini analiz edip deşifre edebileceksiniz. Bu şekilde davranarak, geçmişten gelen travmaların size uzanan bağını koparmaya başlayabileceksiniz. Bunlara eklenen duyguları ve belirtileri uygun tarihsel bağlama yerleştirmeyi öğreneceksiniz.

II. Kısım

Çekirdek Dil Haritası

6. Bölüm

Çekirdek Şikâyet

Bilincinize getirmediğiniz her şey,

karşınıza kader olarak çıkar.

-Carl Jung, *Aion: Researches into the*
Phenomenology of the Self

Kaygı ve mücadelelerimizi anlatmak için kullandığımız kelimeler, bizim fark ettiğimizden daha fazla şey anlatabilirler ancak çok azımız kullandığımız kelimelere dikkat ederiz. Bu bölümde, kendi çekirdek dil haritanızı oluşturmaya başlayacaksınız. Korkularınızın kaynağına doğru sizi yönlendiren ipuçlarını anlamak için kelimeleri takip etmeyi öğreneceksiniz. Sözlü yolculuğunuz boyunca çekirdek şikâyet, sizin ilk durağınız olacaktır. İncelenmemiş bir zenginlikle dolu bir hazine sandığı keşfedebilirsiniz. Çekirdek şikâyetiniz, aradığınız çözümün tohumlarını içeriyor olabilir. Tek yapmanız gereken, içinize bakmaktır.

Günlük dilde, ana şikâyetimizi duymak için konuşurken kullandığımız kelimelerin dokusundaki duygunun en derin kısmını inceleriz. En güçlü duygusal titreşime sahip kelimeleri duymak üzere dinleriz. Bazen bizi tutsak eden, güçsüzleştiren bir korku vardır. Bazen acil bir durum vardır. Bazense sadece çok büyük bir acı vardır. Bob (elli iki yaşında bir yapı mühendisi) ne zaman kendini endişeli ya da yalnız hissetse, "Neden herkes beni hep yalnız bırakıyor? Neden yeterince iyi değilim?" diye şikâyet ediyordu.

Bazen kendilerine ait bir yaşamları varmış gibi görünen kelimeler ya da ifadeler duyarız.

Joanne, şikâyetinde annesinin ondan hep ailenin "utanç verici hüsranı" olarak bahsettiğini söyledi. Onun çekirdek şikâyeti, kendisinin ve annesinin yakın olmayışı, aralarındaki uzaklık ve sözlerin büyük bir acı, boşluk kaynağı olmasıydı.

Nesilden nesile aktarılan acının katmanlarını açtığında, ailede kendisini "utanç verici hüsran" olarak hisseden kişinin kendisi değil, anneannesi olduğunu anladı.

Hikâye şu şekilde devam etti: Anneannesi, İrlanda'da küçük bir köyde evli bir adama âşık on beş yaşında bir kızken, hamile kalmış ve adam sorumluluk almayı kabul etmemiş. Evden atılan anneannesi, evlere temizliğe giderek ve kızını tek başına yetiştirerek hayatının sonuna kadar o utançla yaşamış. Anneanne hiç evlenmemiş ve gayrimeşru çocuk sahibi olarak ailesine verdiği utançtan kaynaklanan hissin üstesinden gelememiş.

"Utanç verici hüsran" kelimeleri anneanne tarafından hiç kullanılmasa bile onlar, bu üç kadının içinde yankılandı. Anneanne, bu kelimeleri aileden sürgün edildiğinde yaşadı. Kızıysa evlilik dışı dünyaya gelerek annesinin hayatını mahvettiğini düşündüğünde bu kelimeleri sahiplendi. İki nesil sonra doğan torun, aynı duyguları annesi için bir hüsran olduğunu hissettiğinde paylaştı.

Torunun ana şikâyeti incelendiğinde, "utanç verici hüsran" ifadesi ona sakinlik ve anlayış getirdi. Sözler ona yöneltilmiş olsa bile annesinin hakaretinin hiçbir zaman ona kişisel olarak söylenmediğini fark etmeye başladı. Şimdi, onları duyduğu zaman, bu kelimeler onda annesine ve anneannesine karşı ve onların İrlanda'da yaşadıkları zor yaşam için sevgi ve şefkat duyguları uyandırdı.

Çekirdek şikâyeti incelerken, sadece konuşurken kullandığımız dile bakmayız, aynı zamanda somatik ve fiziksel beden dilimizi de inceleriz. Ayrıca kendine özgü veya sıradışı davranışlara ya da belirtilere özellikle yakından ilgi gösteririz. Aşağıdaki örnekte, yirmi altı yaşındaki itfaiyeci Carson, korkusunu sözlü ve fiziksel olarak ifade etti.

Carson, arabasını korkuluklara yandan çarparak bir uçurumun kenarından az kalsın yuvarlanmak üzere olduğunda yirmi dört yaşındaydı. Bir anda, aracın kontrolünü tekrar kazandı ve yoluna güvenle devam etti. Fakat yaşamındaki tüm kontrol duygusu kaybolmuştu. O günden sonra Carson her gün panik atak geçirmeye başladı. Bu, titreme ve baş dönmesiyle birleşen, ölürse yaşamının hiçbir anlam taşımayacağına dair fark edilir bir histi. Belirgin olarak, çekirdek şikâyetindeki kelimeler şunlardı: "Ölürsem, benden geriye hiçbir şey kalmayacak. Kimse beni hatırlamayacak. Hiç var olmamış gibi yok olup gideceğim. İyi bir şekilde hatırlanmayacağım." Carson'ın pişmanlıklarıyla ilgili tuhaf olan şey, bunların yirmi dört yaşında bir adama ait olmasıydı. Carson'ın yaşamı neredeyse yeni başlamıştı ve burada şimdiden bir ömürlük pişmanlıkla sızlanıyordu. Bir dengesizlik olduğu açıkça görülüyordu.

Bir çekirdek şikâyetin kelimelerini incelediğimizde, onlara kesinlikle güveniriz ancak içeriğe her zaman güvenemeyiz. Kelimeler, genelde bizim için değil, başka biri için doğrudur. Bu kişinin kim olduğunu keşfetmekse aile geçmişimize bakılmasını gerektirir.

Carson için o kişi babasıydı. Annesiyle kavgalı bir şekilde ayrıldıktan sonra o zamanlar dört yaşındaki Carson'ın babasının bütün ebeveynlik haklarından vazgeçmesi istendi. Uzun ve başarısız bir velayet savaşından sonra sonunda babası durumu kabul etmek zorunda kaldı. Carson, babasını bir daha asla göremeyecekti. Annesi, babası hakkında aşağılayıcı şekilde konuşuyordu, üstelik Carson annesinin yeni kocası tarafından evlat edinildi ve ona üvey babasının adı verildi.

Carson'ın çekirdek şikâyetindeki dil yapısına tekrar bakalım: "Ölürsem geriye benden hiçbir şey kalmayacak. Kimse beni hatırlamayacak. Hiç var olmamış gibi yok olup gideceğim. İyi bir şekilde hatırlanmayacağım."

Carson'ın hikâyesi şimdi yeni bir boyut kazanmaktadır. Babasının canlı 'mirasını' (oğlunu) kaybetmesi gerçeğiyle birleşince, Carson kaybolan babasıyla birleşmenin saplantılı bir yolunu buldu. Kendisinin de birdenbire kaybolup unutulacağından korkarak babasının acı dolu deneyimini paylaştı.

Çekirdek şikâyetinin kökenini keşfettikten sonra Carson, babasının yerini saptamaya ve onunla iletişime geçmeye karar verdi.

Babası ülke dışına taşınmış ve ikinci karısından üç çocuk sahibi olsa da Carson'dan haber aldığına çok mutlu olmuştu. Carson'a anlattığı şekliyle, yirmi yıl önce ilk oğlunu kaybetmek onun kalbinde bir 'delik' açmıştı. Derinlere bastırılmış olsa dahi, hissedilir bir şey Carson'ın içinde de vardı. Bu da babasına duyduğu sevgiydi.

Şöyle bir atasözü vardır: *"Tarih kazananlar tarafından yazılır, kalanlar tarafından kaleme alınır."* Hikâye her ne kadar çarpıtılmış ya da tek taraflı olsa da birçoğumuz aynı hikâye diğer tarafın ağzından anlatılsa nasıl olurdu diye sorgulamayı neredeyse hiç düşünmeyiz. Carson'ın durumunda, babası Carson büyürken yanında olamadığı için kazanan annesi ve kaybeden ise babasıydı. İki ebeveyn de çocuklarının velayeti için savaştı ancak bilinmeyen sebeplerden dolayı babası kaybetti.

Carson, annesinin babası hakkında yıllardır anlattığı negatif hikâyelerin onunla ilgili ilk anılarının üstünü örttüğünü fark etti. Carson ve babası, aylar boyunca Carson küçükken yaptıkları gibi sık sık balığa ve kamp yapmaya dağlara giderek yeni anılar edindiler. Bu sırada, Carson'ın panik atakları tamamen geçti. Baba ve oğul birlikte yeni ve sağlam bir miras oluşturmaya başladılar.

Aşağıda ilk yazılı alıştırmanız bulunmaktadır. Kaleminizi ve kâğıdınızı veya defterinizi alın ve başlayalım.

Yazılı alıştırma #1:

Ana şikâyetinizi araştırma

1. Şu anda yaşamınızdaki en baskın probleme odaklanın. Sağlığınızla, mesleğinizle, ilişkinizle ilgili güvenlik, huzur, emniyet veya refah hissinizi bozan herhangi bir şey olabilir.

2. İyileştirmek istediğiniz en derin konu nedir? Belki size bunaltıcı gelen bir problem, belki yaşam boyu hissettiğiniz bir belirti ya da duygu olabilir.

3. Neyi değiştirmek istersiniz?

4. Kendinizi düzeltmeyin.

5. Sizin için önemli olan şeyleri yazın.

6. Aklınıza geleni yazın. Örneğin gelecekte başınıza gelebilecek bir şeye dair korku duyuyor olabilirsiniz. Ne olduğunun bir önemi yok, sadece yazmaya devam edin.

7. Aklınıza hiçbir şey gelmiyorsa, şu soruyu cevaplayın: Sahip olduğunuz duygu, belirti ya da durum hiç kaybolmazsa ne olacağından korkuyorsunuz?

8. En baskın endişenizi yazmadan okumaya devam etmeyin.

Şimdi ne yazdığınıza bakın. Okurken etkilenecek kadar derin düşüncelere dalmayın. Kelimelerde ya da duygularda tutsak olmayın. Duygularınızı bir kenara bırakıp gözlerinizle tarayın. Acayip ya da sıradışı görünen kelime ya da ifadeleri arıyorsunuz. Örneğin hangi kelimeleri ya da ifadeleri sürekli söylüyorsunuz ya da belki bu yazma alıştırmasından önce söylemediniz? Ne tarz bir dil ön plana çıkmakta? Ne tarz bir dil fark edilir durumda?

Şimdi tekrar okuyun. Bu sefer, bunu sesli şekilde kendinize okuyun. Hiçbir duygu hissetmeden yeni bir kulakla dinlemeye çalışın. Bu tarz dinlemeye "meta kulağıyla dinleme" ya da "üçüncü kulağımızla" dinleme adını veriyorum. Hangi kelimelerin ya da cümlelerin aciliyeti var? Hangi kelimeler güçlü duygusal yankılara ya da dramatik duygulara sahip? Hangi kelimeler acayip ya da garip duygular barındırıyor? Hangi kelimeler sizin yaşam şartlarınıza tam olarak uymuyor?

Yazdıklarınızı başka birisini dinliyormuş gibi okuyup okumadığınıza dikkat edin. Belki kelimeler gerçekten başkasına aittir ve siz onları sadece seslendiriyorsunuzdur. Belki kelimeler ailenizde travma yaşayan ve bunu sesli söyleyemeyen birine aittir. Carson'ın babasının pişmanlığını paylaştığı gibi belki şikâyetleriniz aracılığıyla bu kişinin hikâyesini anlatıyorsunuzdur.

Yazınızda kendinizi fark etmek için dinleyebildiğiniz kadar dikkatlice dinleyin. Bu tarz bir dinlemede, esas olanın ortaya çıkması için *olay örgüsünün altını dinliyorsunuz.* Eğer hikâyenin duygusal öğelerinin içinde kaybolursanız, ana şikâyeti kaçırabilirsiniz.

Burada Bert Hellinger bu tarz dinlemenin nasıl olduğunu tasvir ediyor:

"Birisiyle çalışırken neler olduğunu tasvir edeceğim. O, bana kendisi hakkında bir şeyler anlatırken ben de üstünkörü onu dinleyeceğim. Tam olarak ne söylediğini duymak ya da bilmek istemiyorum. Bu yüzden odaklanma gerektirecek kadar dikkatli dinlemek istemiyorum, sadece büyük resmi görebilecek kadar ona kulak vereceğim. Daha sonra birdenbire bir kelime söyleyerek beni uyandıracak. Birdenbire bütün söylediklerinin altında bir kelime bana hitap edecek. Bu kelimenin enerjisi vardır. Tam olarak ne yapacağımı bilmeden, buranın bir şeyler yapabileceğim yer olduğunu bilirim. Bu kelimenin beni etkilemesine izin verirsem, gerekli insanları hissedebilirim."

Sandy: "Öleceğim."

Şimdi, bir kadının ana şikâyetini incelerken dikkatlice takip edin. Ona Sandy diye hitap edeceğim. Sandy de Gretchen gibi Nazi soykırımı geçmişi olan bir çocuk. Soykırımın hayatta kalan çocuklarından Sandy, baskın ölüm korkusunu anlamak için yardım istedi ve biz de onun çekirdek dil yapısını inceledik.

Sandy korkusunu, "Ölümün kendisinden değil de öleceğimi ve bunu durdurmak için bir şey yapamayacağımı bilmek... Bu tamamen kontrolüm dışında." diyerek tasvir etti.

Ayrıca uçağa ve asansöre binmesini etkileyen şiddetli kapalı alan korkusuna dair de yardım istedi. Ne zaman bir asansörün kapısı kapansa ya da uçak insanlarla dolsa, ne zaman o ve çıkış arasında bir dolu insan olsa paniğe kapılıyordu. Onun ana şikâyeti her şeyi açığa kavuşturdu: "Nefes alamıyorum. Dışarı çıkamıyorum. Öleceğim."

Klostrofobi ve nefes alamayacakmış gibi hissetme durumu başladığında Sandy on dokuz yaşındaydı. Babası da ebeveynleri ve küçük kız kardeşi gaz odasında boğulduğunda on dokuz yaşındaydı. Sandy'nin belirtileri babası on yıl önce öldüğünde daha da kötüye gitti. Daha önce Nazi soykırımı kurbanları ve hayatta kalanlarla çalıştığım için bana göre bağlantı açık olsa da Sandy bağlantıyı hiç kuramamıştı. Dedesi, babaannesi ve halasının paniğini taşıyordu. Belki de babasının ailenin hayatta kalan tek bireyi olmasının suçunu bile taşımıştı.

Sandy'nin çekirdek dil yapısına tekrar bakalım: *"Öleceğimi ve bunu durdurmak için bir şey yapamayacağımı bilmek... Bu tamamen kontrolüm dışında."*

Açıkça dedesi, babaannesi ve halası da ölüm kampındayken ya da gaz odasına götürülürlerken bu şekilde hissetmişlerdi.

Gaz odasındayken onlardan biri, "ben ve çıkış arasında bir dolu insan" hissini yaşamış olabilir. Daha sonra tabii ki derin bir panik yerleşmiştir. Sandy'nin çekirdek dil yapısı trajik sonu açıklıyordu: "Nefes alamıyorum. Dışarı çıkamıyorum. Öleceğim." Sandy için bağlantı açıktı. Atalarının paniği onun içinde dışa vuruluyordu. Ailesinde trajik olayı bilmesine rağmen ona ait olmayan bir acının taşıyıcısı olabileceği bağlantısını hiç kurmamıştı.

Seansımız sırasında, Sandy'den dedesini, babaannesini ve halasını karşısında hayal etmesini istedim. Onlarla konuşmasını söyledim.

Telkinlerimle, Sandy onlara şunları söyledi: "Ben de sizin gibi dehşete düşmüştüm. Bu dehşetin bana ait olmadığını şimdi görüyorum. Benim bunu taşıyor olmamın size yardımcı olmadığını fark ettim ve kesinlikle bana da yardım etmiyor. Benim için istediğinizin bu olmadığını biliyorum. Beni böyle endişeli görmenin size de yük olduğunu görüyorum. Onun yerine bu endişeli duyguları, seninle bırakacağım babaanne, dede ve Sarah Hala." Onları gülümserken ve mutlu olması için onu kutsuyor olarak hayal ederken gözleri yaşla doldu.

Sandy'nin yüreği onların gönderdiği sevgiyle doldu. Sonunda, kapalı alan ve ölüm korkusunun kaynağını belirleyerek Sandy, korkularının ağırlığının dağıldığını hissedebilmişti.

Lorena: "Delireceğim!"

Birçoğumuz, bize gelecekte kötü bir şey olacağı korkusunu taşırız. Bu korku, çekirdek şikâyetimizde sık sık ortaya çıkar.

Lorena on dokuz yaşındaydı ve sosyal ortamlarda panik atak sorunu yaşıyordu. Ne zaman arkadaşlarıyla dışarı çıksa kapana sıkışmış hissettiğini ve 'açılamadığını' anlattı. Kaygı sorununu, ilk olarak üç yıl önce, eş zamanlı olarak ciddi bir idrar yolları enfeksiyonuyla mücadele ederken fark etti. Doktor doktor gezdiğini ve yazılan ilaçların hiçbirinin belirtilere iyi gelmediğini söyledi.

Lorena idrar yolları enfeksiyonunun en kötü yanını anlattı. En büyük korkusu, hiç kimsenin ya da hiçbir şeyin ona yardım edemeyecek ve enfeksiyonun hiç geçmeyecek olmasıydı. İdrar yolları enfeksiyonu sonunda geçti fakat onun kaygısı artmaya devam etti. Konuşmamız aşağıdaki gibi gerçekleşti:

Mark: İdrar yolları enfeksiyonu hiç geçmeseydi?

Lorena: Ağrım olurdu. Bunalımlı olurdum. Devamlı doktora giderdim. Kısıtlanırdım. Mutlu olmazdım. Başarılı olmazdım. Sürekli endişeli olurdum. Zavallı biri olurdum.

Lorena'nın çekirdek dil yapısını duyduğunuzda, bazı kelimeler dikkatinizi çekiyor mu? 'Kısıtlanmış' ve 'zavallı' kelimelerine bakalım. Bu kelimelerin bizi nasıl idrar yolları enfeksiyonundan daha farklı bir yöne yönlendirdiğini fark edelim. Bir dakikalığına Lorena ve onun idrar yolları enfeksiyonu hakkındaki görüşlerimizden şüphe duyalım ve Lorena'nın kelimelerinin anlamının bizi yönlendirmesine izin verelim.

Lorena çekirdek diline yaklaşıyordu ama henüz orada değildi. Daha derinlere inmesi için ona başkasının başına gelebilecek en kötü şeyin ne olduğunu sordum.

En kötü korkumuzu söylemeye çalışırken kördüğümle karşılaştığımızda, genellikle bir iki adım geri çekilmek ve kendimizden başka birine olabilecek en kötü şeyi hayal etmek faydalı olur. Lorena açısından ortaya çıkana bakalım.

Mark: Sana değil de başkasına olabilecek en kötü şey ne olabilirdi?

Lorena: Başarılı olamazlardı. Mutlu olamazlardı. İstedikleri şeyleri yapamazlardı. Delirirlerdi. İnzivaya çekilmiş gibi olurlardı. Akıl hastanesine düşerlerdi ve sonunda intihar ederlerdi.

Şimdi hepsini bir araya getirelim ve elimizde ne var bakalım. Sınırlandırılmış, deliren ve sonunda intihar edeceği akıl hastanesine düşen bir zavallımız var. Belki bu bilginin nereden geldiğini soruyorsunuz. Haydi birlikte bulalım.

Çekirdek şikâyetinin arkasında yatan katmanlarını açarken Lorena derin korkusunu su üzerine çıkardı ve doğrudan çekirdek cümlesine gitti. Sekizinci bölümde çekirdek cümleyle ilgili daha fazla şey öğreneceksiniz.

Lorena'nın Çekirdek Cümleleri: "Zavallı olacağım. Delireceğim. Akıl hastanesine düşeceğim ve sonunda intihar edeceğim."

Çekirdek dil haritasını takip sürecinde, Lorena ailesindeki ciddi bir travmayı da su yüzüne çıkardı.

Lorena'nın aile albümünü açalım ve onun en büyük korkusuyla ilgili kelimelerin bizi nereye götürdüğüne bakalım. En büyük korkunun kelimeleri, bizi çekirdek dil haritamızdaki bir sonraki durağa götüren bir aile tarihi sorusuna dönüşebilir. Ben bu tarz sorulara *köprü soruları* diyorum.

Lorena'nın köprü sorusu: "Ailende zavallı olarak algılanan, akıl hastanesine yatırılan ve intihar eden birisi var mı?"

Tam isabet! Lorena'nın dedesi aile tarafından saygı duyulmayan ve zavallı olarak görülen biriymiş.

Dedesi sürekli akıl hastanesine girip çıkmış. Sonunda hastaneye yatırıldığında intihar etmiş. Bir sonraki nesilde, Lorena'nın teyzesi yani annesinin büyük kız kardeşi de ailede "çılgın bir zavallı" olarak dışlanmış. O da akıl hastanelerine girip çıkmış. Aile, bu teyzenin de davranışlarından utanarak ondan nadiren bahsetmiş. Bunu itiraf etmeseler de babası gibi onun da intihar etmesini beklemişler.

Aile üyeleri mutsuz yaşamlar sürerken ve oldukça zor kaderlerinden muzdaripken onları reddetmek, onları sevip acılarını paylaşmaktan daha kolaydır. Öfke duymak, üzüntü hissetmekten daha kolay bir duygudur. Görünüşe göre bu durum, ailenin bu kız kardeşe davranışından kaynaklanmaktadır. Onu reddetmek, sevmekten daha kolaydır.

Üçüncü bölümde gördüğümüz gibi reddedilen aile üyelerinin kaderleri tekrarlanıyordu. Bu durum da reddedilen 'zavallı' bir dedenin ve bir sonraki nesilde reddedilen 'zavallı' bir teyzenin durumundan kaynaklanmaktaydı. Şimdi Lorena ailedeki üçüncü 'zavallı' olmak ve bu acıyı üçüncü nesle taşımak üzere sıradaydı.

Bir ailede intihar oldukça acı verici bir durumdur. Aile üyeleri, bu trajik şekilde hayatı terk eden aile bireyine genelde öfke duyarlar. Bunun da ötesinde, intiharın sonuçları (utanç, mahcubiyet, kötü hatıralar, çözümlenmemiş ilişkiler, finansal borçlar ve dini belirsizlik) ile ailenin uğraşması gerekir.

Lorena'nın kaderi bulanıklaşıyordu fakat henüz değiştirilemez hâlde değildi. Taşıdığı korkuların ondan kaynaklamadığını anladığında, korkuları gerçek sahiplerine bırakabildi. Ondan dedesini ve teyzesini karşısında hayal etmesini istedim. Lorena kendiliğinden onların ikisine duyduğu sevgiyi ifade etti. Onların, onu daha iyi olması için desteklediğini düşündü ve kaygıyı bedeninden uzaklaştırabildi ve onlara gönderebildi. Birkaç dakika nefes aldı, daha da rahatladığını ve huzur bulduğunu hissetti. Onlar iyi birer hayat yaşayamasa bile kendisinin daha iyi bir yaşam sürebilmesi için onların desteklerini istedi. Onların kaygılarını taşımasının hiçbir anlamı olmadığını ve bunun aileye daha fazla acı getirdiğini fark etti.

İkisine de bunu daha fazla taşımayacağına dair söz verdi ve kalan kaygılarını onlara gönderdiği bir gelecek hayal etti. Seanstan sonra Lorena, onu tüketen panikten kurtulmuştu.

Nöroplastisiteyle ilgili güncel araştırmaların benim klinik tecrübelerimle ilgisi sorulduğunda, genelde Lorena'yı düşünürüm. Onun ağırlıklı kaygı durumundan daha huzurlu ve dengeli duruma geçişi kişisel aile geçmişinin şu anki durum farkındalığıyla bir araya gelmesinin canlı bir örneğidir. Temel bağlantılar kurulduğunda, iyiye giden durum ve tecrübeler üzerine odaklanmayı denediğimizde, yeni sinirsel yolların temelini oluştururuz. İyileşme şaşırtıcı şekilde etkili olabilir.

Bir Pusula Olarak Çekirdek Dil

Bazen ana şikâyetimizin çekirdek dil yapısı öyle zorludur ki cevaplar için aile mezarlığını kazmak zorunda kalırız. Fakat genelde aradığımız aile geçmişi mevcut değildir. Utançla gizlenmiş, acıyla uzaklaştırılmış ya da bir aile sırrı olarak himaye edilmiş bu bilgi, genelde yemek masasında konuşulmaz. Bazen bu travmatik geçmişin bizim sorunumuzun altında olduğunu biliriz. Sadece her zaman mevcut deneyimimizle arasında bağlantı kurmayız.

Ana şikâyetimizin çekirdek dil yapısı bizi, bir pusula gibi nesiller boyunca açıklanmayan aile sıkıntısına doğru yönlendirebilir. Orada, travmatik bir olay hatırlanmayı ya da keşfedilmeyi bekliyor olabilir ki böylece sonunda bu olay sonsuza dek gömülebilir.

Aşağıda size ana şikâyetinizin çekirdek dilini gün yüzüne çıkarmanızı sağlayabilecek soruların bir listesi vardır. Her bir soruyu olabildiğince ayrıntılı şekilde cevaplandırın. Açık görüşlü olun. Cevaplarınızı düzeltmeyin. Bu sorulara cevabınız şu anki bir probleminizle aile geçmişindeki bir travmanın arasındaki bir bağlantıya ışık tutabilir.

> ## Yazılı Alıştırma #2: Çekirdek Dil Yapınızı Oluşturan On Soru
>
> 1. Belirti ya da problem ortaya ilk çıktığında hayatınızda neler oluyordu?
>
> 2. Problem ortaya çıkmadan önce hayatınızda neler oluyordu?
>
> 3. Belirti ya da problem ortaya ilk çıktığında kaç yaşındaydınız?
>
> 4. Aynı yaşlarda ailenizdeki birisi travmatik bir şey yaşadı mı?
>
> 5. Problemi deneyimlerken tam olarak neler oluyor?
>
> 6. Problemin en kötü anlarında nasıl hissediyorsunuz?
>
> 7. Bu belirti ortaya çıkmadan ya da bu şekilde hissetmeden hemen önce neler oluyor?
>
> 8. Bu durumu daha iyi ya da daha kötü yapan şey ne?
>
> 9. Bu belirti ya da problem ne yapmanızı engelliyor? Neyi yapmak zorunda bırakıyor?
>
> 10. Eğer bu his ya da belirti hep sizinle birlikte olacak olsaydı, başınıza gelebilecek en kötü şey ne olurdu?

Şimdi yazdıklarınızı okuyun. Ailelerde tekrar eden, gözlemlediğim bazı temalar burada yer almaktadır. Aşağıdaki temalardan herhangi birini ailenizde gözlemlediniz mi?

- **Tekrarlanan Dil:**

  Sizin yaşamınıza uymayan bir dil var mı? Eğer varsa, bu dil, ailenizdeki başka birine ait olabilir mi?

- **Tekrarlanan Yaşlar:**

  Bu belirti ya da problemin ilk ortaya çıktığı yaşla aynı durumdan muzdarip bir aile bireyinin yaşı arasında bağlantı var mı?

Örneğin erken ölen bir ebeveyniniz varsa aynı şekilde vefat eden ebeveyniniz gibi yaşamınızı sınırlandıran bir sorun ya da belirti geliştirebilirsiniz.

Onun öldüğü yaşı geçtiğinizde mutlu olmak ya da doya doya yaşamak, farkında olmasanız da sizin için zor olabilir. Çocuğunuzun yaşı, ebeveyninizin öldüğünde sizin olduğunuz yaşa geldiğinde probleminiz ya da belirtiniz ortaya çıkabilir.

- **Tekrarlanan Olaylar:**

Bazen korku, endişe veya başka belirtiler yaşamlarımızda belli bir aşamaya ulaştığımızda beklenmedik bir biçimde karşımıza çıkar. Evleniriz veya çocuk sahibi oluruz. Partnerimiz tarafından reddediliriz veya ebeveynlerimizin evinden başka bir yere taşınırız. Sonra birdenbire, sanki içimizde çalmaya başlayan, atalarımıza ait bir alarm saati vardır ve bir belirti belirmeye başlar. Bu gerçekleştiğinde, kendimize şu soruyu sormalıyız: Ailemizden biri benzer bir olay yaşadığında benzer şekilde acı çekti mi veya mücadele etti mi?

- **Tekrarlanan Duygular, Davranışlar ve Belirtiler:**

Tekrar düşünün. Belirtinizi ya da probleminizi harekete geçiren şey neydi? Arka planda neler oluyordu? Terk edildiniz mi? Aşağılanmış, reddedilmiş ya da terk edilmiş hissettiniz mi? Herhangi bir şey vazgeçmenizi ya da bırakmanızı istemenize sebep oldu mu? Sorununuz ya da belirtiniz çocukluğunuzdaki bir duruma ya da tecrübeye benziyor mu veya o durumu ya da tecrübeyi çağrıştırıyor mu? Aile geçmişinizdeki bir olaya herhangi bir şekilde benziyor mu? Annenizin, babanızın, büyükannenizin ya da dedenizin başına gelen herhangi bir şeye benziyor mu?

Bu sorulara vereceğiniz cevaplar, aile bağlantısıyla ilgili önemli ipuçlarını gün yüzüne çıkarabilir.

Çözüm İçin İpucu Olabilecek Şikâyet ve Belirtiler

Şikâyet ya da belirti hangi durumu veya önemli mesajı ifade etmeye çalışıyor? Farklı açıdan baktığımızda, şikâyetiniz ya da belirtiniz bir şeyi, belki doğrudan size bile ait olmayan ancak sizin üstlendiğiniz bir duyguyu tamamlamanıza, iyileştirmenize, birleştirmenize ya da bir şeyden ayırmanıza yardımcı olacak yaratıcı bir ifade olabilir.

Belki de sizi, atmadığınız bir adımı atmaya iten bu belirti ya da sorun, artık göz ardı edemeyeceğiniz bir adım olabilir.

Belki gelişiminizde siz küçükken yarım kalmış bir aşamayı tamamlamanız isteniyordur. Belki bu belirti ya da sorununuz, sizi ebeveynlerinizle yakınlaştırma işlevi gören bir çaresizlik durumunu yeniden yaratıyordur. Ya da tersine, belki bu belirti ya da sorununuz onlardan bağımsızlaşmaya ve büyümeye yönlendiriyordur.

Belki terk ettiğiniz bir yolu takip etmeniz ya da bir görevi bitirmeniz gerektiği size gösteriliyordur. Belki bu belirtilerde ortaya çıkan şey parçalanmıştı ya da genç parçanızı görmezden geldiniz. Belki bu artık görmezlikten gelinemeyecek kişisel sınırı ihmal ettiniz.

Ayrıca belirtilerimiz ya da şikâyetlerimiz bizleri bozuk ilişkilerimizi tamir etmeye yönlendirebilir ya da bizi çok uzun zaman önce bastırdığımız duygularımızla yüzleşmeye zorlayarak kişisel bir travmamızı iyileştirmemize yardımcı olabilirler. Bunlar sadece tam olarak çözümlenmemiş aile travmalarına ışık tutmakla kalmaz, aynı zamanda taşıdığımız kişisel bir suçluluğa içgörü kazandırabilir ve belki de uzlaşmaya giden yola ışık tutabilirler.

Şikâyet, belirti ve problemlerimiz bize hâlâ çözümlenmemiş bir şeyin yönünü işaret edecek şekilde bir kılavuz işlevi görebilirler. Bizim ya da ailemizin reddettiği bir şey ya da biriyle bağlantıya geçemediğimiz ya da göremediğimiz bir şeyin gün yüzüne çıkmasına yardım edebilirler. Durduğumuzda ve onları keşfettiğimizde, çözümlenmemiş şey, iyileşme sürecimize yeni bir boyut ekleyerek gün yüzüne çıkabilir. Daha bütün ve tam hissederek yüzeye çıkabiliriz.

7. Bölüm

Çekirdek Tanımlayıcılar

(...) kelimeler, doğa gibi
içindeki ruhu biraz ortaya çıkarır, biraz gizler.
- Lord Alfred Tennyson, *In Memoriam A.H.H.*

Ebeveynlerimiz hakkında duygularımız, kendimizi tanımak için birer eşiktir. Ayrıca hangilerinin hayatımızda işlevi olduğunu belirleyen beşinci bölümde tanıtılan dört bilinçaltı temamıza bir eşik oluşturabilir. Bu bölümde sizlerden biyolojik anne ve babanızı tasvir etmeniz istenecek. Bunu yaparken cevaplarınızı özgürce vermekten çekinmeyin. Aşağıdaki alıştırmalarda ilerlerken ebeveynlerinizden çok kendinizi keşfedeceksiniz. Biyolojik ebeveynlerinizle hiç tanışmadıysanız, bir sonraki kısma geçin.

Annenizi Tasvir Edin

Siz büyürken annenizin nasıl biri olduğunu tasvir etmek için bir dakika ayırın. Nasıl biriydi? Doğrudan aklınıza gelen sıfatlar ya da ifadeler hangileridir? Ilımlı mı? Sevgi dolu mu? Soğuk mu? Mesafeli mi? Mutlu mu? Üzgün mü? Size sık sık sarılır mıydı yoksa nadiren mi sarılırdı? Bir not defteri alın ve aklınıza ilk gelen düşünceleri ve kelimeleri yazın.

Yazılı Alıştırma #3: Annenizi Tasvir Edin

Annem...

Ayrıca onu neden suçladığınızı yazın.

Annemi suçluyorum çünkü...

Her şeyi yazın. Bunu kafanızın içinde yapmayın. Kelimeleri aklınıza geldiği gibi yazmanız önem taşıyor.

Babanızı Tasvir Edin

Şimdi aynı şeyi babanız için yapın. Onu nasıl tasvir ederdiniz? Kibar mı? Geçinmesi kolay mı? Sert mi? Eleştirel mi? İlgili ya da ilgisiz mi? Her şeyi yazın. Kendinizi düzeltme dürtünüze engel olun.

Yazılı Alıştırma #4: Babanızı Tasvir Edin

Babam...

Ayrıca onu neden suçladığınızı yazın.

Babamı suçluyorum çünkü...

Hazır yazıyorken varsa partnerinizi, en yakın arkadaşınızı ya da patronunuzu dahi tasvir edebilirsiniz.

Yazılı Alıştırma #5: Partnerinizi, Yakın Arkadaşınızı ya da Patronunuzu Tasvir Edin

Partnerim, yakın arkadaşım ya da patronum...

Onu suçluyorum çünkü...

Şimdi yazınızda neyin ortaya çıktığına bakalım. Bu kendiliğinden, 'rastgele' söylenen sıfat ya da ifadeleri çekirdek tanımlayıcılar olarak adlandırıyorum. Bu tanımlayıcılar bilinçaltı duygularımıza bir eşiktir. Ebeveynlerimiz hakkında farkında olmadığımız duyguları açıklayabilirler.

Sıfat ve ifadelerin doğaçlama listesini yazmak bize çocukluk hikâyemizin düzenlenmiş ve mantıklı hâle getirilmiş versiyonunu değiştirmek için bir fırsat verir. Bu yazıda, genel filtre ve sansürlerin yokluğunda gerçek davranışlarımız ortaya çıkabilir. Bu liste, bizim ailemizle oluşturduğumuz bilinçaltındaki bağlılık ve ittifakla bağlantıya geçmemizi sağlayabilir. Dahası bu, ebeveynlerimizin bir veya ikisini nasıl reddettiğimizi, onlarda negatif olarak yargıladığımız özellikleri nasıl benimsediğimizi açıklayabilir. Bu tanımlayıcılar yalan söylemez çünkü onlar belki de kendimizi acıdan korumak için taşıdığımız içsel bir imgeden ya da çok uzun süre önce oluşturduğumuz bir imgeden gelir.

Biz küçükken bedenimiz duygu durumu olarak aldığımız ve sakladığımız bilgiyi kayıt eden bir kayıt cihazı görevindedir. Sıfatlar onlara eşlik eden duygu durumlarına ya da imgelerine bizi tekrar götürür. Sıfatlar önemlidir çünkü ilerlememize engel olan eski imgelerin fark edilmesini sağlar.

Birçoğumuz acı dolu, ebeveynlerimizin bize yeterince ilgi göstermediği ve ihtiyacımızın karşılanmadığına dair imgeleri hafızamızda tutarız. Kontrolsüzce, bu içsel imgeler yaşamlarımıza nasıl devam edeceğimizi göstererek yaşamımızın akışını yönlendirebilir. Bu imgeler tamamlanmamıştır. Esas gerçek noksandır. Hangi travmatik olaylar ailemizin sevgi akışını olumsuz etkileyen imgelerin arkasında beklemektedir?

Şimdi neler yazdığınıza bakın. Hâlâ ebeveynlerinize karşı hissettiğiniz bir kırgınlık var mı? Suçlama var mı? Eğer öyleyse, belki zaten partnerinizle ya da yakın arkadaşınızla ilgili şikâyetlerinizin ebeveynlerinizle ilgili şikâyetlerinizle aynı olduğunu tecrübe etmişsinizdir. Genelde bizim memnuniyetsizliğimiz partnerimize yansır ve yakın arkadaşlıklarımızda ortaya çıkar. Bir ebeveynimizle çözülmeyen şey kendiliğinden ortadan kaybolmaz. Bu, sonraki ilişkilerimizi etkileyen bir şablon görevi görmektedir.

Eğer ebeveynlerimizle zor bir ilişki yaşadıysak, çekirdek tanımlayıcılarımız taşıdığımız kırgınlıkları yansıtır. Kırgın olduğumuzda içsel huzurumuz bozulur. Ebeveynlerimizden, özellikle de annemizden yeterince ilgi görmediğimizde genellikle yaşamdan da yeterince zevk almayız.

Ebeveynlerimizle sıcak bir ilişkimiz olduğunda, ana tanımlayıcılarımız onlara gösterdiğimiz sıcaklığımızı ve şefkatimizi yansıtır. Ebeveynlerimize karşı pozitif olduğumuzda, yaşama karşı da daha pozitif oluruz ve hayatımızda iyi şeyler olacağına inanırız.

Bazen bizim ana tanımlayıcılarımız karışık duygularımızı yansıtır. Çoğu durumda insanlar ebeveynlerine karşı farklı duygular hisseder fakat tema ya da çekirdek dilin özü çözümlenmemiş şekilde ortaya çıkar. İşte bu, bizim aradığımız şeydir. Bazılarımız ebeveynlerimizin davranışlarını kişisel saldırı ve reddedilme olarak algılarız.

Kız kardeş danışanlarımın her biri, farklı çocukluk tecrübeleriyle annelerini tasvir ettiler:

> İlk kız kardeş: "Yalnız, üzgün, hayal kırıklığına uğramış, katı, sert, sinirliydi."
>
> İkinci kız kardeş: "Acımasız, kinci ve duygusal olarak yıpratıcıydı."

İlk kız kardeşin sözlerinde, annenin tasviri sadece bir gerçekten bahsedilir gibi anlatılmaktadır. İkinci kız kardeşin tasvirindeyse acısının çözümlenmediği ve bunu annesine karşı suçlama ve yargılama şeklinde hâlâ taşımaya devam ettiği görülmektedir. Bu kardeş, annenin davranışlarını kasten ona yapılmış gibi hissetmiştir. Birinci kardeş, bir gerçekten bahsediyorken ikincisi dışlanmış hissetmiştir. Bir anne sert ve sinirli olabilir ve biz yine de onunla barışık olabiliriz.

Buradan sadece iki kız kardeşin yaşamı nasıl farklı algıladığını anlıyoruz. Aynı anneye sahip olmalarına rağmen kız kardeşlerden her birinin annelerini algılama şekilleri farklıdır. İkinci kız kardeş yaşamı acımasız ve yıpratıcı olarak algılamıştı. Kendisini duygusal olarak bitkin ve desteklenmemiş hissetmiş ve çoğunlukla yalnızdı.

Bazen ebeveynlerimizden birisini severken diğerini sevemeyiz. Annesi yerine babasını tercih eden Kim, annesinin "küçük bir kız gibi çocuksu" olduğundan ve ona hiçbir konuda güvenememesinden şikâyet etmişti. Tersine babası hakkındaki ana tanımlayıcıları övgü doluydu: "Babam harikaydı. Her şeyi birlikte yapardık. Rahat etmek ve ilgi görmek için her zaman ona gidebilirdim. Annemi uzun zaman önce terk etmeliydi. Ondan ihtiyacı olan sevgiyi hiçbir zaman görmedi."

Kim'in annesine karşı kırgınlığının altında bir dolu incinmişlik vardı. Buna ilaveten, babasının annesini terk etmesi isteğinden doğan ihanet duygusu da cabası... Kim'in hissettiği boşluk ve iletişimsizlik onun çekirdek diline yansıyordu.

Bir ebeveynimizi diğerinden daha altta gördüğümüzde, varlığımızın kaynağına ters düşmüş oluruz ve kendi içimizde bilmeden bir uçurum oluştururuz. Bir yarımızın annemizden, öteki yarımızın babamızdan geldiğini unuturuz. Kim'in kırgınlığı sadece kendine olan nefretini ve içsel huzursuzluğunu artırmıştı. Bu, kaçışın tek yolunun kendi farkındalığını artırmak olduğu bir hapishaneydi.

Birçoğumuz ebeveynlerimizin bize yaptığı bir şeyin hayatımızı mahvettiği düşüncesine saplanıp kalmışızdır. Bu doğru ya da çarpıtılmış anılar yüzünden, ebeveynlerimizin yaptığı güzel şeylerin gölgede kalmasına sebep oluruz. Ebeveynler ebeveyn olma yolunda ilerlerken istemeden çocuklarına acı çektirirler. Bu kaçınılmazdır. Problem ebeveynlerimizin bize yaptıkları değil, bizim hâlâ bu olanları nasıl algıladığımızdır. Ebeveynlerimiz bize zarar verdiğinde, genellikle bunu kasten yapmazlar. Çoğumuz ebeveynlerimizden yeterince ilgi göremediğimizi hissederiz. Fakat ebeveynlerimizle barışık olmak, onlardan aldığımız ve alamadığımız her şeyle barışık olmak demektir. Bize verilenlere bu açıdan baktığımızda, her zaman gösteremeseler dahi sadece iyiliğimizi isteyen ebeveynlerimizden güç alabiliriz.

Bağlanmadaki Erken Kopuşa Ait Çekirdek Tanımlayıcılar

Birçoğumuz anneyle bağlanmada erken bir ayrılışı ya da kopuşu ve güvende hissetmemizi sağlayacak huzurun eksikliğini tecrübe etmiştir. Annesinden erken bir kopuş yaşamış insanların ana tanımlayıcıları aşağıdaki gibidir:

- Annem soğuk ve mesafeliydi. Bana hiç sarılmadı. Ona hiç güvenmedim.

- Annem her zaman çok meşguldü. Bana ayıracak vakti hiç yoktu.

- Annemle çok yakındık. Göz kulak olduğum küçük bir kız kardeşim gibiydi.

- Annem zayıf ve kırılgandı. Ben ondan çok daha güçlüydüm.

- Anneme yük olmayı asla istemem.

- Annem mesafeliydi, duygusal anlamda bana uzaktı ve eleştireldi.

- Annem her zaman beni kendinden uzaklaştırırdı. Beni hiç umursamıyordu.

- Annemle aramızda gerçek bir ilişkimiz yoktu.

- Anneanneme çok daha yakın hissediyordum. Bana annelik yapan oydu.

- Annem tamamen ben merkezliydi. Her şeyi kendi bakış açısından görüyordu. Bana hiç sevgi göstermedi.

- Annem çok hesapçı ve çıkarcı olabiliyordu. Onun yanında güvende hissetmiyordum.

- Ondan korkuyordum. Ne olacağını hiçbir zaman bilmiyordum.

- Onunla yakın değildim. Annem gibi değildi.

- Asla çocuk istemedim. İçimde annelik duygusu yok!

Bu çekirdek tanımlayıcılardaki acıyı hissediyor musunuz? On birinci bölümde ayrılık dilini detaylı şekilde keşfedeceğiz ve annemizle ilişkimizi tekrar nasıl inşa edeceğimizi keşfedeceğiz.

İlk bağlanma döneminde bir kopuş yaşayan herkesin annesine karşı kırgın olmayabileceğini belirtmekte fayda var. Genellikle anneye derin bir sevgi ve güven beslenir. Bazen bu kopuştan sonra çocuk, bilmeden anneden gelen bakıma kendini kapatır ve onun yerine iletişim kurmak için annesine bakmaya çalışır.

Bazen bu kopuş o kadar erken olur ki hatırlanan bir anı bile yoktur. Kopuşun esas anıları tekrar canlandırılabilir fakat buna rağmen bağlanma veya uzaklaşma ilişkilerde yaşanır. Niye olduğunu bile anlamadan korku, şaşkınlık, hissizlik, kopukluk, yenilgi ve yok oluş duygularıyla boğulabiliriz.

Çekirdek Tanımlayıcılardaki Duygu Yükü

Çekirdek tanımlayıcıların içerdiği duygusal yük gereken iyileşmeyi ölçmek için gerekli bir barometre görevi görebilir.

Negatif yük ne kadar fazlaysa genellikle iyileşme için gerekli yön de o kadar açıktır. Önemli bir duygusal yük taşıyan kelimeleri ararsınız.

Alkolik babasını tasvir eden yirmi yedi yaşındaki bir adamın sözlerindeki duygusal yoğunluğu hissedin:

"Babam alkolikti. Tamamen işe yaramaz biriydi. Tam bir ahmak ve zavallıydı. Hiçbir zaman bizim ve annemizin yanında değildi. Anneme karşı kaba ve sertti. Ona hiç saygı duymuyorum."

'Sarhoş' ve 'işe yaramaz' kelimelerinin altında, 'ahmak' ve 'zavallı' kelimelerinin altında çocuğun incinmişliğini hissedebilirsiniz. Çocuğun öfkesi ve hissizliği sadece üst katmanlardır. Öfke ve hissizlik diğer duygulardan daha kolay fark edilebilir. Özünde, bu çocuk babasını ne zaman içerken görse kendini yıkıma uğramış gibi hissediyordu.

Aşağıdaki cümlelerde annesinin babasına karşı duygularını da hissedebilirsiniz: "Hiçbir zaman bizim ve annemizin yanında değildi." "İşe yaramaz" ve "yanında değildi" ifadeleri, muhtemelen annesinin cümleleriydi. Annesinin babasına karşı kendini kapatmış olması çocuğun babasına karşı açılmasını imkânsız hâle getirmişti. Çocuk, yüzeyde annesine karşı sadık görünse de aslında babasının durumunu yaşıyordu. Babası gibi içki içip aynen annesinin babasını evden kovduğu gibi kovulana kadar kız arkadaşına köpürüyordu. Bu şekilde bilmeden babasıyla arasında bir bağ kuruyordu. Hayatta babasının sahip olduklarından daha fazlasına sahip olmayacağını garantiliyordu. Onların arasındaki ilişki düzenlenene kadar babasının hatalarını tekrarladı. Hayatına babasını aldığından beri daha sağlıklı seçimler yapabildi.

Bir ebeveyn reddedildiğinde ya da saygı duyulmadığında, genelde çocuklarından bir tanesi reddedilen davranışı tekrarlayarak ebeveynini temsil eder. Bu şekilde, çocuk aynı acıyı çekerek kendini o ebeveynine eşit hâle getirir. Çocuk şunları söylüyor gibidir: "Aynı şeyleri ben de çekeceğim bu şekilde bu yoldan yalnız geçmek zorunda kalmayacaksın." Bu sadakatle çocuk acıyı bir sonraki nesillere aktarır. Genellikle sadece bununla da kalmaz.

Ebeveynlerimizle barışmamız çok önemlidir. Bunu yapmak sadece içsel huzurumuzu artırmakla kalmaz, aynı zamanda bu uyumun bir sonraki nesillere aktarılmasına da izin verir. Ebeveynlerimize karşı yumuşayarak ve bu yolda engel teşkil eden hikâyeyi bırakarak nesilden nesle aktarılan bu acının anlamsız tekrarını durdurabiliriz. Başta bu zorlayıcı (hatta imkânsız) görünse dahi, ebeveynlerle iletişime geçmenin sağlık, ilişki ve üretkenlik anlamında pozitif sonuçlarına birçok kez şahit oldum.

Ebeveynlerinizin İçsel Görüntülerini Değiştirme

1. Çekirdek tanımlayıcılarınızı tekrar okuyun. Bu defa yüksek sesle okuyun.

2. Yeni bir kulakla dinleyin. Farklı bir şey duydunuz mu?

3. Duygusal anlam yüklenen kelimeler, ebeveynlerinizle ilgili hâlâ çözümlenmemiş duygularınız olduğunu gösteriyor mu?

4. Tanımlayıcıları okurken vücudunuzun verdiği tepkilere dikkat kesilin. Kendinizi sıkıyor musunuz yoksa rahatlıyor musunuz? Nefesiniz nasıl? Ritmik mi yoksa kesik kesik mi?

5. Değiştirmek istediğiniz herhangi bir şey var mı?

Ana tanımlayıcılarınız, ebeveynlerinizle ilişkinizi tekrar yapılandırmanızda değerli bir adımdır. Ebeveynlerinizin hayatta ya da ölmüş olması fark etmez, ana tanımlayıcıların şifresini bir kez çözdüğünüzde ebeveynlerinize karşı negatif duygu, davranış ve yargılamalar sonunda değişebilecektir.

Sözlerinizdeki duygu yükü ne kadar fazla olursa, acınızın da o kadar derin olacağını aklınızdan çıkarmayın. Öfke saçan kelimelerin altında genellikle bir acı vardır. Acı sizi öldürmeyecektir. Öfkeyse gerçekten öldürebilir.

Ebeveynlerinize dair sahip olduğunuz içsel görüntüler, yaşam kalitenizi etkileyebilir. İyi haber şudur ki içsel görüntü, bir kez açıklandığında değişebilir. Ebeveynlerinizi değiştiremezsiniz ancak içinizde onları algılayış biçiminizi değiştirebilirsiniz.

8. Bölüm

Çekirdek Cümle

*Aradığınız hazine, belki de girmekten korktuğu-
nuz mağarada saklıdır.*

-Joseph Campbell, *Reflections on the Art of
Living*

Bir korku, fobi, panik atak ya da takıntılı düşünceyle boğu-
şuyorsanız, içsel yaşamınızın hapishanesinde tutsak olma-
nın nasıl bir duygu olduğunu çok iyi biliyorsunuzdur. Kendi
içinizde geçirdiğiniz zorlu zaman (sürekli endişelenmek, bas-
kın duygular, sinir bozucu hisler) duruşma ya da mahkûmiyet
olmadan verilmiş bir müebbet hapis cezası gibidir. Korku ve
endişeler, gününüzü ve yaşamınızı sınırlandırarak dünyanızı
küçültür ve canlılığını yok eder. Bu şekilde yaşamak çok yo-
rucu olabilir.

Bir yol bulmak, düşündüğünüzden daha kolaydır. Sade-
ce başka türlü bir müebbet hapisle cezanızı çekmelisiniz; en
kötü korkularınızın yarattığı cümleyle... Bu cümle muhteme-
len çocukluğunuzdan beri sizleydi. Bu cümle, yüksek sesle de
söylense sessizce de ifade edilse umutsuzluğunuzu derinleştirir
ancak diğer yandan sizi hapishane kapısından çıkarıp yeni bir
anlayış ve çözüm dünyasına da götürebilir. İşte bu cümleye,
çekirdek cümle denir. Çekirdek cümle haritanız, gömülü ha-

zinenizin yerini bulmak için bir araçsa çekirdek cümleniz de oraya vardığınızda bulduğunuz elmastır.

Çekirdek Cümlenizi Bulma

Daha fazla ilerlemeden önce şu soruyu cevaplayın ve cevabınızı yazın: Başınıza gelebilecek en kötü şey, en kötü korkunuz nedir? Muhtemelen ömür boyu yüreğinizde taşıdığınız bir duygu ya da korkudur. Belki onunla doğmuş gibi hissediyorsunuzdur. Soruyu bir de şöyle sorabiliriz: Yaşamınız parçalansa ve her şey çok daha kötü gitse en kötü korkunuz ne olurdu? Başınıza gelebilecek en kötü şey ne olurdu? Cevabınızı yazın.

> **Yazılı Alıştırma #6: Ana Cümlenizi Belirleme**
>
> Benim en kötü korkum, başıma gelebilecek en kötü şey...

Şimdi yazdığınız şey, sizin çekirdek cümlenizdir. Cümlenizi yazana kadar okumaya devam etmeyin.

Belki çekirdek cümleniz 'ben' kelimesiyle başlıyordur:

"Ben her şeyi kaybederdim."

Belki 'onlar' kelimesiyle başlıyordur:

"Onlar beni dışlardı."

Belki cümleniz 'benim' kelimesiyle başlıyordur:

"Çocuklarım/ailem/karım/kocam beni terk ederdi."

Çekirdek cümle, başka birçok kelimeyle de başlayabilir.

Şimdi daha derine gidelim ve aynı soruyu cevaplayalım. Bu sefer düzeltmeyin. İlerleyebildiğiniz kadar ilerleyip yazmaya devam edin. Bu soruya vereceğiniz cevap, ileriki sayfalarda derinleşmeye devam edecek kendinizi keşfetme sürecinizi başlatacak.

Yazılı Alıştırma #7: Ana Cümlenizi Düzeltme

Başıma gelebilecek en kötü şey...

"Ben..."

"Onlar..."

"Ben yapabilirim..."

"Çocuklarım/ailem/eşim yapabilir..."

Ne yazdığınıza bakın. Eğer en dibine ulaştığınızı düşünüyorsanız, kendinize bir soru daha sorun: Bu olsaydı ne olurdu? Bunun en kötü yanı ne olurdu?

Örneğin, "Ölebilirdim." yazdıysanız, bunu biraz daha ilerletin. Bu olsaydı, en kötü yanı ne olurdu?

"Ailem bensiz kalırdı."

Biraz daha derinleşin. En kötü yanı ne olurdu?

"Ailem beni unutacak."

"Ailem beni unutacak." cümlesinin diğer iki cümleden daha fazla anlamı olduğunu hissediyor musunuz?

Çekirdek cümlenizin üzerinizdeki duygusal etkisini derinleştirmek için bir dakika ayırın.

Yazılı Alıştırma #8: Çekirdek Cümlenizi Derinleştirme

Benim esas korkum...

Şimdi hangi kelimeleri yazdığınıza tekrar bakalım. Çekirdek cümleniz muhtemelen üç, dört, belki beş ya da altı kelimeden oluşuyordur. Önceden bahsettiğimiz gibi genelde 'ben' ve 'onlar' vb. sözcüklerle başlar fakat başka kelimelerle de başlayabilir.

Bu, genelde şimdi oluyormuş ya da olacakmış gibi şimdiki ya da gelecek zamanda söylenmiş bir cümledir. Bu kelimelerin içinizde canlandığını hissedersiniz. Yüksek sesle söylendiğinde kelimeler, bedeninizde yankılanır. Ana cümle hedefte olduğunda, tahtadaki bir 'küt' sesinden ziyade kristaldeki bir 'çınlama' sesi gibidir. Ana cümleleriniz şunlara benzeyebilir:

"Ben tamamen yalnızım."

"Onlar beni reddediyor."

"Onlar beni terk ediyor."

"Onları hayal kırıklığına uğrattım."

"Her şeyimi kaybedeceğim."

"Hayatım kararacak."

"Hepsi benim suçum."

"Onlar beni terk ediyor."

"Onlar bana ihanet ediyor."

"Onlar beni aşağılıyor."

"Delireceğim."

"Çocuğuma zarar vereceğim."

"Ailemi kaybedeceğim."

"Kontrolümü kaybedeceğim."

"Çok kötü bir şey yapacağım."

"Birine zarar vereceğim."

"Yaşamayı hak etmiyorum."

"Benden nefret edecekler."

"Kendimi öldüreceğim."

"Beni kilitleyecekler."

"Beni bir kenara atacaklar."

"Bu asla bitmeyecek."

Ana Cümlenizi Düzenleme

Bir basamak daha var. "Ben tamamen yalnızım." gibi bir cümle yazdıysanız iki yandan aramayı sıkıştırın ki ana cümleniz olabildiğince yüksek frekansta çınlasın.

Örneğin ana cümleniz, "Ben tamamen yalnızım." gibi mi yoksa daha çok, "Beni terk ediyorlar." gibi mi? "Beni reddediyorlar." gibi mi yoksa daha çok, "Ben reddediliyorum." gibi mi?

Göz doktorunuzun reçete yazmak için gözünüzü dikkatlice muayene ettiği gibi siz de kelimelerinizin içinizdeki duygularla aynı doğrultuda olduğundan emin olmak için onları kontrol ediyorsunuz. Test etmeye devam edin. Çekirdek cümleniz, "Onlar beni terk ediyorlar." mı yoksa daha çok, "Terk edildim." mi? Bu kelimelerin içinizde yarattığı titreşimden, bedeniniz hangi kelimelerin daha doğru olduğunu bulabilir. Doğru kelimeler söylendiğinde ana cümlenizin kelimeleri fiziksel bir reaksiyon -genellikle endişe ya da çöküntü içeren bir duygu- yaratır.

Çekirdek Cümlenizi Bulmaya Giden Diğer Yollar

Çekirdek cümlenizi bulmaya çalıştıysanız ve hiçbir şey ortaya çıkmadıysa o zaman şu soruyu cevaplandırın: Birine olabilecek en kötü şey nedir? Başka birine. Siz değil, tanımadığınız birine ait çok kötü bir anınızı ya da tanıdığınız birini başına gelen korkunç bir şeyi hatırlayın. Onlara ne oldu? Yazın. Ne hatırladığınız önemli. Bu sizin hakkınızda bile bir şey anlatabilir.

Birçok kez, başka birinin trajedisi kendi en kötü korkularınızın yansımasıdır. Çevremizdeki on binlerce üzücü imgenin arasında bize aşina olan his ya da daha doğrusu ailevi his bizde yankı uyandırabilir. Bunu tekrar aile hissine çağırın. İnsanların başına gelen o kadar kötü şeyin arasında, bize en korkunç gelen şeyin ailemizdeki travmatik bir olayla bağlantısı olması muhtemeldir. Bu bize, kişisel olarak yaşanmış bir travmayı da hatırlatıyor olabilir. Başka birinin trajedisi bizde yankı uyandırdığında, genellikle belli bir ölçüde bize ait bir trajediyle ilgisi vardır.

Ana cümlenizi bulmanın başka bir yolu daha var. Sizi derinden etkileyen bir kitap, film ya da oyundan bir sahne düşünün. Hangi sahne sizi daha çok etkiliyor? Örneğin annesi olmayan çocukların hikâyesinde sizde bir yankı uyandıran, derin duygular uyandıran bir kısım var mı? Çocukların yalnız bırakıldığı ve onlara bakacak kimsenin olmadığı kısım olabilir mi?

Bu aile hikâyesi, iki kişide yankı uyandırabilir fakat bir kişi annenin çocuklarını bırakmasından daha çok etkilenirken diğeri çocuklara bakacak kimsenin olmamasından daha çok etkilenebilir. Birinci kişinin ailesine bakarsak annesinin, çocuklarını bırakmasına dayanamayan kişinin, aile bireylerinden birisinin belki de annesinin ya da anneannesinin hatta bizzat onun çocuklarını terk ettiğini ya da bir çocuğundan vazgeçtiğini bulabiliriz. Bu gizlenmiş suç, birinci kişinin aile sisteminde tekrar dile getirilirken, terk edilmiş bir çocuğun derin acısı ikinci kişinin aile sistemine eklenebilir. Bizim için duygusal anlam taşıyan kitaplar, filmler ve oyunlar, aile ağacımızın gizli bir yerine saklanmış narin meyveyi çatırdatan fırtına gibidirler.

Bir Haber Bizim Aile Hikâyemiz Olduğunda

Hatırladığı kadarıyla Pam yabancı birinin evine girmesinden ve ona şiddet uygulamasından korkuyordu. Son zamanlara kadar bu korku, uzaktaki bir makinenin vızıltısı gibi arka planda duruyordu. Daha sonra bir gün bir çete tarafından ölümüne dövülen genç Somalili bir çocuğun haberini okudu.

Derinlerdeki korku, içindeki panik yoğunluğunu harekete geçirerek gün yüzüne çıktı.

Pam, damarları parçalanıyormuş ve vücudundan ayrılıyormuş gibi bir his duyduğunu söyledi.

"O, sadece bir çocuktu." dedi. "Masumdu. Sadece yanlış zamanda yanlış yerdeydi. Onun yaşamını, itibarını aldılar. Acı çekmesine neden oldular." Pam, bilmeden annesinin on bir yaşında ölen abisi Walter'dan bahsediyordu. Pam, bu hikâyeyi sadece bir kez küçük bir çocukken duymuştu. Aile bunun hakkında nadiren konuşurdu. Hiçbir zaman kanıtlanmasa dahi aile cinayetten şüpheleniyordu. Onu sıkça rahatsız eden çevredeki çocuklar tarafından evden çıkarılan Walter, terk edilmiş bir maden kuyusunun dibinde ölü bulunmuştu. Ya düşmüştü ya da itilip ölüme terk edilmişti. Çocuğun bedeni günler sonra bulunmuştu. Çocuklar paniklemiş ve kaçmıştı. Walter, "yanlış zamanda yanlış yerdeydi."

Savaştan Doğan Çekirdek Dil

Aile bireyleri bir savaşta acı çektiğinde, öldüğünde ya da bireye şiddet uygulandığında biz, ondan geriye kalan hayali travmatik bir mayın tarlasını miras alırız. Yıllar öncesinden kalan travmatik tecrübeleri tekrar yaşıyorken bilinçli şekilde bağ kurmayarak, sanki bu korkular (kaçırılmak, evden atılmak, öldürülmek vs.) bize aitmiş gibi onların mirasçıları oluruz.

Sekiz yaşındaki neşeli Kamboçyalı bir çocuk olan Prak, dedesinin Khmer Rouge tarafından öldürüldüğünü hiç bilmiyordu. CIA ajanı olmakla suçlanan dedesi tarımda kullanılan büyük bir tırpanla dövülmüştü. Prak, tekrar tekrar baş zedelenmesi yaşamıştı ve ebeveynleri Rith ve Sita -ölüm tarlalarının hayatta kalan ilk nesili- benden yardım istediler. Kibar ve tatlı dilli Rith ve Sita, onları birbirine bağlayan bu yükten dolayı çökmüş görünüyorlardı. Bozuk İngilizceleriyle Kamboçya'dan ergenlik dönemindeyken katliam bittikten yaklaşık on yıl sonra ayrıldıklarını ve tek oğulları Prak'ın dünyaya geldiği Los Angeles'a yerleştiklerini söylediler.

Şimdi sekiz yaşındaki Prak, birçok kez beyin sarsıntısı yaşadı. Babası Rith, kasten başı önde duvara ve metal havuza koştuğunu söyledi. Prak ayrıca her gün bir elbise askısını yere ve koltuğa vurarak "Öldür! Öldür!" diye bağırarak oyun oynuyordu. Çocuğun davranışları rahatsız edici şekilde dedesinin ölümünü hatırlatıyordu. Prak'ın çekirdek dili, "Öldür! Öldür!" ifadesinde sadece sözlü olarak değil, aynı zamanda rahatsız edici biçimde fiziksel olarak da ortaya çıkmıştı. Prak askılığı vurarak katil tarafından vurulan öldürücü darbeyi esrarengiz şekilde yeniden canlandırıyordu. Kendi başını yaralayarak Prak, dedesinin baş zedelenmesini yeniden canlandırıyordu.

Trajik ya da üzücü olaylar yaşayan birçok ailede, geçmiş gömülü kalır. Ebeveynler çocuklarının bu gereksiz acıya maruz kalmalarına gerek olmadığını düşünerek ağızlarını -geçmişe giden yolu- kapalı tutarlar. Çocuk ne kadar az şey bilirse o kadar güvende ve izole olacağını düşünürler. Prak, ölüm tarlaları, katliam ve daha da kötüsü dedesi hakkında hiçbir şey bilmiyordu. Aslında ona büyükannesinin ikinci kocasının gerçek dedesi olduğu söylenmişti.

Ne yazık ki geçmiş hakkında bir şey söylememek yeni nesili korumak konusunda pek işe yaramıyor. Gözden ve hafızadan saklanan, nadiren yok olur. Tam tersi, çocukların belirtilerinde ya da davranışlarında sıklıkla ortaya çıkar.

Bu kavramları, Rith ve Sita'ya açıklamak kolay değildi. Kültürel bir peçe, bir inkâr kefeni, soykırımla ilgili herhangi bir tartışmayı yasaklıyor gibiydi. Sita, "Biz önümüze bakıyoruz, geçmişe değil," dedi Rith, "Biz hayatta kaldığımız ve Amerika'da olduğumuz için şanslıyız," dedi. Prak'ın üzüntüsünde geçmişin gözle görülür şekilde canlandığını açıklayana kadar Rita ve Sita bir sonraki adımı atmaya hazır değildi.

Rith'e, "Eve gidin ve Prak'a babanızı anlatın." dedim. "Onu ne kadar sevdiğinizi ve onu hâlâ ne kadar özlediğinizi anlatın," dedim. "Babanızın, gerçek dedesinin fotoğrafını yatağının başucuna yerleştirin ve geceleri uyurken babanızın onun başını koruduğunu ve kutsadığını söyleyin. Babanız onun başını koruduğu için artık başının incinmek zorunda olmadığı algısını yaratın."

Son adım, uygulaması en zor olandı. Görünen o ki Prak kendini sadece dedesiyle değil, ona son ölümcül darbeyi vuran kişiyle de özdeşleştirmişti. Sita ve Rith'e ailemizi yaralayan kişilerin de aile sistemimizde nasıl yer aldığını ve hafızamızdan çıkarıldıklarında onlarla nasıl özdeşleşebildiğimizi anlattım. Faillerin ve kurbanların çocuklarının nasıl aynı şekilde acı çektiklerini ve hepsine karşı iyi niyetli duygular beslememiz gerektiğini anlattım. Bir adım daha ileri giderek ailemize ve ailemize zarar verenlere eşit şekilde dua ettiğimizde hem onların çocuklarını hem de kendi çocuklarımızı desteklemiş oluruz. Sita ve Rith, beni anladılar. Budizm'i uyguladıkları için Prak'ı budist tapınağına (Kamboçya tapınağına) götüreceklerini ve hem babası hem de onu öldüren kişi için tütsü yakacaklarını ve böylece iki ailedeki soyun da özgür olacağını söylediler. Budist tapınağını ziyaretinden üç hafta sonra Prak, dedesinin geceleri onu koruyan fotoğrafıyla elbise askılığını Sita'ya teslim etti. "Anne artık bununla oynamama gerek yok."

Aile Acısı, Aile Sessizliği

Bu kitapta daha önce tanıştığınız Gretchen, Auschwitz'te kaybettiği ailesinden hayatta kalan tek kişi olan babaannesinin endişe dolu duygularını taşıyordu. Nazi soykırımında hayatta kalmasının huzurunu yaşayan Gretchen'ın babaannesi, çocukları ve torunları onu daha fazla üzmemek için temkinli davransa da hayatı boyunca bir hayalet gibi yaşamıştı.

Merhum ailesinden bahsetmek onunla konuşabileceğiniz bir konu değildi. Gözleri kararırdı ve yanaklarındaki renk soluklaşırdı. Anıları üstü kapalı bırakmak en iyisiydi. Belki babaanne, ailesinin geri kalanı gibi ölmek için bilinçaltında bir istek duyuyordu. İki nesil sonra Gretchen bu duyguları miras alacaktı ve babaannesinin ailesi gibi yakılma isteğinin imgesini taşıyacaktı.

Gretchen'ın Çekirdek Dili: "Buharlaşacağım. Bedenim saniyeler içinde yanacak."

Gretchen, babaannesinin travmasına takılı kaldığını fark ettiğinde, sonunda taşıdığı duyguları fark edecek bir zemine ulaştı. Gözlerini kapatmasını ve hiç tanımadığı babaannesi ve bütün Yahudi ailesi tarafından büyütüldüğünü hayal etmesini istedim. Bu imgeyle yüzleşirken Gretchen, huzurlu -onun aşina olmadığı bir duygu- hissettiğini söyledi. Aslında yakılma isteğinin onun yakılan ailesiyle bağlantılı olduğunu fark etti. O dakikada, kendini öldürme isteği dağıldı, artık ölmek istemiyordu. Gretchen, kendini babaannesiyle özdeşleştirirken, aynı zamanda babaannesinin ailesini öldüren kişiyle de özdeşleştirmişti. Kendini öldürerek bilmeden katillerin öfkesini de canlandırıyordu. Faillerle bu şekilde özdeşleştirme sıradışı değildir. Sonraki nesillerde aile bireylerinde görülen şiddet içeren davranışlar gözden geçirilmelidir.

Korku Hapishaneleri

Steve ne zaman yeni bir yere gitse panik atak geçiriyordu. Yeni bir binaya girmesi, yeni bir restoran denemesi ya da yeni bir şehre yolculuk etmesi fark etmeksizin Steve, ne zaman aşina olmadığı bir çevrede bulunsa kendini dışlanmış hissediyordu. Bayılma ve iç kararmasıyla yüzüstü düşecekmiş gibi başı dönüyordu. Bu hislerin yanı sıra sık sık kalp çarpıntısı vardı ve çok terliyordu. Çocukluğuna ait aşırı korku yaratacak herhangi bir şey hatırlamıyordu. Onu güvende hissettirmek için karısı ve çocukları yeni bir şey denemeye hasret kalmışlardı. Tatil, yeni restoranlar ve sürprizler yaşamlarının bir parçası değildi.

Steve'in Çekirdek Dili: "Gözden kaybolacağım. Silineceğim."

Steve'in aile geçmişine bakmamız, onun özgüven eksikliği kaynağını açığa çıkardı. Ailesinin yetmiş dört üyesi Nazi soykırımında hayatını kaybetmişti.

Aile üyeleri, hayatları boyunca yaşadıkları köyde bulunan evlerinden, kendi çevrelerinden çıkarılmış ve sistematik olarak öldürüldükleri "yeni bir yere" -toplama kampına- getirilmişlerdi. Steve, ailesiyle paylaştığı bağlantıyı fark edince yaşamını kısıtlayan panik atakların sebebini fark etti. Bir seanstan sonra korkuları kayboldu. Akrabalarının yeni içsel imgelerini huzurla kucaklayarak ve özgürlüğüne kavuşarak Steve, eski yaşamının dikenli kapılarını açarak keşif ve macera dolu yeni yaşamına ilerledi.

Steve gibi Linda da kendini güvende hissettirmeyen panik atak sorunu yaşıyordu. "Dünya güvenli bir yer değil." diyordu. "Kim olduğunuzu saklamalısınız. İnsanlar hakkınızda çok fazla bilgi edinirse size zarar verebilir." Hatırladığı kadarıyla yabancılar tarafından kaçırıldığına dair kabuslar görüyordu. Çocukken asla arkadaşlarının evinde uyumak istememişti. Kırklı yaşlarında bile nadiren bir yerlere gidiyordu. Steve gibi Linda da çocukluğundaki bir olaya dayandıramadığı korkularla sarılı bir hapishanede yaşıyordu.

Aile geçmişini sorduğumda, Nazi soykırımında öldürülen babaannesinin kız kardeşinin hikâyesini küçük bir kızken duyduğunu hatırladı. Ne olduğunu araştırırken Linda büyük halasının birisinin gelip onun bir Yahudi olduğunu anlayana kadar komşusunun evinde gizlice yaşadığını keşfetti. Daha sonra kız kardeş 'yabancılar' -Nazi askerleri- tarafından kaçırılmış ve bir hendekte öldürülmüştü.

Linda'nın Çekirdek Dili: "Dünya güvenli bir yer değil. Kim olduğunuzu saklamalısınız. İnsanlar hakkınızda çok fazla bilgi edinirse size zarar verebilir."

Kendi çekirdek dilini, büyük halasının trajedisiyle karşılaştırınca, Linda endişe dolu duygularını anlamlandırdı. Büyük halasını korumayı ve güvende hissettirmeyi teklif ettiği bir konuşma yaptığını hayal etti. Bu yeni imgede Linda, endişe dolu duygularını halasıyla bırakabileceğini hissetti.

Birçoğumuzun Nazi soykırımında, Kamboçya Ölüm Tarlaları'nda, Stalin tarafından dayatılmış Ukrayna kıtlığında, Çin, Ruanda, Nijerya, El Salvador, eski Yugoslavya, Suriye, Irak ve benzeri yerlerdeki büyük katliamlarda yer alan ya da kaybettiği yakınları olmamasına rağmen yakınlarımızın yaşadığı savaşın, şiddetin, cinayetin, tecavüzün, bastırılmanın, köleliğin, sürgünün, zorunlu göçün ve diğer travmaların kalıntıları, bizden kaynaklandığını sandığımız birçok korkuyu ve endişeyi tetikler. Ana cümlemiz şimdiyi geçmişten ayırmamızı sağlayan bağlantı olabilir.

Çekirdek Cümlemizin Özünü Çıkarma

Bir çekirdek cümle genellikle korku hissini ve duygusunu uyarır. Sadece bu kelimeleri söyleyerek bedenimizde güçlü bir fiziksel reaksiyon başlatabilir. Birçok insan, cümle söylenirken içinde yankılanan bir his dalgası olduğunu söylemiştir çünkü bir çekirdek cümle, çözümlenmemiş bir trajediden doğmaktadır. Bu bizim değilse soru şudur: Kimin? Belki çekirdek cümleyi söyleyen ve bu korkuyu taşıyan biz olabiliriz ama esas korku, biz doğmadan çok önce gerçekleşmiş trajik bir olaydan kaynaklanabilmektedir. Soracağımız soru şudur: İlk korku kime ait?

Çekirdek cümlenizi kendinize söyleyin. İçinizde yarattığı titreşimi hissedin. Kelimelerin kime ait olduğunu biraz düşünün. Kelimeleri önünüzde görmek için ana cümlenizi tekrar yazmak isteyebilirsiniz. Büyük bir travma yaşamış, acı çeken ya da suçluluk duyan veya acı şekilde ölmüş ya da boş veya çaresizlik içinde yaşamış birisinin cümlesini duyun. Bu cümle annenize ya da babanıza ait olabilir. Büyükannenize ya da dedenize hatta ablanıza, abinize, halanıza ya da dayınıza da ait olabilir. Şimdiyse sizin içinizde yaşıyor.

Çekirdek cümleler, biri kapıyı açana kadar kapıyı çalan seyyar satıcılar kadar seyyardır fakat ısrarla çaldıkları kapılar aile sisteminde takip edenlerin ruhudur. Giriş davetiyse bilinçli bir izinle olmaz.

Ailemizin geçmişindeki trajedileri çözmek için bilinçaltında bir zorunluluk hissediyor gibiyiz. Ailedeki acıyı geçirmek için bilinçsizce, büyükannenizin annesinin, babasının ya da çocuğunun ölümündeki acıyı paylaşıyor olabilirsiniz. Onun "Her şeyimi kaybettim." hissi belki size, "Ben de her şeyimi kaybedeceğim." korkusunu yaşatıyor olabilir.

Bu cümleler, kendinizi algılayışınızı etkileyebilir. Yaptığınız seçimleri etkileyebilir. Beyninizin ya da aklınızın çevrenizdeki dünyaya nasıl tepki verdiğini etkileyebilir. Örneğin hayallerinizdeki adam evlenme teklif ettiğinde kafanızın içindeki, "Beni terk edecek." gibi bir cümlenin etkisini hayal edin ya da "Çocuğuma zarar vereceğim." gibi bir cümlenin genç bir anne adayının karışık biyolojik ve duygusal durumu üzerindeki etkisini düşünün.

Çekirdek cümlenizin kelimelerini tekrar dinleyin. Yüksek sesle söyleyin. Onların size ait olduğuna emin misiniz? Ailenizde başka kimin aynı şekilde hissetmek için bir sebebi olabilir?

Annenizi babanızı, büyükannenizi ve dedenizi düşünün. Onlar nadiren bahsettikleri böyle bir acı yaşadılar mı? Yeni doğmuş bir bebeği kaybettiler mi ya da düşük yaptılar mı? Büyük bir aşk acısı yaşadılar mı ya da küçükken ebeveynleri ya da kardeşleri tarafından terk edildiler mi? Birine zarar verdiklerinden dolayı suçlu hissediyorlar mı? Kendilerini bir şey için suçluyorlar mı?

Aklınıza hiçbir şey gelmiyorsa bir nesil sonraya büyük dedenize, büyük büyükannenize, büyük halanıza ya da büyük dayınıza bakabilirsiniz.

Zach, huzur bulmak için iki nesil öncesine gitmek zorunda kaldı. Hayatta kaldığı için şanslıydı. Birkaç intihar girişiminden sonra aile sonunda geçmişinin kapılarını açmaya karar vermişti.

Zach'in çekirdek cümlesi hatırlayabildiği kadarıyla hep onunlaydı. Çocukluğundan beri ölmesi gerektiğini hissetti. Ölmek için bu yaşama gönderildiğini hissediyordu.

Zach'in Çekirdek Cümlesi: "Ölmem gerek."

Sonunda Zach bunu yapacak kadar büyüdüğünde Irak'ta savaşmak ve ölmek için askere kaydoldu. Hiçbir şey daha kolay olamazdı. Piyade er olarak savaşın ön safhalarında vurulacak, böylece yaşam amacını gerçekleştirmiş olacak ve ölecekti. Bir kahraman olacaktı. Büyük bir risk almış olacaktı. Ülkesi uğrunda ölecekti.

Ne var ki Zach'in planı ters gitti. Onun birimi görevlendirilmedi. Onlar ABD'de kaldı. Zach kuşkulandı. Hemen askerden kaçtı ve ikinci planı devreye soktu.

Eyalet polisinin onu kenara çekeceğinden emin bir şekilde otoyoldan aşağı hızla araba sürmeye başladı. Her şeyi dikkatlice planladı. Arabasından dışarı fırlayacak ve polisin silahına sarılacaktı. Her şey bitecekti. Polis onu vurmak zorunda kalacak ve Zach ölecekti. Planladığı gibi otoyoldan aşağı çılgınca sürdü. Tekrar kader araya girdi. Hiçbir şey olmadı. Eyalet polisi yoktu. Vurulma yoktu. Ölüm yoktu.

Zach, kararlı şekilde Washington D.C.'ye sürdü. Üçüncü planı asla başarısız olamazdı. Beyaz Saray'ın çitlerinden geçecek, elinde oyuncak tabancayla başkanın ofisine koşacaktı. Gizli servis ajanları tarafından hiç şüphe yok ki koşarken vurulacaktı ama kaderin Zach için başka bir planı vardı. Pennsylvania caddesine geldiğinde çitler güvenlik görevlileri tarafından öyle sıkı korunuyordu ki birkaç adımdan daha fazla yaklaşamadı. Zach'in bir tane daha intihar planı vardı. Son planıysa gerçekleşmedi. Vali'nin konuştuğu bir toplantıya katılacaktı. Zach oyuncak bir tabancayı tehdit eder gibi sallayacak ve valiyi hedef alacaktı. Güvenlik görevlileri kuşkusuz tabancayla vurarak onu öldüreceklerdi. Sonra üzücü bir düşünce aklına geldi. Kalabalığın ortasında belki de sadece yere yatırılacak ve hayatının geri kalanını hapishanede geçirecekti. Çaresiz şekilde yardım istedi.

Zach'in intihar planlarındaki ortak mesajı duyabiliyor musunuz?

Her bir intihar teşebbüsünde başarılı olursa ülkesini savunan biri tarafından öldürülecekti fakat yaşamının yirmi dördüncü yılındaki Zach, böyle bir cezayı hak edecek hiçbir şey yapmamıştı. Kimseye zarar vermemişti. Kişisel bir suçu yoktu. Bu acısından dolayı kimseyi suçlamadı.

O zaman Zach kimin için ölmek istedi? Daha açık şekilde söylemek gerekirse aile sisteminde kimin yaptığı bir şeyden dolayı vurulması gerekiyordu?

Bunun için Zach'in aile geçmişine bir yolculuk yapmak zorunda kaldık. Zach'in temel şikâyetine bakarak üç muhtemel köprü sorusu vardı.

Zach'in Köprü Soruları

- Ailende kim bir suç işledi ve cezasını çekmedi?

- Kim yaptığı bir şeyden dolayı vurulması gerektiğini hissetti?

- Ailesi, vurulduktan sonra kimin yasını tutmadı?

İlk iki sorudan biri hedefi tam on ikiden vurdu. Zach'in durumunda, ilk soru çocukken duyduğu bir konuşmanın anısını canlandırdı. Zach'in dedesi, annesinin babası, birçok insanın ölüm kararından sorumlu Mussolini'nin kabinesinde yüksek dereceli bir memurdu. İtalya'daki savaş sona ererken o, sahte belge hazırlayıp kimliğini değiştirmeyi ve ABD'ye dönmeyi başarmıştı. Kabinesinden geride kalanlarsa bir araya toplanmış ve idam mangası tarafından vurulmuşlardı. Zach'in dedesi kaderini yenmişti. Şanslıydı ya da öyle olduğunu sanmıştı. Bilmeden kaderini ailedeki ilk erkek çocuk olan torununa geçirmişti. Üçüncü bölümde öğrendiğimiz gibi Bert Hellinger, her birimizin kaderimizden sorumlu olduğunu ve bu kaderin sonuçlarını yalnız başımıza taşımamız gerektiğini öğretiyor. Eğer bundan kaçınırsak ya da reddedersek ya da kaderi yenersek bizim aile sistemimizdeki başka bir birey bunun bedelini ödeyebilir.

Zach, dedesinin suçlarının bedelini ödemeye çalışıyordu. Onunkisi pahalıya mal olan bir mirastı ve Zach'in bunu üstlendiğinden haberi yoktu. Vurulup öldürülme dürtüsünün ondan kaynaklandığını düşünüyordu. Hayata gelmesinin bir hata olduğunu ve ölmesi gerektiğini düşünüyordu. Aile tarihinden bu derece etkilenebileceği aklına gelmezdi. Bağlantıyı hiç kurmamıştı.

"Ölmesi gerekenin ben olmadığımı mı söylüyorsun?" Zach serseme dönmüştü. "Ölmek zorunda olmadığımı mı söylüyorsun?"

İdam mangası tarafından gerçekleşecek ölümden kaçan Zach'in dedesi, sebep olduğu ölümlerin bedelini ödememişti. İki nesil sonra Zach, bunu kendi yaşamıyla telafi ederek ödemeye çalışacaktı. Adil değildi fakat oluyordu. Zach neredeyse bunu başaracaktı.

Bunun yerine Zach, ölme ihtiyacı hissini dedesine bırakabildi. Hislerinden kurtulacak olması Zach için kolay bir şey değildi. İlk defa ona ait olmayan duyguları kendi duygularından ayırabildi. Bir zamanlar içselleştirdiği hisler artık onun olmaktan çıkabilirdi.

Eski duygular canlandığında, Zach bilinçli bir plan yapabildi. Dedesini gözünün önünde canlandıracaktı ve önünde saygıyla eğilecekti. Dedesi "ölme isteğinin" kendisine ait olduğunu ve bununla onun ilgileneceğini söyleyecekti ve Zach huzurla rahat bir nefes alacaktı. Zach, dedesinin ölümden sonraki yaşamda zarar verdiği insanlara yaptıklarını onardığını hayal etti. Zach'in içsel imgesinde bütün manzara, huzurlu bir barış ortamına dönüşmeye başladı.

Zach gibi belki siz de şimdiki durumunuzla aile geçmişinizdeki travmatik bir olay arasındaki bağlantıyı hiç düşünmediniz. Şimdi ana cümlenizle birlikte bunu yapmak için bir yolunuz var. Ana cümlenizi bir kez daha söyleyin ve kendinize şu iki soruyu sorun: Bu korkunun sizden kaynaklandığına emin misiniz? Ailenizde aynı şekilde hisseden başka biri var mı?

Aile geçmişiniz hakkında hiçbir bilginiz olmasa dahi iyileşme yolu hâlâ açıktır. Zor olanı yaptınız: En derin korkunuzdan kurtuldunuz. O korkunun duygularını taşısanız dahi, o korku siz doğmadan önce ebeveynlerinizden birisinin yaşamış olduğu travmatik bir olaydan doğmuş olabilir. Onun ne olduğunu bilmeseniz de orada olduğunu bilirsiniz. Hissedersiniz.

Afro-Amerikalı yorgan imalatçısı April, 1911 yılında çekilen bir fotoğrafta siyahi bir kadın ve oğlunun bir köprüde boyunlarından asılmış olduklarını gördüğünde kırklı yaşlarının başındaydı. Birkaç beyaz adam, kadın ve çocuk onların üzerindeki geçitte sıralanmıştı. O an April'ın hayatı değişti. Linç düşüncesi ve resmi onu mahvetmişti. "Ağlamamı durduramadım." dedi. "Oradakiler ben ve benim oğlum da olabilirdik." O fotoğrafı gördüğü günden itibaren April'ın anksiyetesi arttı: "Âdeta gördüğüm her ağaçta asılmış bir beden var gibi."

Ona ailesinde linç edildiğini bildiği birinin olup olmadığını sordum. Bunu söylemek zordu. 1800'lü yılların sonlarında, siyahi bir adam ile beyaz bir kadının çocuğu olan dedesi kız kardeşiyle birlikte yol kenarında terk edilmişti. Onun ailesi dedesini almıştı fakat kız kardeşini almamışlardı. Dedenin, kız kardeşine veya babasına ne olduğu bilinmiyordu.

Tarihten bildiğimiz üzere genellikle siyahi adamlar beyaz

kadınlarla cinsel ilişki yaşamaları sebebiyle cezalandırılmışlardır. Beyaz köle sahipleri, her zaman tutsak tuttukları kadınları serbestçe hamile bırakmışlardır. 2016 yılının mayıs ayında yayımlanan bir çalışma, tarihin genetik kanıtlarının bugün yaşayan Afro-Amerikalıların DNA'larında saklı bulunduğunu göstermiştir. DNA, kölelik döneminin etkileri altında olabilir. Bu genetik aktarımlar, Avrupa kökenlerinin izlerini taşıyordu ve bu da araştırmacıların uzun zamandır bilinen gerçeği doğrulamasını sağladı.

April, dedesinin babasının veya kız kardeşinin ya da ailede herhangi başka birinin asıldığını kesin olarak belirleyememiş olmasına rağmen birinin bunu yaşadığından şüphe ediyordu. Hiç olmazsa kolektif bir travmanın kalıntılarını taşıyordu ve benzer korkular yaşayan diğer Afro-Amerikalılar ile bunu paylaşıyordu.

April kendisini, 1865 yılından 1965 yılına kadar Amerika'da linç edilen Afro-Amerikalı erkekler, kadınlar ve çocukların belgelendirilmiş olaylarını araştırmak zorunda hissetti. Beş binden fazla kişinin ismini ortaya çıkarttı ve her birinin ismini siyah yorgan üzerine altın ipek iplikle işledi. Eklediği her isimle April ruhlarının sonunda huzura kavuştuğunu hissediyordu. Şimdi 6 kg ağırlığındaki yorganı tamamlaması üç yıl sürdü ve April nihayet kendini özgür hissediyordu.

Ana Cümlenizin Arkasındaki Aile Birey(ler)ini Kabullenme

1. Ana cümlenizin içindeki korkunun gerçek sahibinin kim olduğu hakkında bir fikriniz varsa şimdi o insanı gözünüzün önünde canlandırın.

2. Bu kişinin kim olduğuna dair bir fikriniz yoksa gözlerinizi kapatın. Ailenizde benzer duyguları hisseden birini hayal edin. Bu; dayınız, büyükanneniz hatta hiç tanışmadığınız üvey kardeşiniz olabilir. Bu kişiyi tanımanıza gerek yok. Bu kişi belki kan bağınız ol-

mayan, ailenizden birisine zarar vermiş ya da onun tarafından zarar görmüş birisi de olabilir.

3. Ana cümlenizin arkasındaki travmatik olaya sebep olan kişi ya da kişileri hayal edin. Olayın ne olduğunu bilmenize gerek yok.

4. Şimdi başınızı eğin ve ağzınızdan derin bir nefes alın.

5. Bu kişiye ya da kişilere onlara ve olanlara saygı duyduğunuzu söyleyin. Onlara unutulmayacaklarını ve sevgiyle hatırlanacaklarını söyleyin.

6. Onların huzur bulduğunu hayal edin.

7. Onların size dolu dolu bir yaşam dilediğini hissedin. Nefes alırken onların size iyi dileklerinin bedeninizdeki fiziksel etkisini hissedin. Nefes verirken, bedeninizi terk eden ana cümlenizdeki duyguları hissedin. Yoğunluk sıfıra doğru düşüyormuş gibi korkunun tükendiğini hissedin.

8. Bunu bedeniniz rahatlayana kadar birkaç dakika yapın.

Çekirdek Cümleniz: Korkuyu Dönüştürme Yolu

Bu kitapta öğrendiğiniz bütün çekirdek dil araçlarından, en kötü korkunuzu tasvir eden cümle yani çekirdek cümleniz, çözümlenmemiş aile problemlerinizi çözmek için en doğrudan yoldur. Bu cümle, sizi sadece korkunuzun kaynağına değil, aynı zamanda bedeninizde hâlâ var olan çözülmemiş aile travmalarınıza yönlendirir. Kaynak göz önünde olduğunda, korku da kaybolmaya başlar. Çekirdek cümlenin on temel özelliği aşağıdaki gibidir:

Çekirdek Cümle: On Özellik

1. Çekirdek cümleniz, genellikle ailenizdeki ya da çocukluğunuzdaki travmatik bir olayla alakalıdır.

2. Genellikle 'ben' ya da 'onlar' kelimeleriyle başlar.

3. Birkaç kelimeden oluşsa da dramatiktir.

4. En büyük korkunuzun duygu yüklü dilini taşır.

5. Söylendiğinde fiziksel bir reaksiyona sebep olur.

6. Bir travmanın "kayıp dilini" tekrar canlandırabilir ve bu dili aile geçmişinizdeki asıl yerine yerleştirir.

7. Sindirilemeyen aile travmalarının anılarını iyileştirebilir.

8. Hissettiğiniz duygular ve gösterdiğiniz belirtileri anlamak için bir kaynak oluşturabilir.

9. Belirtileri değil, sebebi hedef alır.

10. Sözlü olarak söylendiğinde, sizi geçmişten serbest bırakma gücü vardır.

Bir sonraki bölümde, çekirdek cümlenizle alakalı ana travmayı bulmak için aile ağacınızı oluşturmayı öğreneceksiniz. Oraya gitmeden önce bir kez daha çekirdek dil haritanızı masaya yatıralım.

Yazılı Alıştırma #9: Çekirdek Dil Haritanızı Oluşturma

1. Ana şikâyetinizi yazın. Aşağıda ölü doğmuş, isim verilmemiş ve bahsi hiç geçmeyen bir abisi olduğunu öğrenen Mary'nin ana şikâyetinin örneği var:

• "Ben, hiçbir yere uymuyorum. Bir yere aitmişim gibi hissedemiyorum. Görünmez gibiyim. Kimse beni görmüyor. Yaşamı gözlüyorum ama içinde değilmişim gibi hissediyorum."

2. Anneniz ve babanız hakkında çekirdek tanımlayıcılarınızı yazın. Mary'nin tanımlayıcıları aşağıdadır:

- "Annem kibar, hassas, şefkatli, depresif, kaygılı ve dalgındı. Benim yanımda olmadığı için onu suçluyorum. Hep ona göz kulak olmam gerekiyormuş gibi hissettim."

- "Babam komik, yalnız, mesafeli, uzak ve çalışkandı. Onu yakınımda olmadığı için suçluyorum."

3. Çekirdek cümlenizi -en büyük korkunuzu- yazın. Mary'nin en büyük korkusu aşağıdadır:

- "Her zaman yalnız ve dışlanmış hissedeceğim."

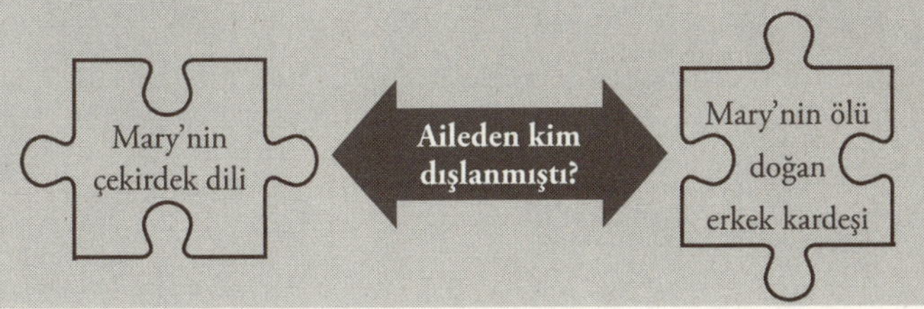

Ailenizdeki ana travmayı nasıl ortaya çıkaracağınızla ilgili dördüncü ve en son basamağa taşımanız gereken tüm çekirdek dili topladınız.

9. Bölüm

Çekirdek Travma

Vahşet, gömülmeyi reddeder. Halk arasındaki inanışlar, hikâyeleri anlatılana kadar mezarlarında yatmayı reddeden hayaletlerle doludur.

-Judith Herman, *Travma ve İyileşme*

Çekirdek dil haritamızın parçalarını beraber yerlerine koyalım. Şimdiye kadar çekirdek şikâyetimizden çekirdek dil yapılarını nasıl çıkaracağımızı öğrendik. Ayrıca şikâyet tanımlayıcılarımızı nasıl analiz edeceğimizi, ebeveynlerimizi tasvir ettiğimiz sıfatların onlardan çok bizi anlattığını öğrendik. Ana cümlemizi, en büyük korkumuzu temsil eden cümlenin aile sistemimizdeki bir travmadan kaynaklandığını da öğrendik. Son öğrenmemiz gereken şey ise aile geçmişimizdeki ya da çocukluğumuzdaki çözümlenmemiş travmaya, ana travmamıza gitmek için köprüyü nasıl inşa edeceğimizdir.

Çekirdek dil haritamızın dört aracı sırasıyla şunlardır: temel şikâyetimiz, çekirdek tanımlayıcılar, çekirdek cümlemiz ve çekirdek travmamızdır. Ana travmayı gün yüzüne çıkarmanın iki yolu vardır. Biri genogram yani aile ağacı şeması aracılığıyladır. Diğeriyse köprü soruları kullanmaktır.

Köprü Sorusu

Son bölümde Zach'ten öğrendiğimiz gibi temelde yatan travmayı anlamanın bir yolu da köprü sorusu sormaktı. Bir köprü sorusu çekirdek cümlemizi bize miras bırakan aile bireyine yöneltilebilir çünkü ana cümlemiz, önceki nesilde ortaya çıkar ve gerçek sahibi sadece bize değil, çocuklarımıza da huzur ve hoşgörü getirebilir.

Zach'in durumunda köprü sorusu, "Ailenizde kim bir suç işledi ve bu suçun cezasını çekmedi?" oldu. Bu soru bizi Mussolini hükümetinde mevkii sahibi ve birçok insana zarar veren memur dedesine götürdü. Tahmin edeceğiniz gibi Zach'in ailesi dedenin savaş sırasında yaptıklarından neredeyse hiç bahsetmemişti.

Basitçe söylemek gerekirse köprü sorusu geçmişi bugüne bağlayan bir sorudur. En büyük korkunuza ait hisleri ortaya çıkarmak, aile sisteminizde sizin gibi hissetmesi için bir sebebi olan kişiye götürür.

Örneğin en büyük korkunuz, bir çocuğa "zarar vermek" ise bu korkuyu bir soruya dönüştürün. Ailenizdeki bir kişinin yaşadığı korkuyu anlatacak ilgili tüm kombinasyonları düşünün.

Korku: "Bir Çocuğa Zarar Verebilirim."

Olası Köprü Soruları

- Ailenizde kim bir çocuğa zarar verdiği ya da onu koruyamadığı için kendini suçlamış olabilir?

- Ailenizde kim bir çocuğun ölümünden dolayı kendini sorumlu tutuyor olabilir?

- Ailenizde kim bir çocuğa zarar veren eylemler ya da kararlar yüzünden suçlu hissediyor olabilir?

- Aile sisteminizde hangi çocuk zarar gördü, ihmal edildi, evlatlık verildi ya da kötü muamele gördü?

Bu sorulardan biri ya da daha fazlası sizi korkularınızın kaynağına götürebilir. Gelgelelim kaynak her zaman kolayca bulunamayabilir. Birçok ebeveyn, aile sırlarını sıkıca saklar ve bu yüzden, değerli bilgiler sonsuza dek kaybolabilir.

İnsanlar derin acılar yaşadığında, genelde bu acıdan kaçınarak kendilerini duyusal acıdan uzaklaştırmayı denerler. Bu şekilde korunduklarını ve çocuklarını da koruduklarını düşünürler. Acıyı görmezden gelmek gerçekte onu derinleştirir. Bastırılan şeyin genellikle yoğunluğu artar. Ailevi acıları konuşmamak, onları iyileştirmek için nadiren etkili bir stratejidir. Acı, başka bir zamanda, genelde sonraki nesillerin korkularında ve anormalliklerinde kendini göstererek tekrar su üstüne çıkar.

Ailenizde ne olduğunu bulamasanız bile çekirdek dil haritanızı tamamlayabilirsiniz. Ana cümleniz, aile travmanıza işaret eden ipuçlarına doğru sizi yönlendirecektir. Bazı detaylar belirsiz ve eksik olsa bile köprü sorunuz durumu yeterince birbirine bağlayacaktır.

Lisa'nın Hikâyesi

Lisa kendisini aşırı korumacı bir anne olarak tasvir etti. "Çocuklarından birisine çok kötü bir şey olur." diye korkuyordu ve onları gözünün önünden ayırmıyordu. Lisa'nın üç çocuğuna hiçbir zaman ciddi bir şey olmamasına rağmen Lisa çekirdek cümlesine tutsak olmuştu: "Çocuğum ölecek." Lisa aile geçmişi hakkında çok az şey biliyordu fakat çekirdek cümlesindeki korkuyu takip etti ve aşağıdaki köprü sorusunu sordu:

- Ailemde kimin çocuğu öldü?

- Ailemde kim çocuğunu koruyamadı?

Lisa'nın tek bildiği bilgi, anneannesi ve dedesinin Amerika'ya Ukrayna'nın Karpat Dağları bölgesinden geldiğiydi. Açlık ve kıtlıktan kaçan anneanne ve dede, katlandıkları zorluklardan bahsetmemişlerdi. Çocuklar da hiç sormamışlardı.

Lisa'nın annesi en küçük ve Amerika'da doğan tek çocuklarıydı. Lisa'nın annesi detaylardan tam emin olmasa bile, yolculuk sırasında bazı çocuklarının hayatta kalmadığından şüpheleniyordu. Sadece bu bilginin gün yüzüne çıkması dahi Lisa'nın taşıdığı korkuyu anlamasına yardım etti.

"Çocuğum ölecek." cümlesinin muhtemelen dedesi ve anneannesine ait olduğunu fark etti. Bu bağlantıyı kurmak, korkusunun yoğunluğunu hemen azalttı. Lisa daha az endişelenip çocuklarıyla daha çok eğlenebilmeyi başardı.

Köprü sorularını sorduğunuzda, ailenizde tam çözümlenmemiş travmatik bir olayla yüzleşebilirsiniz. Kendinizi çok acı çekmiş aile bireyleriyle yüz yüze bulabilirsiniz. Onların yansımasını taşıyor olabilirsiniz.

Yazılı Alıştırma #10: Ana Cümlenizden Köprü Sorularınızı Belirleme

Çekirdek Cümlem:

Köprü Sorularım:

Bir köprü sorusu, ailenizdeki çözümlenmemiş travmayı keşfetmenizin yollarından biridir. Aile ağacınızı çıkarmak ve genogram oluşturmak da bir diğer yoldur.

Genogram

Genogram bir aile ağacının iki boyutlu görsel temsilidir. Kendinizinkini oluşturmanız için gerekli adımlar aşağıdadır:

1. Ailenizde üç ya da dört nesil geriye gidin, ebeveynlerinizi, dede ve büyükannenizi, kardeşlerinizi, amcalarınızı, dayılarınızı, teyzelerinizi, halalarınızı kapsayan bir aile ağacı oluşturun. Büyük dede ve büyük büyükannenizden daha ileriye gitmenize gerek yoktur. Erkekleri temsil etmek için kare ve kadınları temsil etmek için daire sembolleri kullanarak aile ağacınızı oluşturun. Kimin hangi kuşağa ait olduğunu göstermek için aile ağacının dallarını temsil eden çizgiler kullanabilirsiniz.

2. Anne, baba, anneanne, babaanne, dede ve onların çocuklarının bir listesini yapın. Teyze/halalarınızın, dayı/amcalarınızın veya kardeşlerinizin çocuklarını listelemenize gerek yoktur.

    Kare ve daire sembolleriyle temsil edilen her aile üyesinin yanına önemli travmalarını ve zorlu kaderlerini yazın. Ebeveynleriniz hâlâ hayattaysa onlardan ne bildiklerini öğrenebilirsiniz. Ne öğrenirseniz kârdır. Travmatik olaylar şunları kapsar: Kim genç yaşta öldü? Kim terk etti? Kim terk edildi, izole edildi veya aileden dışlandı? Kim evlat edinildi ya da çocuğunu evlatlık verdi? Kim doğum esnasında öldü? Kim ölü doğum yaptı ya da kürtaj oldu? Kim intihar etti? Kim bir suç işledi? Kim önemli bir travma yaşadı veya felaket boyutunda bir olaydan dolayı acı çekti? Kim evini veya sahip olduğu varlıkları kaybetti ve tekrar toparlanmakta zorluk yaşadı? Kim bir savaşta unutuldu ya da acı çekti? Kim Nazi soykırımına ya da farklı bir soykırım gördü? Kim öldürüldü? Kim birini öldürdü? Kim başkasının ölümünden ya da talihsizliğinden kendini sorumlu tuttu?

Bu sorular önemlidir. Ailenizden biri, başka birini öldürmüş ya da zarar vermişse zarar gören ya da öldürülen insanları da aile ağacınıza ekleyin. Bu insanların da eklenmesi önemlidir çünkü onlar artık aile sisteminizin kendinizi özdeşleştirmiş olabileceğiniz üyeleridir. Aynı şekilde ailenizden birini öldürmüş ya da zarar vermiş olanları da listeleyin çünkü bilmeden kendinizi onunla da özdeşleştirmiş olabilirsiniz.

Devam edin. Kim bir başkasını yaraladı, aldattı veya birisinden faydalandı? Kim bir diğerinin kaybından kâr sağladı? Kim haksız yere suçlandı? Kim hapse atıldı ya da hastaneye kapatıldı? Kim fiziksel, duygusal ya da zihinsel engellere sahipti? Hangi ebeveynniz ya da dede ve büyükanneniz evlenmeden önce önemli bir ilişki yaşadı ve ne oldu? Ebeveyninizin, dede ve büyükannenizin önceki partnerlerini listeleyin. Birisini derinden yaralamış veya derinden yaralanmış olanları da listeleyin.

3. Genogramın en başına ana cümlenizi yazın. Şimdi aile sisteminizdeki herkese bakın. Sizin gibi hissetmesi için kimin bir sebebi var? Özellikle bunlardan birisi zor bir kader yaşadıysa ve diğeri tarafından saygı görmediyse bu kişi, anneniz ya da babanız olabilir. Bu kişi, büyükannenizin hastaneye kapatılmış kız kardeşi ya da annenizin sizi doğurmadan önce düşük yaptığı erkek kardeşiniz olabilir. Genellikle bu kişi ailenizde çok bahsi geçmeyen bir kişidir.

Aşağıdaki örneğe bakın. Bu genogram, delirme korkusundan muzdarip bir kadın olan Ellie'nin hikâyesini anlatıyor. Genoramın anneye ait kısmını oluşturana kadar Ellie bu korkunun kendisine ait olduğunu düşünüyordu.

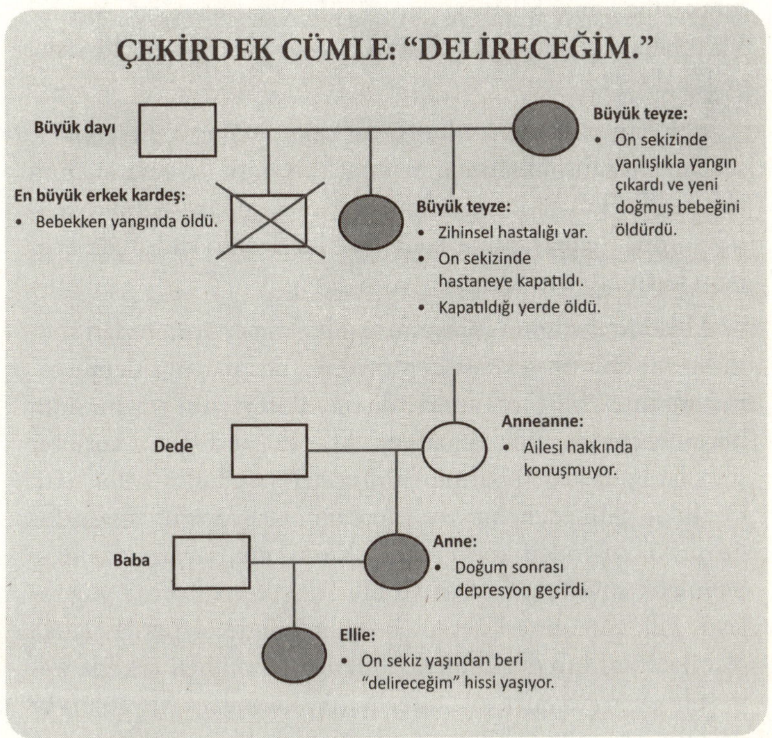

Genogramda, delirme korkusunun Ellie'nin ait olduğu kuşakta çıkmadığını açıkça görüyoruz. Ellie'nin büyük teyzesi, on sekiz yaşında hastaneye kapatılmış ve orada yalnız başına ölmüş ve unutulmuş. Ailede hiç kimse ondan bahsetmediği için hikâyesi de anlatılmamış. Ellie, anneannesinin kardeşleri olduğunu hiç bilmiyordu ve bu bilgiyi ısrarlı araştırmaları sonucunda keşfetti.

Büyük teyzenin, on sekiz yaşındayken bir devlet hastanesine kapatılması, aynı yaştaki diğer büyük teyzenin yeni doğmuş çocuğunun ölümüne sebep olduğu yangını başlattığı zaman olması ilginçtir. Üç kuşak incelendiğinde, Ellie'nin durumu yeni bir anlam kazandı. Kimin delirme duygusunu Ellie tekrar yaşıyordu? Daha da önemlisi, aynı korkuyu paylaşarak Ellie hangi hikâyeyi gün yüzüne çıkarmaya çalışıyordu? Hazırlanan genogramla, Ellie'nin ailesinin sisli tarihi daha açık hâle geldi.

Ellie'nin delirme korkusu, on sekiz yaşına gelir gelmez, liseden mezun olduğunda başlamıştı. Onun yaşama gücünü tüketen korku, şimdi kendini keşfetmeye doğru onu yönlendiriyordu. Genogramı ne kadar çok incelerse o kadar çok bağlantı kurmaya başladı.

Ellie'nin dediğine göre annesi, Ellie'nin doğumundan sonra bir yıl doğum sonrası depresyonu (postpartum depresyonu) yaşamış. Ellie'nin annesi de büyük teyzenin travmasının bir mirasçısıydı. Ellie'nin annesi, Ellie doğar doğmaz kötü bir şey olacağına dair takıntılı düşünceler yaşadığını kabul etti. Özellikle bilmeden bir şey yapacağından ve sonucunda Ellie'nin öleceğinden korkuyordu. Korkunun dayanılmaz hissi hamilelik sırasında başladı ve Ellie doğduktan sonra yoğunlaştı. Ellie'nin annesi depresyonun ailesinde olanlarla alakalı olabileceğini hiç düşünmedi. Aile içinde bilinçli şekilde konuşulmayan ne varsa aile bireylerinin korkuları, duyguları ve davranışları yoluyla bilinçaltından ifade ediliyordu.

Yazılı alıştırma #11: Kendi Genogramınızı Yaratma

Erkekler için kareleri ve kadınlar için daireleri kullanarak aile bireylerini yaşadıkları ciddi travmaları ve zorlu kaderleriyle birlikte yerleştirin. Bu alıştırmada büyük ve boş bir kâğıt kullanın. Sayfanın en başına ana cümlenizi yazın.

Şimdi arkanıza yaslanın ve genogramınıza bakın. Çok fazla odaklanmadan, gözlerinizin genel formu anlamasına izin verin. Her iki taraftan da ailenizin enerjisini alın. İçinize doğan duyguların ağırlık veya hafiflik durumlarını hissedin. Anne tarafınızla baba tarafınızı karşılaştırın. Hangi taraf daha ağır? Hangi tarafta daha yoğun hisler var? Travmatik olaylara bakın. Kimin kaderi en kötüydü? Kim zor bir hayat sürdü? Ailenin diğer üyeleri bu kişiyle ilgili neler hissediyordu? Ailede hakkında nadiren konuşulan şey ne ya da kişi kimdi? Çok fazla bir şey bilmiyorsanız endişelenmeyin. Düşüncelerinizin, duygularınızın ve beden hislerinizin sizi yönlendirmesine izin verin.

Şimdi ana cümlenizi yüksek sesle söyleyin. Ailenizde kim aynı cümleye yakın hissettiğini söylerdi? Kim benzer duygularla mücadele etti? Ana cümlenizin siz doğmadan önce bile var olma ihtimali vardır.

Ana cümlesi anneannesinden gelen Carole'la tanışalım. Carole, on bir yaşından beri aşırı kiloluydu. Yetişkinliğindeyse, kilosu sürekli yüz otuz beş kilo civarında dolanıyordu. Otuz sekiz yaşına geldiğinde kilo aralığının zirvesindeydi. Carole'ın çok az sayıda ilişkisi oldu ve hiç evlenmedi.

Carole kilosundan dolayı boğulma ve bedeninin ona ihanet ettiği hissini yaşadığını anlattı. Bu noktada hemen, ailesinde bir şey çözülmeyi bekliyormuş gibi çekirdek dilinin deşifre edilmeyi beklediğini görüyoruz. Çekirdek dil hakkında bildiklerimize dayanarak şu köprü sorusunu sorabiliriz: Ailende kim bedeninin ona ihanet ettiğini düşündü? Kim boğularak öldürüldü? Kim boğuldu?

Carole açıklamaya devam etti. "Ben diğer kızlardan önce geliştim. On bir yaşında regl olmaya başladım ve bedenimden daha o zaman nefret etmeye başladım. Bu kadar erken gelişerek bedenimin bana ihanet ettiğini hissettim. Kilo almaya başladığım zaman, işte o zamandı."

Tekrar, bedeni tarafından *ihanet edilme* hissinin ilginç bir örneğiydi. Ayrıca başka bir ipucu daha vardı: *Kadın bedenine* döndüğünde Carole, artık *rahminde* başka birine hayat verebilecek olan bedeni tarafından *ihanete uğramış* hissetti.

Bu bilgiyi eklediğimizde, daha fazla köprü sorusu akla geliyor: Carole'ın ailesinde hangi kadın rahmi tarafından *ihanete uğramış hissetti?* Eğer Carole kadın olursa ya da hamile kalırsa bu kadar kötü ne olabilirdi?

Bu soruların hepsi şu âna kadar hedefteydi ancak henüz tam ne olduğunu bilmiyorduk.

Bunun yanı sıra Carole'ın en kötü korkusu şuydu: "Tamamen yalnız kalacağım."

Yüz otuz beş kilo ve diğer insanlardan izole olarak Carole en büyük korkusunu gerçeğe dönüştürüyordu.

Şimdi bütün parçaları birleştirelim ve Carole'ın çekirdek dil haritasını inceleyelim. Hatırlayın, Carole'ın acısı, rahmi doğurgan hâle gelir gelmez başladı. Carole'ın çekirdek dil haritasını oluşturan, kullandığı kelimeler aşağıdadır:

Carole'ın Çekirdek Dil Haritası

Carole'ın Çekirdek Şikâyeti: Kilomdan dolayı boğulma ve bedenimin bana ihanet ettiği hissini yaşıyorum.

Carole'ın Çekirdek Cümlesi: Tamamen yalnız kalacağım.

Carole'ın Köprü Soruları: Carole'ın ailesindeki travmatik olayla aşırı kilo alımı arasındaki bağlantıyı bulmasına yardım eden köprü soruları aşağıdadır:

- Ailede kim bedeni tarafından ihanete uğradığını hissetmişti?

- Kim boğulmuştu?

- Ailede hangi kadın rahmi tarafından ihanete uğramıştı?

- Hamile kalan hangi kadının başına felaket bir şey gelmişti?

- Kim kendisini tamamen yalnız hissetmişti?

Carole'ın Çekirdek Travması: Şimdi Carole'ın ailesindeki ana travmalara, travmatik olaylara ve çözülmemiş trajedilere bakalım. Anneannesinin üç çocuğu vardı: bir erkek çocuğu, Carole'ın annesi ve bir erkek çocuğu daha. İki oğlu da doğum sırasında doğum kanalında boğulmuş ve ciddi oksijen yetersizliğinden dolayı iki çocuk da zihinsel engelli olmuştu. Anneannenin Kentucky'nin kırsal kesiminde bulunan evinin bodrum katında yaklaşık elli yıl yaşamışlardı. Anneanne, hayatının geri kalanında kırık bir kalple ve anlamsız bir şekilde yaşadı.

Hiç sesli şekilde söylenmemiş olmasına rağmen, "Bedenim bana ihanet etti." cümlesi Carole'ın anneannesine aitti. Onun bedeni bebeklerini 'boğmuştu'. O, "tamamen yalnız" acı ve suçluluğa bürünmüş bir hâlde yaşadı. Onlara yapılan baskıdan dolayı boğulan iki çocuk da dış dünyada soyutlanmış şekilde bodrum katında yapayalnız yaşadılar. Carole'ın annesi de kendi annesinin "fiziksel olarak mevcut fakat duygusal anlamda mevcut olmadığını" ve çocukluğu boyunca kendini yalnız hissettiğini belirtti. Carole'ın çekirdek dili ve bedeni bilmeden bütün bu hikâyeyi anlatıyordu.

Bir kez daha gözden geçirelim. Carole hamile kalacak kadar büyüdüğünde, kilo almaya başladı ve kendini diğer insanlardan soyutladı. İzole olarak hiç hamile kalmayacağını ve anneannesi gibi acı çekeceğini garantilemiş oldu. Anneannesinin yalnızlık içinde yaşadığı, dayılarının bodrum katında yaşadığı gibi ve üzüntü dolu bir yaşam süren annesi gibi Carole da tamamen yalnız hissederek onlarla dayanışma içinde bir yaşam sürdü.

Carole 'boğulma' kavramını, kilosundan dolayı çektiği sıkıntıyı anlatmak için kullandı ancak bu kelime, aile bağlamında daha derin anlamlar taşıyordu.

Bunlar aile travmasının söylenmeyen kelimeleriydi. Muhtemelen kimsenin anneannenin önünde söyleyemediği kelimelerdi fakat bu kelimeler, ailenin bu derece korkunç bir olaydan sonra iyileşme becerisi için önemli olabilirdi. Anneanne trajedinin büyüklüğünü kabullenebilseydi, kendini ve bedenini ona ihanet etmekle suçlamadan yaşayabilseydi, aile farklı bir yol izleyebilirdi. Carole ailesinin acısını toptan yüklenmek zorunda kalmayabilirdi.

Bunun gibi trajik olaylar, ailedeki dayanıklılığı yok edebilir ve destek duvarlarının çökmesine neden olabilir. Ebeveynden çocuğa sevgi akışının geçmesine ve çocuklarının üzüntü denizinde sürüklenmesine sebep olabilir.

Birçoğumuz gibi Carole da aile geçmişindeki bir acıyı kendisinin taşıyor olabileceğine dair bağlantıyı hiç kurmamıştı. Bu acının kendi içinde bir yerden kaynaklandığını düşünüyordu. Kimliğiyle ilgili bir şeylerin yanlış olduğunu düşünüyordu. Bedeni tarafından ihanete uğramışlık duygusunun kendisine değil de anneannesine ait olduğunu anladığından beri Carole, özgürlüğüne giden yola kavuştu.

Carole; anneannesi, dayıları ve annesi için bu aile acısını yüklendiğini fark ettiğinde bütün bedeni titremeye başladı. Çok önceden içine attığı bazı duyguların yeniden ortaya çıkmasına izin vererek duygusal bir yükü üzerinden atıyordu. Carole kısa zaman içinde, bedeniyle ilgili fiziksel bir farkındalık kazandı ki bu farklı yaşam tercihleri yapmasını sağladı.

Carole'ın çekirdek dili ailesinin iyileşme sürecini başlatacak bir araç oldu. İyileşmemiş olanın iyileşmesi için ailesine bir fırsat yarattı. Başka açıdan baktığımızda Carole'ın acısı, ailesindeki acı ve trajedinin iyileşmesi için bir aracıydı. Aile acıları iyileşmek ve çözümlenmek istiyor gibiydi ve Carole'ın kelimeleri ve bedeni bunun için bir harita sağlamış oldu.

Carole'ın çekirdek dili gibi sizin çekirdek diliniz de sizi bir iyileşme yolcuğuna çıkarabilir. Aile geçmişiyle bağlantı göz önüne alındığında, geri kalan son adım bütün keşfettiklerinizi kendinize göre düşünmenizdir. Aile geçmişinizde konuşulmayan ya da görünmeyen ne varsa sizin kendi farkındalığınızın gölgelerinde saklanmış olabilir.

Bağlantıyı bir kez kurduğunuzda önceden görünmez olan şey, iyileşmeniz için bir fırsata dönüşebilir. Bazen ortaya çıkan yeni görüntüler, onları tamamen birleştirebilmemiz için bizim ilgimize ve dikkatimize gerek duyabilir. Bir sonraki bölümde, bu görüntüleri güçlendirecek ve sizi daha büyük bir bütünlüğe ve özgürlüğe doğru götürecek alıştırmalar, uygulamalar ve cümleler aracılığıyla yönlendirileceksiniz.

III. Kısım

Yeniden Bağlanmaya Giden Yollar

10. Bölüm

İç Görüden Entegrasyona

İnsan, bütünün bir parçasıdır (...) [Ancak] Kendisini, düşüncelerini ve duygularını, diğerlerinden ayrı olarak deneyimler; bu, bilincinin yarattığı bir çeşit optik yanılgıdır.

-Albert Einstein, 12 Şubat 1950'de Robert S. Marcus'a yazdığı yazıdan

Einstein'ın bahsettiği optik yanılgı, çevremizdekilerden olduğu kadar bizden önceki insanlardan da ayrı olduğumuz düşüncesidir ancak daha önce de defalarca gördüğümüz üzere, çözülmemiş travmaları bize miras kalan aile geçmişimizdeki insanlarla bağımız vardır.

Bu bağ, bilinçaltında kaldığında geçmişin duygularında ve hislerinde hapis hayatı yaşayabiliriz fakat aile geçmişimizi gün yüzüne çıkardığımızda, bizi özgür kılacak yollar aydınlanacaktır.

Bazen deneyimlerimizi, ailemizdeki çözülmemiş bir travmayla ilişkilendirmek bile yeterlidir. Son bölümde Carole'ın durumunda gördüğümüz üzere çekirdek dilindeki duygularını ailesindeki travmayla birleştirdiğinde bedeni, sanki geçmişe ait bir şeyi üzerinden atmaya çalışıyormuş gibi titremeye başlamıştı. Carole için bu farkındalığı yaşamak bile özünde, içinde hissedebildiği bedensel bir tepki başlatmaya yetmişti.

Bazılarımız için ailelerimizin geçmişinde yaşananlara yönelik farkındalığımıza, vücudumuzu serbest bırakan ya da çok daha büyük bir rahatlama yaşatan egzersizlerin veya deneyimlerin eşlik etmesi gerekir.

Harita Evi

Kitabın bu bölümlerine geldiğinizde artık çekirdek dil haritanızla ilgili temel parçaları bir araya getirmiş olmalısınız. Daha önceden size ait olduğunu düşündüğünüz ancak aslında başkalarına ait kelimeler keşfetmiş olabilirsiniz. Ayrıca bu dilin oluşumuna vesile olmuş aile geçmişinize dair bazı bağlantılar kurmuş, travmatik olayları ya da konuşulmayan bağlılıkları gün yüzüne çıkarmış olabilirsiniz. Şimdi tüm bu parçaları bir araya getirip sonraki adımı atmanıza sıra geldi. İhtiyacınız olacakların listesi şöyledir:

- Çekirdek Şikâyetiniz: En derin endişenizi, mücadelenizi veya şikâyetinizi açıklayan çekirdek dil.

- Çekirdek Tanımlayıcılarınız: Ebeveynlerinizi açıklayan çekirdek dil.

- Çekirdek Cümleniz: En kötü korkunuzu açıklayan çekirdek dil.

- Çekirdek Travma: Çekirdek dilinizin ardındaki ailenizde yaşanmış olay veya olaylar.

Yazılı Egzersiz #12: Aile Geçmişinizle Barışmak

1. Yüksek sesle söylediğiniz zaman en büyük duygusal yükü oluşturan veya en çok duyguyu tetikleyen çekirdek dili yazın.

2. Ayrıca bu çekirdek dille bağlı travmatik olay ya da olayları da yazın.

3. Hayatları bu olaydan etkilenen tüm insanları yazın. En çok kim etkilenmişti? Anneniz mi? Babanız mı? Dedeniz, babaanneniz veya anneanneniz mi? Dayınız mı? Amcanız mı? Teyzeniz mi? Kim takdir edilmiyor veya hakkında konuşulmuyor? Evlatlık verilen veya hayatta kalamayan bir kardeş var mı? Büyükanneniz veya dedeniz ya da onların anne veya babalarından biri aileyi terk etti ya da erken yaşta öldü veya çok kötü acılar çekti mi? Ebeveynlerinizden biri veya onların anne ya da babasından biri daha önce nişanlanmış veya evlenmiş miydi? Bir aile bireyine zarar verdiği için yargılanan, reddedilen veya suçlanan aileden olmayan bir kişi var mı?

4. Ne olduğunu açıklayın. Bunu yazarken zihninizde canlanan görüntü nedir? Bir dakikanızı ayırın ve ne hissetmiş ya da neler yaşamış olabileceklerini canlandırın. Bu konu hakkında düşünürken vücudunuzda neler oluyor?

5. Kendinizi özellikle yakın bulduğunuz bir aile bireyi var mı? Duygusal olarak çekildiğinizi hissediyor musunuz? Vücudunuzda bir şey yankı uyandırıyor mu? Bunu vücudunuzun neresinde hissediyorsunuz? Aşina olduğunuz bir yer mi? Aynı bölgede hassasiyet ve belirtiler yaşıyor musunuz?

6. Elinizi oraya koyun ve nefesinizin o bölgeye dolmasına izin verin.

7. Bu olayda yer alan aile bireyi veya bireylerini düşünün. Onlara, "Sen önemlisin. Seni onurlandırmak için anlamlı bir şey yapacağım. Bu trajedinin içinden güzel bir şeyler çıkmasını sağlayacağım. Hayatımı olabildiğince dolu dolu ve böyle yaşamamı isteyeceğini bilerek yaşayacağım." ifadesini söyleyin.

8. Bu kişi veya kişilerle paylaştığınız eşsiz bağı takdir eden kendinize ait kişisel bir dil geliştirin.

Kişisel İyileştirici Cümleler Oluşturmak

Bilinçdışı travmayı yeniden yaşamak, nesiller boyunca devam edebilir. Kendimizle başlamayan düşünceleri, duyguları, davranışları veya belirtileri taşıdığımızı görürsek bu döngüyü kırabiliriz.

Trajik bir olayı ve bu olayı yaşayan insanları kabul eden bilinçli bir adım atarak başlayabiliriz. Bu, genellikle kendimizle ya da bir aile bireyiyle yüz yüze veya görselleştirme yoluyla yapacağımız bir konuşmayla başlar. Doğru kelimeler bizi bilinçdışı aile bağlarından ve bağlılıklardan serbest bırakabilir ve miras aldığımız travma döngüsünü sonlandırabilir. Amcasının tipi sırasındaki ölümünü on dokuz yaşındayken tekrar canlandırmaya başlayan ve insomnia (uykusuzluk) ile boğuşan Jesse için bu konuşma ofisimde gerçekleşti. Jesse'den amcasının onun karşısında durduğunu canlandırmasını ve isterse içinden sessiz bir şekilde doğrudan amcasıyla konuşmasını istedim. Jesse'ye sözcükleri oluşturması için yardım ettim ve amcasına şunu söylemesini önerdim; "Her gece üşüyerek titriyorum ve on dokuzuncu doğum günümden bu yana uykuya dalmakta güçlük çekiyorum." Jesse'nin nefes alış verişleri derinleşti. Nefesini verirken zorlandığını duyabiliyordum. Göz kapakları titremeye başladı, gözünün kenarından bir damla yaş aktı. "Bundan sonra kalbimde yaşayacaksın Colin Amca, uykusuzluğumda değil." Sözcükler Jesse'nin ağzından döküldükçe daha fazla gözyaşı akmaya başladı. Bu noktada ona "Amcanın sana nefesini vermeni ve korkunu, ona iletmeni söylediğini işit. Bu insomnia sana ait değil. Hiçbir zaman olmadı." dedim.

Jesse, varlığını hiç bilmediği amcasıyla yalnızca bu konuşmayı yaparak sakinleşmeye başladı. Nefesini verdikçe çenesi gevşedi ve omuzları düştü. Yanakları tekrar renklenmeye başladı. Gözleri tekrar yaşam dolu bir şekilde parıldadı. İçinde, derinlerde bir yerde bir şeyler serbest kalmıştı.

Jesse her ne kadar bu konuşmayı amcasıyla yalnızca hayalinde gerçekleştirmiş olsa da beyin üzerine yapılan araştırmalar Jesse'nin aslında bunu yaparak amcasıyla yüz yüze yapacağı bir konuşmada yaşayacağı iyileştirici deneyimle aynı nöronları ve aynı beyin bölgelerini aktive ettiğini göstermiştir. Görüşmemizin ardından Jesse geceleri deliksiz uyuyabildiğini söyledi.

İyileştirici Cümle Örnekleri

Birlikte çalıştığım bir adam, bilinçdışı bir şekilde reddedilen dedesinin yalnızlığını ve terk edilmişliğini paylaştığını fark etmişti.

Şu sözleri söylemişti: "Ben de tıpkı senin gibi terk edilmiş ve yalnızım. Bu duygunun bana ait olmadığını görebiliyorum. Benim için bunu istemeyeceğini biliyorum ve benim bu şekilde acı çekmemin seni çok üzdüğünü de biliyorum. Bundan sonra hayatımı, çevremdeki insanlarla bağ kurarak yaşayacağım. Seni bu şekilde onurlandıracağım."

Birlikte çalıştığım başka bir kadın da bilinçdışı bir şekilde annesinin ve anneannesinin kötü ilişkisini ve mutsuzluğunu paylaştığını anlamıştı. Şu cümleleri kurdu:

"Anne, sen babamla mutlu olamamış olsan da lütfen kocamla mutlu olabilmem için bana dua et. Seni ve babamı onurlandırmak için kocama duyduğum sevgimin keyfini çıkaracağım. Böylece ikiniz de her şeyin benim için yolunda gidebileceğini görebilirsiniz."

Bir süre önce çalıştığım genç bir kadın kendini bildi bileli kaygılı ve büzülmüş bir şekilde yaşadığını fark etmişti. Kendisini doğururken hayatını kaybeden annesine şu sözleri söyledi:

"Ne zaman kendimi kaygılı hissetsem bana gülümsediğini, beni desteklediğini, iyi olmam için dua ettiğini hissedeceğim. Her nefes alışımda seni yanımda hissedeceğim ve benim için mutlu olduğunu bileceğim."

Diğer İyileştirici Cümleler

"Sana olanları tekrar yaşamak yerine *kendi* hayatımı doyasıya yaşayacağıma söz veriyorum."

"Başına gelenler boşa gitmeyecek."

"Yaşananları, bana güç vermesi için kullanacağım."

"Hayatımla iyi şeyler yaparak bana verdiğin yaşamı onurlandıracağım."

"Anlam taşıyan bir şey yapacağım ve sana adayacağım."

"Hep kalbimde yaşayacaksın."

"Senin için bir mum yakacağım."

"Hayatımı doyasıya yaşayarak seni onurlandıracağım."

"Hayatımı sevgi dolu bir şekilde yaşayacağım."

"Bu trajediden güzel bir şeyler doğmasını sağlayacağım."

"Şimdi anlıyorum. Anlamama yardımcı oluyor."

İyileştiren Cümlelerden İyileştiren Görüntülere

Bilincinde olsak da olmasak da hayatımız; içimizdeki imge, inanç, beklenti, varsayım ve fikirler tarafından derinden etkilenir. "Hayatta hiçbir şey benim için yolunda gitmiyor." ya da "Ne denersem deneyeyim başarısız olacağım." ya da "Zayıf bir bağışıklık sistemim var." gibi içsel etiketler hayatımızı nasıl yaşadığımızı etkileyerek yeni deneyimleri algılama biçimimizi ve nasıl iyileştiğimize tesir eder. İçinizde bulunan, "Çocukluğum zordu." ya da "Annem çok acımasızdı." veya "Babam duygusal olarak suistimal ederdi." imgesinin bedeninizi nasıl etkilediğini hayal edin. Her ne kadar bu imgelerde önemli ölçüde gerçeklik payı olsa da hikâyenin tamamını yansıtmayabilirler. Çocukluğunuzun her günü mü zordu? Babanız hiç nazik olmadı mı? Anneniz hiç ilgilenmedi mi? Bebekken kucakta taşındığınız, yemek yedirildiğiniz ve gece yatağınıza yatırıldığınıza dair tüm bebeklik anılarınıza erişebiliyor musunuz? Beşinci bölümde öğrendiklerimizi hatırlayın. Çoğumuz yalnızca bizi tekrar canımızın yanmasını önlemek için tasarlanan, savunmamızı destekleyen anılara, evrim biyologlarının doğuştan gelen "negatif eğilim" adını verdikleri anılara tutunuruz. Hatırlayamadığımız anılar olabilir mi? Daha da önemlisi şu soruyu sordunuz mu: Annemin, bana zarar veren yönünün ardında ne vardı? Babamın hayal kırıklığının sebebi neydi?

İyileştirici cümlelerinizi oluştururken yeni iç deneyimlerin kök salmaya başladığını fark etmiş olabilirsiniz. Bir imge ya da duygu, belki de ait olma veya bağ kurma hissi olarak gerçekleşebilir. Sizi izleyen aile bireylerinin desteğini hissedebilirsiniz. Belki de çözülmemiş bir şeyin sonunda nihayete ermesi gibi büyük bir huzur yaşayabilirsiniz.

Tüm bu deneyimler, iyileşme sürecinizde güçlü bir etkiye sahip olabilir. Temelde bütün hissetmeniz için içsel bir referans noktası oluştururlar; eski duygular dengemizi tehdit ettiğinde dönüp başvurabileceğimiz birer referans noktası olurlar. Bu yeni deneyimler; yeni anlayışlar, yeni imgeler, yeni duygular ve bedendeki yeni hislerle birlikte gelen yeni anılar gibi işlev gösterir. Hayatınızı değiştirebilirler, eskiyi gölgede bırakacak kadar güçlü olabilir, hayatımıza yön veren kısıtlayıcı imgelerin önüne geçebilir.

Bu yeni deneyimler ve imgeler, ritüel, egzersiz ve çalışmayla derinleşmeye devam eder. İyileşme döneminde, süreci desteklemek için faydalanabileceğiniz yöntemler şöyledir:

Ritüel, Egzersiz, Çalışma ve İyileştirici İmge Örnekleri

- **Masanın Üzerine Bir Fotoğraf Koymak:** Dedesinin suçluluk duygusunu yeniden deneyimlediğini fark eden bir adam, masasının üzerine dedesinin bir fotoğrafını koydu. Nefesini verdi ve suçluluk duygularını dedesine bıraktığını gözünde canlandırdı. Bu ritüeli her tekrar edişinde hafiflediğini ve özgürleştiğini hissetti.

- **Bir Mum Yakmak:** Babası daha o bebekken ölen bir kadının, babasına dair hiçbir hatırası yoktu. Kocasıyla yirmi dokuz yaşındayken arası açılmaya başladı –öldüğünde babası bu yaştaydı– ve babasının ailesiyle olan kopuk bağını bilinçdışı bir şekilde paylaşmaya başladı. İki ay boyunca her akşam bir mum yaktı ve mumun alevinin, ikisinin bir araya gelebileceği bir açıklık yarattığını hayal etti. Bunu yaparak babasıyla konuşur, babasının varlığının onu rahatlattığını hissederdi. Ritüelin sonunda kopuk bağlarına ilişkin duyguları hafifledi ve seven bir baba tarafından değer görme duygusu içinde büyümeye başladı.

- **Mektup Yazmak:** Bir adam, üniversitedeki nişanlısını garip bir şekilde terk ettikten yirmi yıl sonra hâlâ ilişkilerinde zorlandığını fark etmişti. Nişanlısının, onu terk ettikten bir yıl sonra öldüğünü öğrenmişti. Her ne kadar nişanlısının mektubu asla almayacağını bilse de ona yazdı, vurdumduymazlığı ve kayıtsızlığı için özür diledi. Mektubunda şunları söyledi: "Beni ne kadar sevdiğini ve seni ne kadar üzdüğümü biliyorum. Senin için çok zor olmuş olmalı. Çok üzgünüm. Bu mektubu sana ulaştıramayacağımı biliyorum ancak umarım sözlerimi duyarsın." Bu mektubu yazdıktan sonra açıklayamadığı bir huzur ve bütünlük hissi duyumsadı.

- **Yatağın Üzerine Bir Fotoğraf Koymak:** Hayatı boyunca annesini reddeden bir kadın, kuvözdeyken annesinden erken ayrılmasının, duygularından şüphe etmesine ve anne sevgisine kendini kapatmasına neden olduğunu fark etti. Ayrıca annesini itmesinin aslında ilişkileri de kendinden uzaklaştırmasına sebep olduğunu görmeye başladı. Annesinin bir fotoğrafını yastığının üzerinde duvara yapıştırdı ve her gece uyurken annesinden ona sarılmasını istedi, zamanla savunma duvarları bir bir yıkılmaya başladı. Yatakta yatarken annesinin ona sarıldığını hissedebiliyordu. Annesinin sevgisini, ona güç veren bir enerji akışı olarak tarif etti. Haftalar içerisinde, uyandığı zaman artık rahatlamaya başladığını gördü. Aylar içerisinde, gün boyunca annesinin desteğini fiziksel bir duygu olarak hissetmeye başladı. Yılın sonundaysa hayatına daha fazla insanın girmeye başladığını fark etti. (Not: Bu örnekteki kadının annesi hâlâ hayattaydı ancak bu çalışma, birinin ebeveyni hayatta da olsa ölmüş de olsa etkilidir.)

- **Destekleyici Bir İmge Yaratmak:** Yedi yaşındaki bir çocukta anksiyete başlangıcı, saç çekme takıntısı olarak da bilinen trikotilomani ile yani kafasının tepesindeki pek çok saçı çekip koparmasıyla kendini gösterdi. Anksiyetesi aile geçmişinden kaynaklanıyor gibiydi. Annesi yedi yaşındayken, kendi annesinin beyin anevrizması dolayısıyla ani ölümüne tanıklık etmişti. Acısı o kadar büyüktü ki çocuğun annesi, anneanne hakkında hiç konuşmadı. Annesi olanları anlattıktan sonra çocuk anında rahatlamaya başladı. Annesi çocuğundan, aneannesini ikisini de koruyan bir koruyucu melek gibi hayal etmesini istedi. Çocuğuna bir hâle fotoğrafı gösterdi ve anneannesinin sevgisini, başını okşayan bir hâle gibi hayal etmesini söyledi. Çocuk ne zaman kafasının üzerine dokunsa, huzur veren bir duygu yaşadı. O gün saçlarını çekmeyi bıraktı.

- **Sınır Oluşturmak:** Başka bir kadın, alkolik annesinin mutluluk ve sağlığından sorumlu olma duygusunun yükü altında büyümüştü. Bu koruma, göz kulak olma hâli yetişkinliğinde de devam edince başkalarından ilgi ve destek görmeyi kabullenmekte zorluk yaşadı. İnsanların duygularından sorumlu hissetmeden ve ihtiyaçları altında boğulmadan ilişki sürdürmek onun için zor bir hâl aldı. Günlük uygulamalarından birinde yere oturdu ve bir iplik parçasıyla vücudu üzerine bir daire çizdi kendisi için bir alan çizerken bile daha rahat nefes almaya başlamıştı. Yaptığı bir iç konuşmada annesine şunu söyledi: "Anne, burası benim alanım. Sen oradasın ve ben buradayım. Ben küçükken seni mutlu etmek için her şeyi yapabilirdim ancak bu benim için çok fazlaydı. Şu an herkesi mutlu etmeliymişim gibi hissediyorum ve bu da yakınlık kurma hissini boğucu hâle getiriyor. Anne, bundan sonra senin duyguların orada ve benim duygularım da burada, benimle birlikte. Bu sınırların içerisinde kendi duygularımı onurlandıracağım, böylece bir başkasıyla bağ kurmaya başladığımda kendimi kaybetmek zorunda olmayacağım.

Burada bahsettiğim ritüel ve çalışmalar, bir insanın yıllar boyunca taşıdığı büyük bir acıyla kıyaslandığında küçük olabilir ancak bilim bize, bu yeni imgeleri ve deneyimleri ne kadar çok ziyaret edersek içimizle bir o kadar uyumlu olacağını söylüyor. Bilim bize bu gibi çalışmaların, yeni nöral yollar oluşturarak beynimizin işleyişini değiştirebileceğini söylüyor. Sadece bu da değil, iyileştirici bir imge canlandırdığımızda, iyi olma ve olumlu duygularla ilişkili beyin bölgelerinin aynılarını (özellikle sol prefrontal korteks bölgeleri) aktive ediyoruz.

Yeni duygular başta olmak üzere alıştırma yapmamız önemlidir, böylece içimizde yerleşik hâle gelebilirler. Ne kadar çok uygulama yaparsak öğrenmeyi o kadar derinleştiririz. Bu şekilde, beynimiz değişebilir ve kendimizi çok daha canlı hissedebiliriz.

İyileştirici Cümleler ve Beden

İyileşmenin temel parçası fiziksel duyumlarımızın deneyimini süreçe dahil edebilme becerisidir. Bilinçdışı tepkiler vermeden yalnızca bedenimizde oluşan duygularla 'birlikte' olabildiğimizde, içimizde bir huzursuzluk baş gösterdiği zaman kendimizi sağlam tutmamız kolaylaşacaktır. İçgörü, kendimizi anlama arayışının güçlüğünü tolere etmeye istekli olduğumuzda kazanılır.

Kendi içinize odaklandığınız zaman ne hissediyorsunuz? Korku dolu düşünceleriniz veya rahatsız edici duygularınızla hangi hisleri bağlıyorsunuz? En çok nerenizde bu duyguları hissediyorsunuz? Boğazınız düğümleniyor mu? Nefesiniz kesiliyor mu? Göğsünüz sıkışıyor mu? Uyuşuyor musunuz? Bedeninizde bu duygunun merkezi neresi? Kalbiniz mi? Mideniz mi yoksa karın boşluğunuz mu? Duygular çok güçlü olduğunda dahi bu içsel bölgeyi yönetebilmek çok önemlidir.

Bedeninizdeki hislerden emin değilseniz ana cümlenizi yüksek sesle söyleyin. Sekizinci bölümde öğrendiğiniz üzere ana cümlenizi yüksek sesle söylemek fiziksel hisler uyandırabilir. Söyleyin ve bedeninizi gözlemleyin. Bir titreklik fark ettiniz mi? Bir çöküntü hissi var mı? Ya uyuşma? Hissetseniz de hissetmeseniz de sorun değil. Duyguların olduğunu hayal ettiğiniz veya hissettiğiniz yere elinizi koyun. Ardından nefesinizi bu bölgeye yönlendirin. Vücudunuza doğru nefesinizi verin böylece tüm bölge desteklensin. Nefes verişinizi, vücudunuzun o bölümünü aydınlatan bir ışık huzmesi gibi düşünebilirsiniz. Sonrasında kendinize şu cümleyi söyleyin: "İşte, buradasın!"

Görülmediğini ve duyulmadığını hisseden genç bir çocukla konuştuğunuzu düşünün. Çok uzun süre görmezden gelinmiş, sizin parçanız olan bir çocuğun orada olması çok muhtemeldir. Bu küçük çocuğun sizin onu fark etmenizi beklediğini düşünün, o gün bugün.

Kendimize Söyleyebileceğimiz İyileştirici Cümleler

Elinizi vücudunuza koyun ve aşağıdaki içsel cümlelerden birini kendinize söylerken derin nefes alın:

"İşte buradasın."

"Buradayım."

"Seni tutacağım."

"Seninle nefes alacağım."

"Seni rahatlatacağım."

"Korktuğunda veya başa çıkamadığını düşündüğünde yanında olacak, seni bırakmayacağım."

"Seninle kalacağım."

"Sakinleşene kadar seninle nefes alacağım."

Ellerimizi bedenimize koyup sözcüklerimizi ve nefesimizi içimize yönlendirdiğimizde, en korunmasız bölümlerimizi destekleriz. Bunu yaptığımızda tolere edilemez olarak deneyimlediğimiz şeyi rahatlatabilir veya serbest bırakabiliriz. Uzun süredir var olan huzursuzluk duyguları, ilerleme duygularına ve iyi olma durumuna yön verebilir. Yeni duygular kök saldıkça benliğimiz, bedenimiz tarafından daha çok destek görür.

Ebeveynlerimizle İlişkimizi İyileştirmek

Beşinci bölümde canlılığımızın -ebeveynlerimizden bize gelen yaşam gücünün- ebeveynlerimizle bağımız tehlikeye girdiğinde engellenebileceğini görmüştük. Bir ebeveyni reddettiğimizde, yargıladığımızda, suçladığımızda veya kendimizi ondan uzaklaştırdığımızda bunun yansımalarını biz de içimizde hissederiz. Bilinçli olarak bunun farkında olmayabiliriz ancak bir ebeveyni uzaklaştırmak, itmek, kendimizin bir parçasını itmekle çok benzerdir.

Kendimizi ebeveynlerimizden uzaklaştırdığımızda, onlarda olumsuz olarak nitelendirdiğimiz özellikler, bilinçdışı bir şekilde kendimizde ifade bulur. Örneğin ebeveynlerimizi soğuk, eleştirel veya agresif olarak deneyimliyorsak kendimizi de soğuk, kendini eleştiren ve hatta agresif olarak deneyimleriz. Ebeveynlerimizde reddettiğimiz özelliklerin aynısını gösteririz. Bu bağlamda bize yapıldığını düşündüğümüz şeyleri, kendimize yaparız.

Çözüm, ebeveynlerimizi kalplerimize yakınlaştıracak bir yol bulmak ve onlarda (ve kendimizde) reddettiğimiz özellikler için farkındalık oluşturmaktır. Böylece zor olan bir şeyi, bize güç veren bir şey hâline getirebiliriz. Kendimizin acı dolu kısımlarıyla —genelde ailemizden miras aldığımız kısımlar— bir ilişki kurarak bunları değiştirme imkânımız vardır. Zalimlik gibi özellikler, nezaketimizin kaynağı olabilir; yargılarımız, şefkatimizin temelini oluşturabilir.

Kendimizle barışık olmak genellikle ebeveynlerimizle barışık olmakla başlar. Size verdikleri şeyleri, iyi bir şeylere dönüştürebilir misiniz? Onlar hakkında düşünürken açık olabilir misiniz? Ebeveynleriniz hâlâ hayattaysa onların yanındayken savunma duvarlarınız olmadan durabilir misiniz? Kendinizi daralmış veya savunmaya geçmiş hâlde bulursanız ya da koruma moduna geçtiğinizi fark ederseniz, muhtemelen ilişkiyi iyileştirmek üzere bir girişimde bulunmadan önce biraz daha içsel çalışma yapmaya ihtiyaç duyuyorsunuz anlamına geliyordur.

Ebeveynlerimiz ölmüş, hapishanede mahkûm olmuş veya bir acı denizine gömülmüş olsa dahi iyileşme gerçekleşebilir. İçinize kabul edebileceğiniz, ailenizin sevgisini ifade ettiği tek bir anı, iyi bir niyet, sevecen bir görüntü, anlayış var mı? Sıcak bir içsel görüntüyle kendinizi bağlama ebeveynlerinizle dışarıdan kurduğunuz ilişkiyi de değiştirmeye başlayabilir. Olmuş olanı değiştiremezsiniz ancak ebeveynlerinizin değişmesini veya olduklarından farklı insanlar olmalarını beklemediğiniz müddetçe mevcut olanı değiştirebilirsiniz. İlişkiye farklı şekilde tutunması gereken sizsiniz. Bu sizin işiniz, ebeveynlerinizin değil. Gerçek soru ise şudur: Bunu istiyor musunuz?

Ünlü Budist rahip Thich Nhat Hanh, ebeveynlerinize kızgın olduğunuzda aslında, "Kendinize kızarsınız. Mısır koçanının, mısır tanesine kızması gibidir." der. Bize şunu söyler: "Annemiz ya da babamıza kızgınsak, nefes alıp vermeli ve bir uzlaşma noktası bulmalıyız. Mutluluğa giden tek yol budur."

Uzlaşma büyük ölçüde içsel bir harekettir. Ebeveynlerimizle ilişkimiz onların ne yaptığına, nasıl olduklarına veya nasıl karşılık verdiklerine bağlı değildir. Bizim ne yaptığımızla ilgilidir. Değişim, bizim içimizde gerçekleşir.

Randy, babasının birlikte savaştığı en yakın arkadaşını savaşta kaybettiğini öğrendiğinde babasının neden kendisini hiç kimseye açmadığını anladı.

Randy her zaman babasının koyduğu mesafeyi kişisel algılamış ve yalnızca ona yönelik olduğunu düşünmüştü. Hikâyeyi öğrendiğinde tüm algısı değişti. Babası Glenn ve en yakın çocukluk arkadaşı Don, yıllar sonra Belçika'da Almanlara karşı savaşacakları zaman birlikleri birleştiğinde şans eseri tekrar bir araya gelmişti. Ağır ateş altındayken Don, Glenn'in hayatını kurtardı. Bu sırada boynundan vuruldu ve Glenn'in kollarında hayatını kaybetti. Glenn eve döndü, evlendi ve bir aile kurdu ancak Don'un bunlara asla sahip olamayacağını bildiği için hiçbir zaman elindekileri tam anlamıyla sahiplenemedi.

Randy, babasını yargıladığı ve ondan uzaklaştığı için babasından özür diledi. Artık Glenn'den kendisinin istediği şekilde bir bağ kurmasını beklemiyordu. Randy, bunun yerine babasını olduğu hâliyle sevmeye başladı.

Önceki bölümlerde de öğrendiğimiz üzere ailemizde gerçekleşen ve ebeveynlerimizi bu kadar üzen şeyleri bilmek yardımcı olur. Koyulan mesafenin, eleştirelliğin veya agresifliğin sebebi neydi? Bu olayları bilmek, onların acılarını olduğu kadar kendimizinkini anlamamız için de bir kapı açabilir. Ebeveynlerimize acı veren travmatik olayları bildiğimizde, anlayışımız ve şefkatimiz, eski acıların üzerine çıkabilir. Bazen, "Anne, baba, aramıza mesafe koyup uzaklaştığım için özür dilerim." gibi basit bir cümle bile bizleri şaşırtacak kapılar aralayabilir.

Thomas Jefferson Üniversitesi Hastanesi'nde Nörolog Dr. Andrew Newberg ve meslektaşı Mark Robert Waldman birlikte yazdıkları *Words Can Change Your Brain* adlı kitapta şunu belirtmişlerdir: "Tek bir kelimenin, fiziksel ve duygusal stresi düzenleyen genlerin ifadesini etkileme gücü vardır." Sadece olumlu kelimelere odaklanarak beynin kendimizi ve etkileşimde olduğumuz insanları algılayışını iyileştirebilecek alanlarını etkilediğimizi açıklamışlardır.

Aşağıdaki iyileştirici cümleleri okuyun. Belki aralarından bir veya iki tanesi sizin ve ebeveynlerinizin arasındaki engeli ortadan kaldıracak şekilde size hitap edebilir. Sözcüklerin size ulaşmasına izin verin. Kalbinize yakın gelen bir cümle var mı? Belki bu cümlelerden bir ya da iki tanesini reddettiğiniz ebeveyninize söylemeyi deneyebilirsiniz.

Reddedilen Bir Ebeveynimiz İçin İyileştirici Cümleler

1. "Bu kadar mesafeli olduğum için özür dilerim."

2. "Ne zaman bana yaklaşmaya çalışsan seni ittim."

3. "Seni özlüyorum ama sana bunu söylemek kolay değil."

4. "Anne/baba sen gerçekten harika bir annesin/babasın."

5. "Senden çok şey öğrendim." (Pozitif bir anıyı hatırlayın ve paylaşın.)

6. "Bu kadar zor olduğum için özür dilerim."

7. "Gerçekten çok yargılayıcı oldum. Bu, sana yakınlaşmamı engelledi."

8. "Lütfen bana ikinci bir şans ver."

9. "Sana daha yakın olmak istiyorum."

10. "Uzaklaştığım için özür dilerim. Birlikte kalan zamanımız için söz veriyorum, daha yakın olacağım."

11. "Yakın olmamızı çok seviyorum."

12. "Söz veriyorum, seni bana duyduğun sevgiyi kanıtlamak zorunda bırakmayacağım."

13. "Sevgini fiziksel olarak göstermeni senden beklemeyeceğim."

14. "Sevgini, beklediğim şekilde değil, verdiğin şekilde kabul edeceğim."

15. "Sözlerinde hissedemesem bile sevgini kabul edeceğim."

16. "Bana çok şey verdin. Teşekkür ederim."

17. "Anne/baba, gerçekten çok kötü bir gün geçirdim ve seni aramak istedim."

18. "Anne/baba, biraz daha telefonda konuşabilir miyiz? Sesini duymak bile beni rahatlatıyor."

19. "Anne/baba, burada oturabilir miyim? Sadece yanında olmak bile iyi hissettiriyor."

Ciddi hasar görmüş bir ilişkiyi ebeveyninizle iyileştirmeyi denemeden önce bir uzmanla birkaç görüşme yapmak veya vücudunuzun hisleriyle bağ kurmanızı sağlayacak kaynakları öğrenmek için farkındalık meditasyon çalışması yapmak isteyebilirsiniz. Stres karşısında verdiğiniz tepkileri gözlemlediğiniz zaman bu anlarda neye ihtiyacınız olduğunu fark edebilir ve kendinize bunları verebilirsiniz. Size hem yol gösteren hem de destek olan içsel bir duyguyu işleyebilirsiniz. Örneğin bazı nefes alma tekniklerini öğrenmek, vücudunuzun sınırları hakkında size fiziksel bir duyu sağlayabilir, böylece kendinize uygun bir hızda ilerlerken uygun gördüğünüz mesafeyi de koruyabilirsiniz.

Doğru mesafe, rahat hissetmenizi sağlar, bu sayede bağlanma konusunda kendinizi savunmanız ya da içinize çekilmeniz gerekmez. Sıkı ancak esnek sınırlar, duygularınızı hissetmeniz için size yeterli alanı sağlarken aynı zamanda ailenizle kurduğunuz bağı iyileştirirken keyif almanızı da mümkün kılar. Sonunda gerçekten ne hissettiğinizi bilecek kadar derin nefes aldığınızda, bırakmak zorunda kalmazsınız.

Vefat Eden Bir Ebeveyne Söyleyebileceğiniz İyileştirici Cümleler

Ebeveynlerimizle ilişkimiz mesafeli olsa hatta hiç olmasa dahi onlarla aramızdaki içsel bağ evrim geçirmeyi sürdürür. Anne babamız ölmüş olsa dahi onlarla konuşmaya devam edebiliriz. İşte onlarla aranızdaki yıkılmış veya tam olarak gelişmemiş o bağı yeniden kurmanızı, güçlendirmenizi sağlayabilecek birkaç cümle:

1. "Vücudum rahatlamışken, uyuduğum esnada bana sarıl."
2. "Bana güvenmeyi ve sevgiye açık olmayı öğret."
3. "Bana değer bilmeyi öğret."
4. "Bana kendimle barışık olmayı öğret."

Tanınmayan veya Yabancılaşmış Ebeveyne Söyleyebileceğiniz İyileştirici Cümleler

Bir ebeveyn genç yaşta ölür veya başkaları tarafından büyütülmemiz için bizi bırakırsa, bu acı dayanılmaz gibi gelebilir. Bir anlamda bu ilk terk etme, hayatımızın ilerleyen dönemlerinde yaşanabilecek reddedilmelere ve terk edilmelere yönelik bilinçdışı bir yöntem oluşturabilir. Acının döngüsü bir noktada sona ermelidir. Haksızlığa uğramış veya kurban edilmiş hissederek yaşamaya devam ettikçe bu düzeni sürdürmemiz de olasıdır. Aşağıdaki cümleleri okuyun ve yabancılaştığınız ebeveyninize veya hiç tanımadığınız ebeveyninize bu cümleleri kurduğunuzu hayal edin:

1. "Eğer beni bırakman veya başkasına vermen senin için bazı şeyleri kolaylaştırdıysa bunu anlıyorum."

2. "Seni suçlamayı bırakacağım çünkü bu ikimizi de yalnızca tutsak ediyor."

3. "İhtiyacım olanları başkalarından alacağım ve olanlardan iyi bir şey ortaya çıkartacağım."

4. "Aramızda yaşananlar, benim gücümün kaynağı olacak."

5. "Bunlar yaşandığı için güvenebileceğim bir güç kazandım."

6. "Bana bu hayatı armağan ettiğin için teşekkür ederim. Bunu harcamayacağıma veya israf etmeyeceğime söz veriyorum."

Birleşilen Bir Ebeveyne Söyleyebileceğiniz İyileştirici Cümleler

Bazılarımız reddedilen bir ebeveyne sahipken diğerlerimiz de bir ebeveynle o kadar iç içe geçeriz ki kimliğimizin gölgelenmesine ve bireyselliğimizin sindirilmesine müsaade ederiz. İç içe geçen ilişkilerde kendimizi tanımlayacağımız fırsatları kaçırmış olabilir veya kim olduğumuz ve ne hissettiğimizin sınırlarını kaybetmiş olabiliriz. Bu sizin için geçerliyse aşağıdaki cümleleri okuyabilir ve bunları annenizden ya da babanızdan duyduğunuzu düşünebilirsiniz. Vücudunuz bu cümleleri kabul etmeye açık bir hâldeyken annenizin veya babanızın sesini hayal edip cümleleri size kurduğunu hayal edin. Hangi sözcüklerin veya cümlelerin en derine işlediğine dikkat edin.

Ebeveyninizin Aşağıdaki Cümlelerden Bir veya İki Tanesini Size Söylediğini Hayal Edin

1. "Seni olduğun gibi seviyorum. Sevgimi kazanmak için herhangi bir şey yapmana gerek yok."

2. "Sen benim çocuğumsun ve benden farklısın. Benim duygularımın senin duyguların olması gerekmez."

3. "Sana çok yakın olmamın senin üzerindeki olumsuz etkilerini artık görebiliyorum."

4. "Bütün ihtiyaçlarım ve duygularımla çok bunaltıcı olmuş olabilirim."

5. "Benim ihtiyaçlarım, kendin için bir alan bulmanı zorlaştırdı."

6. "Artık geri çekileceğim, böylece sevgim üzerinde ezici bir güç olmayacak."

7. "Sana ihtiyacın olan tüm alanı vereceğim."

8. "Sana kendini tanımana engel olacak kadar yakın oldum. Artık burada duracağım ve senin de orada hayatını yaşayışını keyifle izleyeceğim."

9. "Bana bakıyordun, gözetiyordun ve ben de buna izin verdim, artık böyle olmayacak."

10. "Bu bir çocuk için çok fazla."

11. "Bunu düzeltmeyi deneyen her çocuk büyük yükün altına girerdi. Bu yük senin değil."

12. "Kendi yaşamının senin üzerinden aktığını hissedene kadar geri dur ancak o zaman huzur bulabilirim."

13. "Bu zamana kadar kendi acımla yüzleşememiştim. Bana ait olan hep orada seninle oldu. Artık bunların bana dönme zamanı geldi, ait oldukları yere. Ardından ikimiz de özgür olabiliriz."

14. "Gereğinden fazla bana maruz kaldın ve yeteri kadar annelik/babalık göremedim. İkinizin yakın olduğunu görmek beni çok memnun eder. Olman gereken yer orası."

Şimdi, ebeveyninizin karşınızda durduğunu gözünüzde canlandırın ve ileriye ya da geriye hareket etmek için bir içsel duygu hissedip hissetmediğinizi gözlemleyin. Daha yakına mı gitmek istiyorsunuz yoksa uzaklaşmak mı? Bedeninizde sizin için doğru olan mesafeyi bilmenizi sağlayan bir beden duygusu var mı? Doğru mesafe, içimizde bir şeyleri açabilir, yumuşatabilir veya rahatlatabilir. Bu yaşandığında duygularımızı hissedecek daha çok yerimiz olur. Doğru mesafenizi bulduğunuz zaman, aşağıdaki cümlelerden bir veya iki tanesini söyleyin ve sözcükler ağzınızdan çıkarken duygularınızın farkına varın.

Aşağıdaki Cümlelerden Bir veya İki Tanesini Bir Ebeveyne Söyleyin

1. "Anne/Baba, ben buradayım sense oradasın."

2. "Senin duyguların orada seninle birlikte, benim duygularım ise burada benimle."

3. "Lütfen orada kal ama çok uzağa gitme."

4. "Kendi alanıma sahip olduğumda daha kolay nefes alıyorum."

5. "Senin duygularınla ilgilenmeyi denediğimde çöküyorum."

6. "Seni mutlu edebileceğimi düşünmek çok fazlaydı."

7. "Kendimi bir kenara bırakmak, ikimizi yalnızca daha da görünmez hâle getirdi, artık bunu görebiliyorum."

8. "Bundan böyle hayatımı doyasıya yaşayacağım; senin de arkamda olduğunu, beni desteklediğini bileceğim."

9. "Çok mutlu olduğum zamanlarda senin de benim adıma mutlu olduğunu bileceğim."

10. "Beni gördüğün ve duyduğun için teşekkür ederim."

Bu bölümdeki adımları izlediyseniz içinizde şimdiden bir çeşit huzur hissetmeye başlamışsınızdır. Konuştuğunuz iyileştirici cümleler ve deneyimlediğiniz imgeler, ritüeller, çalışmalar ve egzersizler sevdiğiniz biriyle aranızdaki ilişkiyi güçlendirmenize ya da bir aile bireyiyle yaşadığınız bilinçdışı karmaşayı hafifletmenize yardımcı olmuş olabilir. Bu adımları izlediyseniz ve biraz daha fazlasına ihtiyacınız olduğunu hissediyorsanız bir sonraki bölüm size bulmacanın diğer bir parçasını sunacaktır: Hayatınızın ilk birkaç yılına yapacağınız bir keşif yolculuğu. Annemizden erken ayrılmamız, çözümün bize tam anlamıyla ulaşmasını engelleyecek şekilde bizleri yaşamdan ayrı tutabilir. Bir sonraki bölümde erken ayrılığın etkilerini keşfedecek ve ilişkilerimizde, başarımızda, sağlığımızda ve refahımızda bırakacağı çeşitli izlere bakacağız.

11. Bölüm
Ayrılık Dili

Bir bireyin yaşamını, annesi kadar etkileyebilen
başka hiçbir şey yoktur.

-Sarah Josepha Hale, *The Ladies' Magazine and*
Literary Gazette, 1829

Çekirdek dilimizin tamamı, önceki nesillerden gelmez. Çekirdek dilde, annelerinden ayrılan çocukların yoğun ve zorlu deneyimlerini yansıtan bir yan vardır. Bu tarz bir ayrılma, kişinin hayatının her yanına nüfuz eden ve genellikle gözden kaçan travmalarını oluşturur. Annemizle büyük bir ayrılık yaşadığımızda sözcüklerimiz görülmemiş ve iyileştirilmemiş yoğun bir özlem, kaygı ve hüsran içerir.

Önceki bölümlerde yaşamın nasıl ebeveynlerimizden bize geçtiğinin, hayatlarımızı nasıl anlamlandırdığına yönelik bir plan sunmuştuk. Bu plan, anne rahminde başlar ve daha biz doğmadan şekillenir. Bu süre içerisinde tüm dünyamız annemizdir ve doğduğumuzda, onun dokunuşu, bakışı ve kokusu yaşamın kendisiyle kurduğumuz temasımızdır.

Kendi başımıza hayatı anlamlandıramayacak kadar küçükken, annemiz deneyimlerimizi alıp özümseyebileceğimiz dozlarda bize geri yansıtır. Bu bize, ideal bir dünyada her ifademizi yansıtan bir kanal gibidir. Annemiz bizimle aynı doğrultuda olduğunda dokunuşunun yumuşaklığı, teninin sıcaklığı, sürekli bize dikkat etmesi ve gülüşündeki tatlılıkla bize güven, değerlilik ve ait olma hissi aktarır. Bizi "güzel şeyler" ile doldurur ve biz de bunun karşısında içimizde "iyi duygular" biriktiririz.

Bebeklik yıllarımızda, yolumuzu geçici olarak kaybetsek bile iyi duyguların içimizde kalacağına güvenmemiz için yeteri kadar "iyi şey" biriktirmemiz gerekir. Yeteri kadar iyi şey biriktirdiğimiz zaman, bizi yolun dışına itecek bölünmeler yaşansa da yaşamın bizim için iyi olacağına inanırız. Annemizden çok az ya da hiç "iyi şey" alamazsak yaşama karşı bir güven duygusu geliştirmemiz zorlaşır.

'Anne' ve 'hayat' imgelerimiz pek çok yönde iç içe geçmiştir. İdeal durumda annemiz bizi besler ve güvende olmamızı sağlar. Bizi rahatlatır ve kendimize yetemeyecek kadar küçük olduğumuzda hayatta kalmamız için gereken şeyleri verir. Bu şekilde yetiştirildiğimizde güvende olduğumuz duygusuna ve yaşamın bize ihtiyacımız olan şeyleri vereceğine güvenmeye başlarız. İhtiyacımız olanları yeteri kadar annemizden alma deneyimini tekrar tekrar yaşadığımızda kendi kendimize de ihtiyaçlarımızı karşılayabileceğimizi öğrenmeye başlarız. Bir anlamda "kendi kendimize yeterlilik" algısını tamamlayabilmek için 'yeterli' olduğumuzu annemizle hissederiz. Ardından hayat, gizli bir şekilde, ihtiyacımız olan şeyleri bize vermeye başlar. Annemizle bağımız serbest bir şekilde aktığında genelde sağlık, para, başarı ve sevgi de bize doğru gelir.

Ne var ki küçük yaşta annemizle bağımız bozulursa korku, kıtlık ve güvensizlik duygusundan oluşan kara bir bulut varsayılan inancımız olur. Bu bağdaki kopma -evlatlık vermek gibi kalıcı ya da tam olarak düzeltilemeyen geçici bir kopma, anneyle çocuk arasında boşluk- hayatın pek çok zorluğunu doğuran bir zemin hâline gelebilir. Bu bağ, kesik kalırsa hayat çizgimizi kaybederiz. Parçalara ayrılırız ve tekrar bir araya getirmesi için annemize ihtiyaç duyarız.

Kopma yalnızca geçici olduğunda annemizin tutarlı kalması, yanımızda olması ve ayrılığın dönüşünde bizi sıcaklıkla karşılaması önemlidir. Annemizi kaybetme deneyimi o kadar yıkıcı olabilir ki onunla tekrar bir bağ kurmak için tereddüt edebilir ya da buna karşı çıkabiliriz. Tereddütümüzü tolere edemiyorsa veya suskunluğumuzu onu reddediyormuşuz gibi algılıyorsa kendisini savunarak veya araya mesafe koyarak tepki koyabilir ve bu da aramızdaki bağın yaralı ve kırık kalmasına neden olabilir.

Bizimle bağı yokmuş gibi hissetmesinin nedenini anlamayabilir ve kendinden şüphe etmek, hayal kırıklığı ve bize annelik yapma becerisine karşı güvensizlik gibi duyguların içinde kaybolabilir ya da daha kötüsü bize yönelik bir asabiyet ve öfke gösterebilir. İyileşmeyen bir çatlak, gelecekteki ilişkilerimizin temelini sarsabilir.

Bu erken deneyimlerin önemli bir özelliği, anı bankalarımızdan geri alınabilir olmamalarıdır. Gebelik, bebeklik ve çocukluk sırasında beynimiz; deneyimlerimizi, anılar hâline gelmeleri için bir hikâye formunda saklar. Anılar olmadan karşılanmayan özlemlerimiz, bir sonraki işimizde, bir sonraki tatilde, içeceğimiz bir kadeh şarapta ve bir sonraki birlikteliğimizde tatmin etmeye çalışacağımız bilinçdışı dürtü, arzu ve özlemler olarak ortaya çıkabilir. Benzeri şekilde erken bir ayrılık korkusu ve kaygısı gerçekliğimizi bozabilir, zorlu ve rahatsız edici durumlarımızı felaket boyutunda ve hayatımızı tehdit eder nitelikte hissetmemize neden olur.

Âşık olmak yoğun duyguları serbest bırakır, bu da doğal olarak bizleri bebeklik döneminde annemizle yaşadıklarımıza, yani zamanda geriye götürür. Partnerimize karşı, annemizde hissedeceğimiz duyguların benzerini beslemeye yatkın oluruz. Özel biriyle karşılaşırız ve kendimize şunu söyleriz: "Sonunda bana iyi bakacak, *tüm* arzularımı anlayacak ve bana ihtiyacım olan *her şeyi* verecek birini buldum." Fakat bu duygular yalnızca annesine karşı hissettiği ya da hissetmeyi istediği yakınlığı yeniden deneyimlemek isteyen bir çocuğun yanılsamasıdır.

Pek çoğumuz farkında olmadan annemizin yerine getirmediği ihtiyaçlarımızın partnerimiz tarafından karşılanmasını bekleriz. Bu yanlış yönlendirilmiş beklenti, başarısızlığın ve hayal kırıklığının yolunu açar. Partnerimiz, ebeveyn gibi davranmaya başlar ve karşılanmamış ihtiyaçlarımızı tatmin etmeyi denerse romantik ilişki uçup gidebilir. Partnerimiz ihtiyaçlarımızı karşılamazsa bu durumda kendimizi ihanete uğramış veya ihmal edilmiş hissedebiliriz.

Annemizden bebekken ayrılmak, romantik ilişkilerdeki istikrarımızı bozabilir. Bilinçdışı bir şekilde yakınlığın yok olacağından veya elimizden alınacağından korkabiliriz. Bunun karşılığında tıpkı annemize tutunacağımız gibi partnerimize tutunuruz ya da bu yakınlığın kaybolacağı öngörüsüyle partnerimizden uzaklaşırız.

Genellikle iki davranışı da aynı ilişki içerisinde sergileriz ve partnerimiz de duygusal olarak iniş çıkışlarla dolu bitmek bilmeyen bir yere sıkıştığını hissedebilir.

Ayrılık Tipleri

Her ne kadar kadınların çok büyük bir bölümü anneliğe iyi niyetlerle yaklaşsa da bir annenin kontrolü dışındaki durumlar, kaçınılmaz şekilde çocuğundan erken ayrılmasına yol açabilir. Bu ayrılıkların bir bölümü doğası gereği fizikseldir. Evlatlık vermenin yanı sıra doğum sırasında yaşanan komplikasyonlar, hastaneye yatırılma ve hastalık, iş ya da evin dışında yapılan uzun seyahatler gibi uzun süreli ayrı kalınan dönemler, bağın gelişimini tehdit edebilir.

Duygusal olarak kopan bağlar da benzer şekilde işleyebilir. Anne fiziksel olarak mevcut olmasına rağmen ilgisi seyrekse çocuk güvensiz hissedebilir. Çocuklar olarak annemizin fiziksel varlığına olduğu kadar onun duygusal ve enerji dolu varlığına da ihtiyaç duyarız. Annemiz travmatik bir olay yaşadığında —sağlık sorunları, hamilelik, çocuk, eş veya ev kaybı gibi— ilgisi bizden uzaklaşabilir. Bunun karşılığında biz de anneyi kaybetmenin travmasını yaşarız.

Anne ve çocuk arasındaki bağın kopması aynı zamanda anne rahminde de gerçekleşebilir. Yüksek korku, kaygı, depresyon, partnerle stresli bir ilişki, sevilen birinin ölmesi, hamile olmakla ilgili olumsuz düşünceler, daha önce düşük yaşamış olmak bir annenin, karnında gelişen bebeğiyle bağını zayıflatabilir.

Bebeklik döneminde anne bakımında veya ilgisinde aksamalar veya hamilelik ya da doğum esnasında zorluklar yaşadıysak yine de her şey kaybedilmiş değildir. Neyse ki bağın tamir edilmesi yalnızca çocuklukla sınırlı değildir. İyileşme, hayatımızın herhangi bir döneminde gerçekleşebilir. Çekirdek dilimizi tanımlamak bu yolda atacağımız ilk adım olabilir.

Ayrılığın Çekirdek Dili

Bu kitapta incelediğimiz diğer travmalar gibi erken ayrılıklar da çekirdek dilin oluşacağı bir ortam yaratır. Kesintiye uğrayan bir bağı dinlerken genellikle öfke, yargı, eleştiri veya alay olduğu kadar bağ kurma özlemine yönelik sözcükler de duyarız.

Erken Ayrılığa Yönelik Ana Cümle Örnekleri

"Bırakılacağım."

"Terk edileceğim."

"Reddedileceğim."

"Tamamen yalnız kalacağım."

"Kimsem olmayacak."

"Çaresiz kalacağım."

"Kontrolü kaybedeceğim."

"Hiçbir değerim yok."

"Beni istemiyorlar."

"Yeterli değilim."

"Çok fazla geliyorum."

"Beni bırakacaklar."

"Beni üzecekler."

"Bana ihanet edecekler."

"Yok olacağım."

"Mahvolacağım."

"Var olmayacağım."

"Durumum umutsuz."

Bunlar gibi ana cümleler, aile geçmişimizde yer alan önceki nesillerden de gelebilir ve anneyle bağın zarar görmesinden kaynaklanmak zorunda değillerdir. Bir duyguyla doğup bu duygunun nereden köken aldığını bilemeyebiliriz.

Erken ayrılığı karakterize eden önemli özelliklerden biri annemizin bizi güçlü şekilde reddetmesidir ve bu, ihtiyaçlarımıza yeteri kadar karşılık vermediğinden ötürü hissettiğimiz suçluluk duygusuyla birleşir ancak her zaman durum böyle değildir. Annemiz için büyük bir sevgi hissedebilir ancak aradaki bağ hiçbir zaman tam anlamıyla gelişmediği için annemizin zayıf ve kırılgan olduğunu düşünebilir, ona bakmamız gerektiğini duyumsayabiliriz. Annemizle bağ kurmakla ihtiyacımızın arasında onunla ilgilenme yönelimi terse dönebilir. Bilmeden annemize, kendimizin umutsuzca ihtiyaç duyduğu şeyleri sağlayabiliriz.

Annesiyle bağı bozulan insanlarda yedinci bölümde incelediğimize benzer şikâyetler ve çekirdek tanımlayıcılar duymak yaygındır. Hafızanızı tazelemek adına bu cümlelere bakalım:

- "Annem soğuk ve mesafeliydi. Beni hiç sahiplenmedi. Ona hiç güvenmiyorum."
- "Annem benimle ilgilenemeyecek kadar meşguldü. Bana hiç zaman ayırmadı."
- "Annemle ben gerçekten çok yakınız. Gözettiğim küçük kardeşim gibi."
- "Annem zayıf ve kırılgandı. Ben ondan çok daha güçlüydüm."
- "Asla anneme yük olmak istemiyorum."
- A"nnem çok mesafeliydi, duygusal olarak yanımda değildi ve eleştirirdi."
- "Her zaman beni itip uzaklaştırırdı. Hiç umrunda değilim."
- "Gerçek anlamda bir ilişkimiz yok."
- "Anneanneme daha yakın hissediyorum. Bana annelik yapan oydu."
- "Annem tamamen ben-merkezlidir. Her şey onunla ilgilidir. Bana hiç sevgi göstermedi."
- "Çok bencil ve manipülatif olabiliyor. Onunlayken güvende hissetmiyorum."
- "Annemden korkuyordum. Onu göreceğim zaman ne olacağını asla tahmin edemezdim."
- "Annemle yakın değilim. Hiç anaç değil, anne gibi değil."
- "Hiç çocuk istemedim. İçimde hiç annelik duygusu olmadı."

Wanda'nın Yalnızlığı

Wanda altmış iki yaşında ve bunalımdaydı. Hayatı; üç başarısız evlilik, alkol bağımlılığı ve yalnız geçirilen çokça geceden ibaretti. Wanda pek de huzurlu bir hayat yaşamamıştı. Annesi hakkındaki çekirdek tanımlayıcıları tüm durumu açıklıyordu.

Wanda'nın Çekirdek Tanımlayıcıları: "Annem soğuk, ilgisiz ve mesafeliydi."

Bu tarz bir çekirdek dili oluşturan olaya bakalım. Wanda doğmadan önce annesi Evelyn korkunç bir trajedi yaşamıştı. Yeni doğan bebeğini emzirirken Evelyn yanlışlıkla uyuyakalmış, devrilmiş ve bebeğinin boğulmasına sebep olmuştu. Uyandığında Wanda'nın hiç görmediği ablası, Gail'i kollarında ölü olarak bulmuştu. Dinmeyen acısıyla Evelyn ve kocası birlikte olmuş ve Wanda'ya hamile kalmıştı. Yeni hamilelik, dualarının yanıtı olmuştu. İleriye bakmalarını ve geçmişi unutmalarını sağlamıştı ancak böylesi bir geçmiş asla unutulamazdı. Gail'in korkunç ölümü ve yaşattığı suçluluk duygusu, Evelyn'in anneliğinin her noktasına nüfuz etmişti. Bu durum, yeni doğan çocuğuyla nasıl bağ kurduğunu etkilemiş ve sevgisinin ne kadar istikrarlı ve mevcut olacağını belirlemişti.

Wanda, annesinin mesafeli oluşunun kişisel olarak kendisiyle ilgili olduğuna inanıyordu. Onun durumundaki her küçük kız aynı şekilde hissederdi. Wanda küçük bir çocukken kucaklandığını hatırlıyordu. Annesinin mesafeli oluşunu hissedebiliyordu ve kendini koruyarak karşılık vermişti. Annesinin onu sevmemesi gerektiğini hissetmiş ve annesine karşı duvarlar örmüştü.

Belki de Evelyn kötü bir anne olduğunu ve başka bir çocuk sahibi olmayı hak etmediğini düşünmüştü. Belki de Gail'e olanlardan sonra ikinci bir şansı hak etmediğine inanmıştı ya da kaldıramayacağı bir acı olarak Wanda'nın öleceğine inanmıştı ve kendisini bilinçdışı bir şekilde ondan uzaklaştırmıştı. Wanda belki de bu mesafeyi daha annesinin karnındayken algılamıştı. Evelyn belki de Wanda'ya çok yakın olduğunu hissetmiş, onu göğsüne almış ve ona da zarar verebileceğini düşünmüştü. Evelyn'in duygu ve düşünceleri ne olursa olsun Gail'in ölümünün getirdiği travma, Evelyn'i Wanda'dan ayıracak etkiyi doğurdu.

Wanda'nın annesinin mesafeli hâlinin Gail'in ölümüyle ilgili olduğunu ve kişisel olmadığını anlaması altmış yılını aldı. Tüm yaşamını, ona yeteri kadar sevgi vermediği için annesini suçlayarak ve ondan nefret ederek geçirdi. Sonunda annesinin acısının boyutlarını anladığında Wanda görüşmemizin ortasında ayağa kalktı ve çantasını aldı. "Eve gitmem lazım." dedi. "Fazla vaktim yok. Annem seksen beş yaşında ve ona onu sevdiğimi söylemem lazım."

Erken Ayrılıkların Kaygısı

Birkaç adam kapılarına geldiğinde Jennifer iki yaşındaydı. Annesinin nefesinin kesildiğini duydu ve ardından ağlayarak yere düşüşünü gördü. Kapıya gelenler, babasının bir sondaj makinesi patlamasında hayatını kaybettiğini söylediler. Annesi daha yirmi altı yaşında dul kalmıştı. O gece ilk kez Jennifer'ı alnından öpüp uykuya dalması için yatağa yatırmamıştı.

O geceden sonra hiçbir şey eskisi gibi olmadı. Anneleri şoktan dolayı felç geçirdiğinde Jennifer ve dört yaşındaki erkek kardeşi birkaç haftalığına teyzelerine götürüldü. Anneleriyse bu sürede gelip çocuklarını ziyaret etti. Jennifer annesini görmek için kapıya koştu ancak annesinin yerine bir yabancı var gibiydi. Eğilip Jennifer'a sarılan kadının suratı kıpkırmızı ve şişti, Jennifer onu zar zor tanımıştı. Bu durum onu korkuttu. Annesinin kolları Jennifer'ı sıkıca sardığında Jennifer donup kaldı. Annesine ne kadar korktuğunu söylemek istedi ancak iki yaşındaydı ve hâlihazırda annesinin ne kadar farklı olduğunu öğreniyordu. Annesi çok kırılgan gözüküyordu ve verebileceği çok az şey vardı. Jennifer bu anıları tekrar hatırlayana kadar yıllar geçecekti.

Jennifer ilk kez panik atak yaşadığında yirmi altı yaşındaydı. İşyerinde yönetim ekibine başarılı bir sunum yaptıktan sonra metroyla evine dönüyordu. Aniden görüşü bulanmaya başladı. Sanki suyun ardından bakıyor gibiydi. Kulakları tıkanmış, başı dönmeye ve korku hissetmeye başlamıştı. Yaşadığı hisler o kadar yabancıydı ki bir an inme indiğini düşündü. Kendisini çaresiz ve yardım isteyemez bir hâlde felç olmuş gibi donup kalmışken buldu.

Bir sonraki atak ertesi hafta yapacağı sunumdan önce geldi. Ondan sonrakiyse alışverişteyken. O ayın sonunda panik ataklar her gün olmaya başlamıştı. Jennifer kendi çekirdek dilini duyabilseydi şunun gibi cümleler fark ederdi: "Bunu atlatamayacağım." "Her şeyimi kaybettim." "Yapayalnızım." "Başarısız olacağım." "Beni reddedecekler." "Beni artık istemiyorlar."

Bu korkularına temas ettiğinde eve varmak üzereydi.

Jennifer, bebeklik döneminde bu tarz bir umutsuzluk ve felç hâlini yaşadığını hatırladı. Annesiyle yakın olmasına rağmen Jennifer onu kırılgan, yalnız, muhtaç, nazik ve sevgi dolu olarak tarif etti. Sözcükler ağzından çıktıkça Jennifer, küçük bir çocukken annesinin büyük acısını dindirmeye çalışırken nasıl çaresiz hissettiğine temas etmeye başlamıştı. Küçük bir kızın annesini teselli etmek gibi imkânsız bir görevi üstlenmesi, Jennifer'ı yalnız, özgüvensiz ve başarısızlıktan korkar bir hâlde bırakmıştı.

Panik ataklarını çocukluğuna bağlamak Jennifer'ın kaygısının kaynağına odaklanmasını sağladı. Ne zaman panik dolu duygular baş gösterse Jennifer kendine bunların yalnızca korkmuş küçük bir kız çocuğunun duyguları olduğunu hatırlatarak rahatlamaya başladı. İçindeki bu duyguları tanımlamaya başladığında anksiyetesinin yükselişini de yavaşlatabilir olmuştu. Jennifer, göğsündeki kaygı dolu hislere odaklanıp dikkatini burada tutarken nefes alışverişlerini uzatmayı ve derinleştirmeyi öğrendi. Ayrıca küçük bir çocukken onu yatıştıracak sözcükleri söylemeyi de öğrendi. Nefes alıp kendisine şunları söyledi: "Senin için buradaysam sana sahip çıkacağım. Bu duyguların içinde bir daha yalnız olmana gerek yok. Seni güvende tutacağıma güvenebilirsin." Jennifer alıştırma yaptıkça kendi kendine sahip çıkabileceğine dair özgüveni de arttı.

Trikotilomani: "Kökünden Ayrılış"

On altı yıl boyunca Kelly; kafasından, kaşlarından ve kirpiklerinden tüylerini çekti. Takma kirpik taktı, kaşlarını boyadı ve kafasındaki kel bölümleri kapatmak için saçlarını sıkıca arkaya doğru yatırarak topladı. Saç çekme (trikotilomani) her gece yaptığı bir ritüeldi. Her akşam saat dokuz civarında bedenini ele geçiren anksiyete duygularıyla başa çıkamaz bir hâlde yalnız başına odasında otururdu. Elleri "bir şeyler yapma ihtiyacı" içerisinde çok miktarda saçı çekip kopartana kadar rahat duramazdı. "Serbest kalmak gibi." derdi. "Beni rahatlatıyor."

Kelly on üç yaşına geldiğinde en yakın arkadaşı Michelle onu reddetti. Kelly, Michelle'in bu kadar ani bir şekilde kendisinden uzaklaşmasına sebep olacak ne yaptığını hiçbir zaman anlayamadı ama yaşadığı kaybın acısı dayanılmaz seviyedeydi. Bundan kısa bir süre sonra saçlarını çekmeye başladı. "Benimle ilgili bir şeyler yanlış olmalı." diye düşündü. "Michelle'in benimle kalmayı istemesi için yeterli değilim." Göreceğiniz üzere bu cümleler, çekirdek dilinin oluşturduğu manzaraya giden yol üzerindeki yön işaretleri hâline geldi. Bilincinin hemen altında keşfedilmeyi bekleyen bu cümleler Kelly'yi çok erken yaşanan ve çok daha önemli bir olaya itecekti: Annesiyle bağında kopma yaşamıştı.

Kelly bir buçuk yaşındayken bağırsak ameliyatı olmuştu ve on gün boyunca annesinden ayrı kalmıştı. Her akşam hastane ziyaretleri sona erdiğinde -dokuz civarı- Kelly'nin annesi onu bırakarak yeni doğan kız kardeşine ve abisine bakmak için eve gitmişti.

Kelly'nin annesi onu hastane odasında yalnız bırakıp gittiğinde Kelly'nin neler hissettiğini ancak hayal edebiliriz. Bu duygular bilinçdışı bir şekilde Kelly'nin trikotilomanisinde gün yüzüne çıktı. Her akşam, dokuz civarında bu duygular, Kelly'nin bedenini ele geçirdi ve bunlarla başa çıkıp yerine başka bir şey koyarak saçlarını koparmaya başladı.

Kelly'nin en büyük korkusu, kendi ana cümlesinde de ifade ettiği üzere onu travmasının köküne götürdü: "Başıma gelebilecek en kötü şey yapayalnız kalmak. Terk edileceğim. Aklımı kaçıracağım."

Kelly'nin Çekirdek Cümlesi: "Yapayalnız olacağım. Terk edileceğim. Aklımı kaçıracağım."

Kelly on üç yaşına geldiğinde bu duyguları yeniden yaşadı. Michelle ve Kelly ayrılmaz ikiliydiler. Ardından Michelle aniden Kelly'yi bıraktı ve okuldaki "popüler kızlarla" arkadaş oldu. Böyle olunca tüm kızlar Kelly'ye sırtını döndü. Kelly, "terk edilmiş, reddedilmiş ve göz ardı edilmiş" hissetti.

Daha farklı bir bakış açısından konuya bakıldığında bu deneyim, Kelly için annesi tarafından hastanede bırakılmasının getirdiği daha büyük, daha derin bir travmanın iyileşmesi için yol gösteren işaretlerin "kaçırıldığı bir fırsat" olarak görülebilir ancak çok azımız, güçlüklerle karşılaştığımız zaman bu güçlükleri yön işareti olarak kullanmayı başarabilir. Bunun yerine acımızı artırır ve kaynağına pek gitmeyiz. Çekirdek dilimizin bilgilerini fark ettiğimiz zaman acılarımız en büyük dostumuz hâline gelebilir.

Kelly'nin Saç Çekme Metaforu

Kelly'nin çekirdek dili "yalnız bırakılmaktan" ne kadar korktuğunu gösterdi. Aslında çekirdek dilinin sözel olmayan bir ifadesi olarak ortaya çıkan saçını çekme davranışı, tam da Michelle gittikten sonra başlamıştı. Kelly'nin saç çekme eylemi asıl travmasını fark etmesini sağlarken aynı zamanda birbirine ait iki şeyin birbirinden ayrılmasını da temsil eden bir metafordu. Kelly saçlarını, onları tutan köklerden ayırıyordu. Onu tutan annesinden ayrılan bir bebeğinkine benzeyen bir görüntüydü.

Duruma özgü davranışlar genellikle bilinçli olarak gözlenemeyen veya incelenemeyen şeyleri taklit eder. Durup belirtilerimizi keşfettiğimiz zaman daha derinlerde yatan bir gerçeği fark edebiliriz. Belirtiler genelde neyi iyileştirmemiz veya çözümlememiz gerektiğini gösteren yön işaretleridir. Kelly saç çekme alışkanlığına bu şekilde yaklaştığında, acısının kaynağına indi ve yaşam boyu birlikte olduğu kaygısından kendini serbest bıraktı.

Kelly'nin Çözümü

Kelly 'yapayalnız' olma duygusunun getirdiği rahatsız edici hislerin karnında olduğunu belirledi. Ellerini kaygılı bölgeye koydu ve nefesinin, karnına dolmasına izin verdi. Nefesinin ellerinin altında karnında yükselip inişini hissettikçe hâlâ korkmuş ve yalnız hisseden bebek yanını tuttuğunu ve onu salladığını canlandırdı. Bu hareket, onu sakinleştirmeye başladıkça kendisine şunu söyledi: "Kendini yalnız ve korkmuş hissettiğinde seni asla bırakmayacağım. Elimi buraya koyacak ve sen tekrar sakinleşene kadar seninle birlikte nefes alacağım." Yalnızca bir görüşmeden sonra Kelly saçını çekmeyi bıraktı.

Ayrılma: İç Çatışmanın Kökeni

Bazen aradığımız özgürlüğe ulaşamayız. Bedenlerimizin içinde huzurlu hissedemediğimiz zaman hep bir sonraki şarabımızda, bir sonraki alışverişimizde, bir sonraki mesaj veya telefon konuşmasında ya da bir sonraki cinsel partnerimizde huzuru ararız. Annesinin sevgisinden mahrum kalanlarımız için dünyamız, sonsuz bir huzur arayışına dönüşebilir.

Annesi, babasıyla birlikte Suudi Arabistan'a iş gezisine gidip Myrna'yı iki haftalığına bakıcıya bıraktığında Myrna iki yaşındaydı. İlk hafta süresinde Myrna annesinin soğuk akşamlarda onu uykuya yatırmadan önce giydiği bir kazağa sarıldı. Tanıdık bir koku ve duyguyla Myrna, kendini o kazağa sarıp uykuya daldı. İkinci hafta geldiğinde Myrna, bakıcısı kazağı ona verdiğinde almamaya başladı. Bunun yerine arkasını döndü, ağladı ve uykuya dalmak için parmağını emdi.

Üç haftalık ayrılığın ardından annesi kızına sarılmak için heyecanla odasına gitti. Myrna'nın her zamanki gibi kollarına koşmasını bekliyordu ancak bu sefer farklıydı. Myrna oyuncak bebeklerinden kafasını kaldırmadı. Sarsılan ve kafası karışan Myrna'nın annesi, kendi bedenindeki reddedilmeyle gelen gerilmeyi hissetmişti. Sonraki günlerde Myrna'nın annesi, bu deneyimine bir bahane uydurarak kendisine Myrna'nın "bağımsız bir çocuk hâline geldiğini" söyledi.

Hassas bağları yeniden kurmanın önemini fark edemeyen Myrna'nın annesi, küçük kızının kırılganlığını anlayamadı ve kendini ondan biraz uzak tuttu. Aralarındaki mesafe gittikçe arttı ve Myrna'nın yalnızlık duygusu pekişti. Bu mesafe, Myrna'nın yaşam deneyimlerine sıçradı, gelecekteki ilişkilerinde güvenli ve güvende hissetme becerisini etkiledi. Terk edilme ve hayal kırıklığı duyguları çekirdek dilinde ifade buldu: "Beni bırakma." "Bir daha geri gelmeyecekler." "Yalnız olacağım." "İstenmiyorum." "Kim olduğumu anlamıyorlar." "Görülmüyorum ve anlaşılmıyorum."

Myrna için âşık olmak bilinmezliklerle dolu bir mayın tarlasıydı. Başka birisine ihtiyaç duymanın getirdiği savunmasızlık o kadar korkutucuydu ki ne zaman arzularına doğru bir adım atsa daha derin bir korkuyla karşılaşıyordu. Bu çatışmayı, çocukluğuyla ilişkilendiremeyen Myrna, kendini sevmeye çalışan her erkekte kusur buldu ve çoğu zaman onlar ayrılmadan kendisi ayrıldı. Otuz yaşına geldiğinde Mryna üç kez evlilik şansını elinin tersiyle itmişti.

Myrna'nın iç çatışmaları kariyerine de etki etti. Ne zaman yeni bir pozisyonu kabul etse içi şüpheyle doldu ve kaçınılmaz bir felaketin korkusunu hissetti. Bir şeyler fena hâlde ters gidebilirdi. Onu sevmeyebilirlerdi. Yeterli olmayabilirdi.

Myrna'yla aralarına mesafe koyabilirlerdi. Onlara güvenmeyebilirdi. Myrna'ya ihanet edebilirlerdi. Bunlar, bir ebeveyne karşı dile getirilmeyenlerle aynı cümlelerdi. Annesiyle hiçbir zaman çözemediği duygularla da aynıydı.

Kaçımız Myrna'nınki gibi çatışmalarla mücadele edip kaynağını tanımlayamadık? Annemizle bebekken kurduğumuz bağımızın öneminden ne kadar bahsetsek azdır. Dünyaya geldiğimiz sırada kurduğumuz ilk ilişkidir. İlk aşkımızdır. Annemizle olan bağımız veya bağımızın olmayışı, hayatımız için bir plan hâline gelir. Küçükken yaşadığımız şeyleri anlamak, ilişkilerimizde neden bu kadar zorluk çektiğimize dair saklı gizemleri ortaya çıkarabilir.

Hayatın Akışının Sekteye Uğraması

Kim olduğumuz ve hayatımızın nasıl gelişeceğine ilişkin en erken görüntüler daha anne karnındayken oluşmaya başlar. Annemizin hamilelik sırasındaki duyguları bizim dünyamıza işler, temel doğamızın sakin veya sıkıntılı, algısal veya küstah, dirençli veya inatçı olmamıza kadar temel doğamızı etkiler.

Thomas Verny, "Bir çocuğun aklının temelde sert, köşeli ve tehlikeli ya da yumuşak, akıcı ve açık olarak evrilmesi büyük ölçüde annenin düşünce ve duygularının olumlu ve güçlendirici ya da olumsuz ve çelişkilere saplanmış olmasına bağlıdır." diye açıklar. "Bu kesinlikle ara sıra oluşan şüphelerin ve belirsizliklerin çocuğunuza zarar vereceği anlamına gelmez. Böylesi duygular normal ve zararsızdır. Bahsettiğim şey belirgin şekilde ve sürekli bir davranış dizisidir."[1]

Annemizle bebeklik döneminde yaşadıklarımız, aramızdaki bağda oluşan önemli bir kırılmayla sekteye uğrarsa acı ve boşluktan oluşan kırıklar, iyi oluşumuzu parçalar ve bizi hayatın temel akışından koparır. Anne-çocuk (veya bakıcı-çocuk) ilişkisinin bölünmüş, boş veya kayıtsızlıkla dolu kalması durumunda bir dizi olumsuz imge çocuğu hayal kırıklığı ve kendinden şüphe etmekle dolu bir düzlem içerisinde hapsedebilir. Bazı aşırı vakalarda olumsuz imgeler sürekli ve sert olduğunda başkalarına karşı hayal kırıklığı, öfke, hissizlik ve duyarsızlık baş gösterebilir.

Bu profil genellikle sosyopatik ve psikopatik davranış biçimleriyle ilişkilidir. *High Risk: Children Without a Conscience* isimli kitapta Dr. Ken Magid ve Carole McKelvey şunu söyler: "Hepimizde belirli bir miktarda öfke vardır ancak psikopat kişilerdeki öfke, bebeklikte karşılanmayan ihtiyaçlardan doğar." der.[2] Magid ve McKelvey ayrıca bir bebeğin, terk edilme veya bağın erken dönemde kopması sonucunda nasıl "anlaşılamaz bir acı" deneyimlediğini de açıklar.

Psikopatlar ve sosyopatlar, geniş bir spektrum üzerinde, aradaki bağda çok ciddi bozulmaların gözlemlendiği uç bir noktada yer alırlar. Bu aşırı vakalar, annenin veya erken dönemdeki bakıcının çocuğun kendisi, başkaları ve yaşamın bütünü için şefkat, empati ve saygı gelişimini şekillendirmede ne kadar önemli bir rol oynadığını gösterir.

Çoğumuz annemizle bağımızda bir kopma yaşamışızdır ancak ihtiyacımız olanı yeteri kadar elde etmişizdir. Bir annenin çocuğuyla mütemadiyen mükemmel bir uyum içerisinde olmasını beklemek gerçekçi değildir. Bu uyumda bozulmalar elbette yaşanacaktır. Yaşandığı zaman ise iyileşme süreci olumlu bir büyüme deneyimi hâlini alabilir ve hem çocuğa hem de anneye bu tarz sorunlu kısa durumları nasıl yöneteceklerini ve ardından birbirleriyle nasıl yeniden bağ kuracaklarını öğrenme fırsatı tanır. Asıl önemli olansa bu tamirin, iyileşmenin gerçekleşmesidir. Bir ilişkiyi sürekli tamir etmek bir güven duygusu kurulmasını sağlar ve anneyle çocuk arasında güvenli bir bağ oluşturur.[3]

Annemizle ilişkimiz görece sağlam olsa da bazen kendimizi anlamadığımız duyguların kıskacında bulabiliriz. Bırakılma, reddedilme veya terk edilme korkuları yaşayabilir veya ortada kalma, aşağılanma veya utanma duyguları hissedebiliriz ancak bu duyguları, annemizle bebekliğimizdeki bağımız kapsamında ele alırsak -büyük ihtimalle hatırlamayacağımız bir dönemden- o zaman neyin eksik olduğunu daha iyi fark edebilir ve iyileşmek için ihtiyacımız olan şeyi daha çok destekleyebiliriz.

12. Bölüm

İlişkilerin Çekirdek Dili

*Acına, kederine, sahipsiz yaralarına uzaklığın,
partnerine olan uzaklığındır.*

-Stephen ve Ondrea Levine, *Embracing the
Beloved*

Birçoğumuz için en büyük özlemimiz sevilmek ve mutlu bir ilişkimizin olmasıdır ancak ailelerde sevginin bilinçsizce ifade edilmesi nedeniyle, sevme şeklimiz genellikle mutsuzluğumuzu paylaşmak veya ebeveynlerimizle büyükanne-dedelerimizin modellerini tekrar etme şeklinde olabilir.

Bu bölümde, tatmin edici ilişkiler yaşama becerimizi sınırlandıran bilinçaltı sadakat bağlarımızı ve saklı dinamikleri inceleyeceğiz. Kendimize şu soruyu soracağız: Gerçekten bir partner için hazır mıyız?

Ne kadar başarılı olursak olalım, iletişim becerilerimiz ne kadar harika olursa olsun, yakınlıktan kaçınmakla ilgili modelimizi ne kadar derinden anlamış olsak da aile geçmişimizle iç içe geçmiş bir hâlde olduğumuz sürece en çok sevdiğimiz kişiden kendimizi uzaklaştırırız. Farkında olmaksızın, gerçek kaynak arkamızda uzandığı müddetçe aile modelimiz olan güvensizlik, muhtaçlık, öfke, geri çekilme, kendini kapatma, terk etme veya terk edilme ve mutsuzluğumuz nedeniyle partnerimizi suçlama modellerini tekrar ederiz.

İlişkilerde yaşanan problemlerin birçoğu o ilişkinin kendisinden kaynaklanmamaktadır. Ailelerimizin bizler doğmadan çok önce deneyimlediği dinamiklerden kaynaklanır.

Örneğin bir kadın doğum sırasında hayatını kaybettiyse, sonraki nesillerde nedeni açıklanamayan korku veya mutsuzluk dalgaları baş gösterebilir.

Kız çocuklar veya torunlar evlenirlerse çocukları olacağı ve çocukları olmasının ölüme sebep olabileceğini düşündükleri için evlenmekten korkabilirler. Görünüşte evlenmek veya çocuk sahibi olmak istemediklerini söyleyebilirler. Doğru erkekle karşılaşmadıklarından şikâyet edebilir veya düzen kurup yerleşmek için çok meşgul olduklarını söyleyebilirler. Bu şikâyetlerinin altında, çekirdek dilleri farklı bir hikâye anlatıyor olabilir. Çekirdek cümleleri, aile geçmişiyle etkileşime geçer ve şöyle duyulabilir: "Eğer evlenirsem, başıma bir felaket gelebilir. Ölebilirim. Çocuklarım annesiz kalabilir. Yapayalnız kalabilirler."

Aynı ailedeki erkek çocuklar ve torunlar da bundan etkilenebilirler. Onlar da bir eşe bağlanmaktan korkabilirler çünkü cinsel birliktelikleri eşlerinin ölümüne neden olabilir. Onların çekirdek cümleleri şu şekilde duyulabilir: "Birini incitebilirim ve bu tamamıyla benim suçum olabilir. Asla kendimi affedemem."

Bu gibi korkular geçmişlerimizde gizlidir ve davranışlarımızı, yaptığımız ve yapmadığımız seçimlerimizi bilinçaltından yönetebilirler.

Bir defasında birlikte çalıştığım Seth adında bir erkek kendini, "insanları memnun eden" kişi olarak adlandırıyordu ve yakın olduğu kişilere karşı yanlış bir şey yapıp onları hayal kırıklığına uğratmaktan çok korkuyordu. Çevresindekiler onunlayken mutsuz olurlarsa, onu reddederler ve terk ederler diye korkuyordu. Yapayalnız ölmekten korkuyordu.

Arka planda bu korku işlerken, sıklıkla yapmak istemediği şeyleri yapmak ve söylemeyi arzu etmek istemediği şeyleri söylemek durumunda kalıyordu. Hayır demek istediğinde genellikle evet diyor ve sonrasında memnun etmeye çalıştığı kişilere kızgınlık duyarak bir dahaki sefere evet diyeceği yerde hayır diyordu. Çoğu zaman sahte bir yaşam yaşıyordu ve mutsuzluğundan karısını sorumlu tutuyordu. Bu modelden kaçmaya çalıştığı bir gün, sırf bir sonraki partneriyle bunu yeniden oluşturabilmek için Seth karısını terk etti ancak kısa süre sonra Seth bir partneriyle huzurlu bir ilişki yaşaması için korkularının ilişkilerinde nasıl tezahür ettiğini fark etti.

Dan ve Nancy

Dan ve Nancy ellili yaşlarında başarılı bir çiftti ve her şeyleri tam gibi görünüyorlardı. Dan, büyük bir finans kurumunda CEO, Nancy'yse bir hastane işletmecisiydi ve hepsi de hayatını iyi sürdüren üniversite mezunu üç çocuğun anne babası olmaktan gurur duyuyorlardı. Yuvaları boş olduğu için mutlu bir emeklilik dönemi yaşamaya dair umutları sönmüştü. Evliliklerinde problem yaşıyorlardı. Nancy "Altı yıldan fazla bir süredir seks yapmıyoruz. Birer yabancı gibi yaşıyoruz." dedi. Dan ise yıllar önce Nancy'ye karşı cinsel isteğini kaybetmişti ancak tam olarak hangi noktada bunun başladığını bilemiyordu. Dan, Nancy'yle evliliklerinin sürmesini istiyordu fakat Nancy bu konuda emin değildi. Her ikisi de dini ve inanç temelli evlilik danışmanlıkları almaktan yorulmuştu. Dan ve Nancy'nin ilişkilerinde mücadeleleri çekirdek dil yaklaşımıyla inceleyelim.

Sorun (Çekirdek Şikâyet)

Nancy'nin şikâyetindeki çekirdek dili dinleyin: "Dan'in benimle ilgilenmediğini hissediyorum. Çoğu zaman benden uzak duruyor. Ondan yeterli ilgi göremiyorum ve aramızda bir bağ olduğunu nadiren hissediyorum. Sürekli benden çok çocuklarıyla ilgili görünüyor."

Şimdi de Dan'in çekirdek dilini dinleyelim: "Nancy benden hiç tatmin olmuyor. Her şey için beni suçluyor. Benden, verebileceğimden çok daha fazlasını istiyor."

Görünüşe göre kullandıkları kelimeler evliliklerde sıklıkla gördüğümüz şikâyet türlerine birer örnek oluşturuyor fakat daha derinden incelendiğinde, kelimeleri bizi tatminsizliğe dair incelenmemiş bir kaynağa götüren bir harita oluşturuyor. Dan ve Nancy'nin haritası, doğrudan aile sistemlerinde çözümlenmemiş olaya yönlendiriyor.

Bir ilişki probleminde çekirdek dil haritasını bulmak için tekrardan dört temamıza bakarız ve dört soru sorarız. Sonrasında da ortaya çıkan şeyi derinlemesine dinleriz.

Sorular

1. **Çekirdek Şikâyet: Partnerinizle ilgili en büyük şikâyetiniz nedir?** Bu soru, başlama noktasıdır. Bu soruyla elde edilen bilgi genellikle ebeveynlerimizden biriyle bitmemiş bir meselemizle ilintilidir. Bu bitmemiş mesele, sonradan partnerimize yansır. Erkek veya kadın fark etmez, şu temel kuralın gerçek olduğu görülür: Annemizden alamadığımızı hissettiğimiz ne varsa onunla ilişkimizde çözülememiş ne kaldıysa, genellikle partnerimizle yaşadığımız şeye zemin hazırlar. Eğer annemizle ilişkimiz mesafeliyse veya onun sevgisini reddettiysek partnerimizin sevgisinden de kendimizi uzaklaştırmamız muhtemeldir.

2. **Çekirdek Tanımlayıcı: Annenizi veya babanızı tanımlamak için kullanacağınız sıfatlar veya kelimeler nelerdir?** Bu soruyla bilinçaltı bağlılığını inceleriz ve kendimizi ebeveynlerimizden ayırdığımız açıları görürüz. Ebeveynlerimizi tanımlamak

için sıfat ve sözcüklerden oluşan bir liste oluşturarak, en derin duygularımızın özüne erişiriz. Oradaysa birçoğumuzun ebeveynlerimize karşı hâlâ duyduğumuz içsel kızgınlık ve suçlamaları buluruz. Partnerimize yansıttığımız içsel huzursuzluğumuzun kökeninde yatan çocukluk yaşantılarının depolandığı bu bilinçaltıdır.

Birçoğumuzun ana tanımlayıcıları, kendimizi aldatılmış ve tatminsiz hissettiğimiz çocukluk kayıtlarımızdan kaynaklanır. Ebeveynlerimizin bize yeterince bir şey vermediğini hissediyor olabiliriz veya bizleri doğru şekilde sevmediklerini hissedebiliriz. Bu kayıtları taşıdığımızda, hissettiğimiz tatminsizlik yüzünden ebeveynlerimizi suçlarız. Bu durum, ilişkilerimizin yola girmesine engel olur. Partnerimizi o eski, çarpık mercekten görürüz ve duyduğumuz derin sevgi ihtiyacının ötesinde zaten bizi aldatacağını bekleriz.

3. **Ana Cümle: En büyük korkunuz nedir? Başınıza gelmesinden korktuğunuz en kötü şey nedir?** Sekizinci bölümde öğrendiğimiz gibi bu sorunun cevabı, ana cümlemizi oluşturur ve çocukluğumuzdan veya aile geçmişimizde çözümlenmeden kalmış bir travmadan yansıyan ana korkumuzu gösterir.

Şimdiye kadar muhtemelen ana cümlenizi belirlemişsinizdir. Ana cümleniz ilişkilerinizi nasıl sınırlandırıyor? Sizin bir partnere bağlanma becerinizi nasıl etkiliyor? İkiniz birlikteyken savunmasız durabiliyor musunuz ya da incinmekten korkarak kendinizi kapatıyor musunuz?

4. **Çekirdek Travma: Aile geçmişinizde hangi trajik olaylar yaşandı?** Daha önceki bölümlerde gördüğümüz gibi bu soru, sistemik görüşümüzü açmakta

ve ilişkilerimizi etkileyen nesilden nesile aktarılan modelleri tanımlamamıza olanak sağlamaktadır. Genellikle çiftlerin yaşadığı problemlerin kaynağı, aile geçmişinde bulunur. Evlilikle ilgili yaşanılan acılar ve ilişki çatışmaları bir aile genogramında birkaç nesil boyunca görülür.

Her bir soruyla ortaya çıkan dramatik ve duygu yüklü sözcükleri dinleriz. Aile travmaları genellikle sözlü dilimizde kendini ifade eder ve bizi kaynağına götüren önemli tanımlayıcılar ve ipuçları sağlar.

Yapıyı anladığımıza göre Dan'in ve Nancy'nin çekirdek dillerine bakalım. Seansın ilk birkaç dakikası içinde, birbirlerini suçlama yağmuruna tutulmuşlardı. Artık ebeveynlerini tanımlayışlarını duyma zamanıydı.

Sıfatlar ve Sözcükler (Çekirdek Tanımlayıcılar)

Nancy farkında olmaksızın annesini, Dan'i tasvir ettiğine benzer şekilde tanımladı. "Annem duygusal olarak mesafeliydi. Ona kendimi hiç bağlı hissedemedim. Bir şeye ihtiyacım olduğunda ona hiçbir zaman gidemedim. Bunu denediğimdeyse benimle nasıl ilgileneceğini bilmiyordu." Nancy'nin annesiyle bitmemiş meselesinin doğrudan Dan'in kucağına düştüğü görülüyordu.

Nancy'nin Dan'le arasındaki bağı etkileyen tek faktör annesiyle çözümlenmemiş ilişkisi değildi. Nancy'nin ailesindeki tüm kadınlar kocalarından memnun değillerdi. Nancy, "Annem de babamdan hiçbir zaman tatmin olmamıştır." dedi. Bu model ayrıca önceki nesillere de uzanıyordu. Nancy'nin anneannesi dedesinden, "İşe yaramaz alkolik puşt." diye bahsederdi.

Böyle bir davranışın Nancy'nin annesi üzerindeki etkisini hayal edin. Anneanneyle yetişen Nancy'nin annesinin kocasıyla mutlu olması için zayıf bir ihtimal vardı. Nasıl annesinden daha fazlasına sahip olabilirdi? Kocasıyla kendini memnun hissetse bile Nancy'nin anneannesi dedesiyle o kadar üzüntü yaşamışken Nancy'nin annesi bu mutluluğunu annesiyle nasıl paylaşabilirdi? Bunun yerine bilinçsiz bir biçimde aile modelini tekrarladı ve kocasını eleştirmeye devam etti.

Dan'se, kendi annesini çok bunalmış ve sinirli olarak tasvir etti. Küçük bir çocukken annesine bakmakla sorumlu olduğunu hissetmişti. "Annem benden çok daha fazla şeye ihtiyaç duyuyordu. Çok fazla şey..." diyerek Dan gözlerini aşağıya devirip dizlerinde düzgünce duran ellerine baktı. Dan annesinin depresyon şiddetinin artması sebebiyle zaman zaman hastaneye kaldırılmasını şöyle anlattı: "Babam sürekli çalışırdı. Onun veremediği ilgiyi anneme benim vermem gerektiğini hissettim." Aile geçmişine bakılınca, annesinin neden mücadele ettiği açıkça belliydi. Dan'in anneannesi, annesi henüz on yaşındayken tüberküloz hastalığından ölmüştü. Annesini kaybetmek onu mahvetmişti. Dan'in en küçük kardeşi bebekken öldüğünde büyük kayıp yeniden ortaya çıkmıştı. O sırada, Dan'in annesi altı hafta süresince hastanede yatmış ve şok tedavisi görmüştü. Dan o zamanlar yalnızca on yaşındaydı.

Bir de bunun üstüne Dan, babasından kendini uzak hissediyordu. Dan babasını "zayıf ve aciz" olarak tasvir etti. Daha derinlemesine tasvir ederken Dan, "Babam annemle olabilecek bir adam değildi." dedi. Babası Ukraynalı bir göçmen işçiydi ve Dan'in annesinden daha düşük bir sosyal sınıftan geliyordu. "O hiçbir zaman ailesindeki erkeklerin seviyesinde olamıyordu, ailedeki diğer erkekler profesyonel meslek sahibi ve eğitimliydi." Dan'in yargılamaları babasıyla arasındaki bağa zarar vermişti.

Ne zaman bir adam babasını reddetse o farkında olmayarak kendini erkeklik kaynağından uzaklaştırıyordu. Babasına hayranlık duyan ve saygı gösteren bir adam genellikle erkek gücünde kendini rahat hissediyordu ve babasının özelliklerine imreniyordu.

Bir ilişki içinde bu; rahatlık, bağlılık, sorumluluk ve istikrara dönüşebilir. Aynı şey kadınlar için de geçerlidir. Annesini seven ve saygı duyan bir kadın genellikle kadınlığı konusunda kendisini rahat hisseder ve annesine duyduğu hayranlığı daha çok ifade edebilir.

Dan'in kendini babasından uzaklaştırmasının bir nedeni daha vardı. Dan, annesini sırdaş olarak görüyordu ve farkında olmadan babasına ait alana girerek haddini aşmıştı. Dan, bu durumu bilinçli bir biçimde seçmemişti fakat annesinin duyduğu ihtiyacı hisseden birçok erkek çocuğu gibi o da annesiyle ilgilenme, bakımını üstlenme görevinin kendisine ait olduğunu hissediyordu. Dan, ilgi gösterdiğinde annesinin yüzünün nasıl aydınlandığını görüyordu ve aynı şekilde babası etraflarında olduğundaysa nasıl gölgelendiğini biliyordu. Annesi tarafından tercih edildiğini hissederek, Dan kendini babasından üstün hissediyordu.

Hatta babasına karşı annesinin onaylamadığı ve beğenmediği yanlara karşı duygularını da benimsemişti. Babasını reddederek, Dan'in kendi erkeklik gücünden kopuşunun yanı sıra farkında olmadan Nancy'yle evliliğinde benzer bir dinamiği tekrar etmek üzere sahne oluşturmuştu. Babası gibi Dan de "zayıf ve aciz" bir koca oldu.

Nancy de benzer şekilde annesinin kadınlık gücünden alamamıştı. Çocukluğunun bir noktasında Nancy, destek almak üzere annesine gitmemeye karar vermişti. Nancy çocukluğundaki bu yeterince tatmin olmamış olduğuna dair hissini içinde taşıdı ve ihtiyaç duyduğu ilgiyi sağlamadığı için annesini suçladı. Bu tatminsizlik duygusuysa sonrasında Dan'e yöneldi. Nancy'nin gözünde Dan de ona ihtiyaç duyduğu desteği sağlamakta başarısız olacaktı.

Dan ve Nancy çocuklarını yetiştirirkense ailenin ihtiyaçlarına odaklanma konusunun içinde kaybolmaları kolay oldu ancak şimdi çocuklar gidince, altta yatan dinamikler görünür olmuştu. Dan ve Nancy, artık zorlukla bir aradaydı.

Dan, kendini Nancy'e karşı, "Cinsel açıdan ölü." şeklinde tasvir etti. "Sekse ilgimi tamamıyla kaybettim." dedi. Annesiyle ilişkisini keşfettiğinde Dan bunun sebebini kolaylıkla anladı.

Annesine ihtiyaç duyduğu ilgi ve teselliyi vermek bir çocuğun sorumluluğu değildir. Bunu, küçük bir çocuktan istemek çok büyük bir şeydir. Annesinin ihtiyaç duyduğu şeyi, bir çocuk hiçbir zaman veremez. Onun acısını tamamıyla gideremez. Aksine annesinin sevgisi onu boğuyordu ve ihtiyaçları bunaltmıştı.

Dan, Nancy'nin ondan çok fazla şey istediğinden şikâyet ettiğinde, aslında bahsettiği kişi Nancy değildi. Bilinçaltından, annesinin karşılanamayan ihtiyaçlarından bahsediyordu. Dan çocukken hissettiği o ağ gibi saran yakınlıkla Nancy'yle yakınlığını karıştırmıştı. Nancy'nin doğal istekleri ve ihtiyaçları bile dirençle karşılanıyordu. Kendini korumak için Dan, Nancy'ye karşı kendini kapatıyor ve otomatik olarak her talebine hayır diyordu, gerçekten evet demek istediği durumlarda bile...

Dan'in ve Nancy'nin problemleri eşzamanlı biçimde birbirine geçiyordu. Her ikisi de evlilikleri aracılığıyla kendilerini iyileştirmeleri için bir araya getirilmişlerdi. İnsanlar genellikle farkında olmadan yaralarını tetikleyecek bir eş seçerler. Böylelikle kendilerinin acı dolu ve tepkili taraflarını görme, sahiplenme ve iyileştirme fırsatları olur. Mükemmel bir ayna gibi seçilen partner diğerinin kalbindeki sahiplenilmemiş ve bitirilmemiş şeyleri yansıtır. Nancy'nin annesiyle tamamlayamadığı ve bitiremediği meselesine yardımcı olmasına ihtiyaç duyduğu duygusal açıdan uzak sevgiyi Dan'den başka daha iyi kim sağlayabilirdi? Dan'e annesiyle çocukken yaşadığı o doyumsuz ihtiyaç hâlinin yarattığı yarayı iyileştirmesi için Nancy'den başka kim fırsat sağlayabilirdi?

En Büyük Korku (Ana Cümle)

Dan hayattaki en büyük korkusunun Nancy'yi kaybetmek olduğunu söyledi. "En büyük kâbusum en çok sevdiğim insanı kaybetmek olurdu. Nancy'nin öleceğinden veya beni terk edeceğinden ve onsuz yaşamak zorunda kalacağımdan korkuyorum." Bir önceki nesilde, bu ana cümlenin yankısı Dan'in annesi, on yaşındayken annesini kaybettiğinde hissettiği acı olabilir. Dan'in annesi de "en çok sevdiği kişiyi kaybetme" deneyimini yeni doğan bebeği öldüğünde tekrarlamıştı. Bu kayıplar Dan'in en büyük korkusunda aynalanıyor olabilirdi.

Dan, bu korkuyu taşımıştı, aslında en çok sevdiği insanlar olmadan yaşamaktan korkan kişi annesiydi. Dan ana cümlesinin esasen annesinden kaynaklandığını hızla farkına vardı.

Model, bir sonraki nesilde devam etmişti. Dan'in annesi, kendi annesi öldüğünde tıpkı Dan'in altı hafta boyunca annesi "sinir krizi" sebebiyle hastanede yattığında "en çok sevdiği insanı" kaybettiğindeki gibi on yaşındaydı. Daha öncesinde de annesi depresyona girdikçe Dan'in üzerindeki ilgisinde kopukluklar olduğunu hatırlıyordu. O zamanlarda Dan kendini terk edilmiş ve yapayalnız hissediyordu.

Nancy'nin ana cümlesi de daha önceki bir zamana dayanıyordu. "Berbat bir evlilik içinde sıkışabilirim ve kendimi yalnız hissedebilirim." Bu cümle, açıkça Nancy'nin alkolik dedesiyle evli anneannesine aitti ve ailede yanlış giden her şey için o suçlanmıştı. Bir nesil öncesine bakarsak Nancy'nin anneannesinin, annesiyle zor bir ilişkisi olduğunu görebiliriz veya büyük anneannenin kocasıyla kötü bir evliliği olduğunu görebiliriz. Maalesef, büyük anneanneden ötesine dair tüm bilgiler tarihe karışmış. Her bir nesilde, annesinden kopmuş veya birbirlerinden kopuk ebeveynler tarafından büyütülmüş küçük bir kız göreceğimiz muhtemeldi. Bunu anladıktan sonra Nancy, bu modeli Dan'le tekrarlamaya devam edebilirdi veya iyileştirme fırsatını yakalayabilirdi. Nancy iyileşmek için hazırdı.

Aile Geçmişi (Çekirdek Travma)

Sistemik düzeyde Dan, babasının evliliğinde hissettiği erkeklik gücünün zayıflaması duygularını paylaşarak babasının deneyimlerini tekrar etti. Nancy, kocasıyla 'tatminsiz' hissederek annesinin ve anneannesinin deneyimlerini tekrarladı. Haydi, şimdi de onların aile sistemlerine bakalım.

DAN'İN AİLE SİSTEMİ

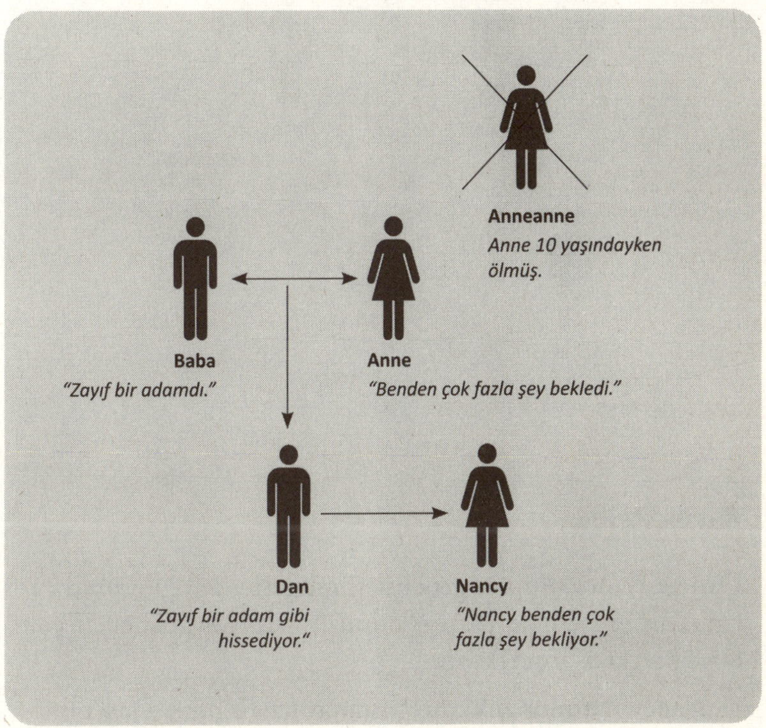

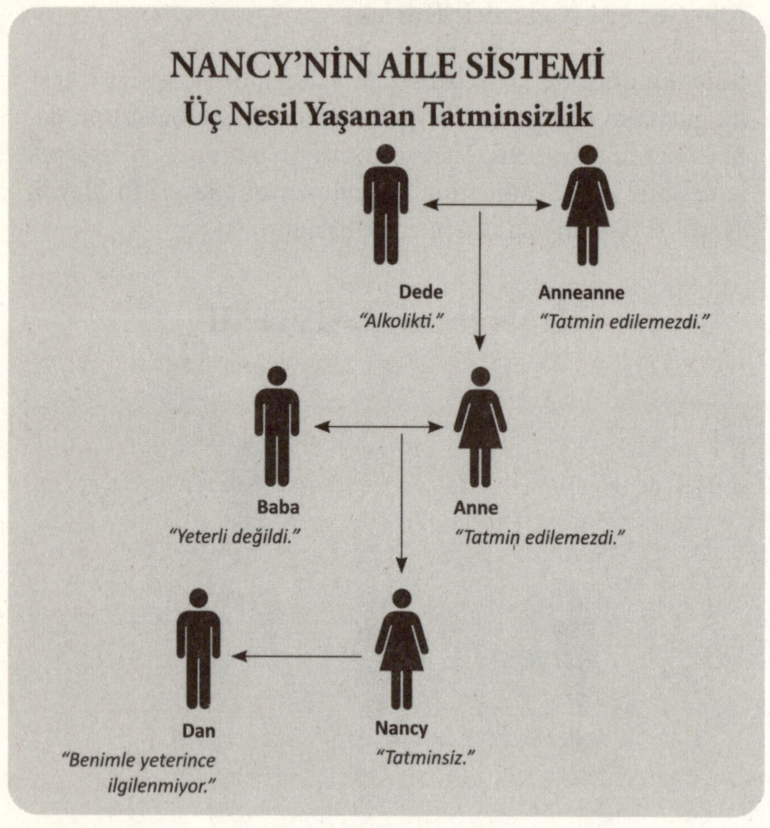

Büyük Resim

Dan ve Nancy'nin aile geçmişlerinin gösterdiği gibi ilişki çatışmaları, genellikle partnerlerimizle sahneye gelmeden çok önce harekete geçmektedir.

Nancy 'tatminsizlik' duygusunun kaynağının Dan olmadığını görebildi. Bu duygu annesiyle çok uzun zaman önce oluşmuştu. Dan de aynı şekilde kadınların kendisinden "çok şey talep ettiğine" dair duygusunun kaynağının Nancy olmadığını görebildi. Bu duygu da kendi annesiyle çok uzun zaman önce oluşmuştu.

Ayrıca Nancy ailesine giren her erkeğin kadınlar tarafından beğenilmediğini fark etti. Mevcut şekliyle Dan, evliliğe ait tatminsizlik yaşanan üç nesilin arasında bunu elde eden kişi hâline geldi.

İkisinin de bitmemiş meselelerini ilişkilerine taşımış olduklarını fark ettikten sonra büyü bozuldu ve suç bulutu dağılmaya başladı. Zamanında birbirlerine yönlendirdikleri yansıtmalar ve suçlamalar artık aile geçmişlerinin daha büyük kapsamında anlaşılıyordu. Büyük resim ortaya çıktıkça kendi tatminsizlik duygularının diğeri sebebiyle olduğuna dair birbirlerini sorumlu tuttukları illüzyon yok olmaya başladı.

Hemen birbirlerine yeni bir gözle bakmaya başladılar. Dan ve Nancy onları en başta bir araya getiren sıcak duygularını yeniden keşfedebiliyorlardı. Birbirlerine daha nazik ve cömert davranmaya başlamalarının yanı sıra yeniden seks yapmaya başladılar.

Yeni Resmi Genişletmek

Nancy'nin annesine duyduğu şefkat de derinleşmeye başlıyordu. Küçük bir kızken, evliliğinde mutsuz olan annesiyle duygusal açıdan ilgileniyordu. Anneannenin sahip olduğundan daha fazlasına sahip olmaya kendisine izin vermeyen Nancy'nin annesi mutsuz evlilik döngüsünü tekrar ediyordu.

Nancy'nin hatırladığı eski anılarda, annesi uzak ve ilgisiz görünüyordu. Küçük bir kızken Nancy kendini annesi tarafından reddedilmiş hissediyordu. Aile geçmişini bütün olarak ele aldığımızda Nancy, annesine yeni bir bakış açısıyla bakabildi. Annesinin uzak olsa bile Nancy'ye ihtiyacı olan her şeyi verebilmiş olduğunu hissetti. Nancy bunu anladıktan sonra annesine karşı yumuşayabildi.

'Annelik' bakımından aldatılmış olduğuna dair sahip olduğu eski içsel görüntülerin ötesine geçebildi. Onun yerine annesi tarafından rahatlatıldığına dair yeni bir görüntü yerleşti. Bu duygunun onun içini doldurduğu görünüyordu. Yeni görüntüsündeyse annesinin ona karşı sadece sevgi dolu yaklaşımları vardı.

Annesi on altı sene önce ölmüş olmasına rağmen Nancy, annesi yaşarken sormak aklına bile gelemeyecek desteği ondan isteyebildi. Hatırlayabildiği kadarıyla ilk kez Nancy annesinin sevgisini hissedebiliyordu.

Gözlerini kapadı ve annesinin ona arkasından sarıldığını hayal etti ve ağlayarak şunları söyledi: "Anne, seni hep bana yeterince ilgi göstermediğin için suçladım ve Dan'i de aynı nedenle suçluyordum. Şimdi bana sahip olduğun her şeyi verebildiğini anlıyorum. Anne bu yeterliydi. Gerçekten yeterliydi." "Anne, lütfen Dan ile mutlu olabilmem için bana dua et. Anneannem ve sen olamamış olsanız bile ben evliliğimde kendimi tatmin olmuş hissetmek istiyorum. Bugünden itibaren ne zaman kendimi tatmin olmamış ve yalnız hissetsem sana uzanacağım ve seni arkamda hissedeceğim, beni desteklediğini ve benim için en iyisini istediğini hissedeceğim."

Birkaç hafta boyunca Nancy, annesinin bir fotoğrafını yatağının yanına koydu ve uykuya dalarken geceleri annesinin ona sarıldığını hayal etti. Annesinin kolları arasında yattığını ve ihtiyaç duyduğu tüm sevgiyi aldığını hayal etti. Nancy küçük bir kızken alamadığı ne varsa artık hissedip alabiliyordu. Annesinin sevgisiyle kucaklanmış olarak artık Dan'e bütünüyle yeni biri olarak dönebilirdi.

Dan de aynı şekilde ölen annesiyle konuştuklarını hayal etti: "Anne, ben küçükken seninle ilgilenmek zorunda olduğumu düşündüm. Bu konuda kızgınlık duyuyorum. Bunu ikimiz de fark etmemiştik fakat ben senin annen sen küçükken öldüğü için bu durumu telafi etmeye çalışıyordum. Bu benim için çok fazlaydı. Hiçbir zaman kendimi neden yeterli hissetmediğimi merak etmemiştim. Bunun gibi bir kaybı küçük bir erkek çocuğu telafi edemezdi."

Dan'in içsel görüntüsünde Dan, annesinin onu geri adım atarak ona daha çok alan vererek cevaplandırdığını hissediyordu. Dan nefes verdi ve ardından akciğerlerinin büyüklüğü iki katına çıkar gibi derin bir nefes aldı. Bedeninde bu kadar çok nefese alışık olmadığı için başlangıçta Dan'in başı döndü ve sonrasında kendini enerjik hissetti ve şöyle devam etti: "Anne, ben sıklıkla Nancy'nin benden çok fazla şey istediğini hissediyorum. Lütfen Nancy'nin bana ihtiyaç duyduğu zaman yok olacağımdan veya yeterli olmayacağımdan duyduğum korku olmadan, Nancy'yi olduğu gibi görebilmem için bana yardım et."

İyileşmeye duyduğu isteği devam eden Dan hâlâ hayatta olan babasıyla da iletişim kurdu. Dan, babasına onunla uzak oldukları için üzgün olduğunu anlattı. Babasını öğle yemeğine götürdü ve ona onunla yakın olmak istediğini söyledi. Öğle yemeği sırasında, Dan babasına harika bir baba olduğu için teşekkür etti. Babası bu sözlerin ardından çok duygulandı. Dan'e uzun zamandır bu konuşmanın olması için beklediğini söyledi. Dan daima orada olan sevgiyi hissedebiliyordu. Şimdi bu sevgiyi almaya hazırdı.

Nancy, Dan'deki yeni gücü hissedebiliyordu. Boyu daha uzunmuş gibi gözüne göründü. Nancy'nin cevabı otomatikti: "Artık Dan'e saygı duyuyorum."

Nancy, Dan'den yardım istedi: "Suçladığımı, eleştirdiğimi veya memnuniyetsiz olduğumu hissettiğin zaman lütfen bunu bana söyle. Bunu içimde fark etmeye çalışacağıma söz veriyorum. Sana daha iyi bir eş olmak istiyorum." Dan, derin bir nefes daha aldı. Bu nefes, bedenini yeni bir biçimde doldurdu, küçük bir erkek çocuğuyken kapattığı yerlere doğru yayıldı.

Buna karşılık Dan de Nancy'den ona yardım etmesini istedi: "Duygusal açıdan uzak olduğum zaman lütfen bunu bana söyle. Bunu kendim gözlemleyip görmeye çalışacağıma ve senden kaçmayacağıma söz veriyorum." Nancy aynı şekilde derin bir nefes aldı. İkisi de aynı anda tutmak üzere birbirlerine ellerini uzattılar.

Dan ve Nancy'nin durumu, bazı sorular sorarak ve çekirdek dil yapısını anlamak üzere dinleyerek en derin ilişki çatışmalarımızın kaynağına erişebileceğimizi göstermektedir. Tıpkı Dan ve Nancy'nin her ikisinin de yaralarının birbirleri tarafından aynalandığı ve büyütüldüğü gibi bizler de partnerlerimize bakarak aile geçmişimizde bitiremediğimiz hangi meselelerimizin olduğunu ve hangilerini ilişkimize yansıttığımızı görebiliriz. Harita zaten bizim içimizdedir. Belki yolu karanlıkta kalmış olabilir ancak genellikle bize ışık sağlamaları için partnerlerimize güveniriz.

Partnerlerin Ötesine Bakmak

İlişkilerimizdeki şikâyetlerin çekirdek dil yapısını keşfettiğimizde, genellikle bize tanıdık gelen bir aile hikâyesi bağlantısı buluruz.

Şikâyetlerimize görünürdeki değerine göre bakmak yerine kendimize şu soruyu sormamız gerekir: Ebeveynlerimiz veya büyükanne/dedelerimiz benzer deneyimler yaşamışlar mı? Partnerimize de ebeveynlerimize karşı hissettiğimiz duygulara benzer duygular mı hissediyoruz?

İlişkim, Aile Geçmişimdeki Bir Modeli Mi Yansıtıyor?

Partnerinizle zorluklar yaşıyorsanız, sorunun doğrudan partnerinizden kaynaklandığı sonucuna varmayın. Bunun yerine şikâyetlerinizde kullandığınız kelimeleri, partnerinizi suçlamadan veya duygularınıza kapılmadan dinleyin. Kendinize şunu sorun:

- Bu kelimeler tanıdık geliyor mu?

- Annem veya babamla ilgili şikâyetlerimle aynı şeyden mi yakınıyorum?

- Annemin veya babamın birbirleri hakkında aynı

> şikâyetleri var mıydı?
>
> - Anneannem veya dedem benzer şekilde mi mücadele etmişti?
> - İki veya üç nesil arasında bir paralellik var mı?
> - Partnerimle yaşadıklarım, ben küçük bir çocukken ebeveynlerime karşı hissettiklerimi yansıtıyor mu?

Tyler'ın Hikâyesi

Tyler; yirmi sekiz yaşında, atletik yapılı bir eczacıydı ve karısı Jocelyn'i çok seviyordu. Üç yıldır evlilerdi ancak düğünlerinden beri sadece iki defa cinsel ilişki yaşamışlardı. Evliliklerinden önce sık sık seks yaparlardı. Düğünlerinde yemin ettiklerinden beri Tyler kendini endişeli ve tedirgin hissediyordu. Karısının onu başka bir adam için terk edeceğinden emindi. "Altı ay içinde beni aldatacaksın." diyordu. Jocelyn ise devamlı ona sadık olduğu konusunda Tyler'ı inandırmaya çalışıyordu fakat Tyler bunu duyamıyordu. Jocelyn'in ona sadakatsiz olacağına dair ısrarı ilişkilerini yıpratıyordu. İlk seansımızda bana, "Bundan kesinlikle eminim." dedi. "Jocelyn beni aldatacak ve ben mahvolacağım."

Düğünden beri Tyler ereksiyon bozukluğuyla mücadele ediyordu. Tıbbi testler sağlıklı olduğunu ve fiziksel açıdan bir problemi olmadığını doğruluyordu. Tyler aradığı cevabın onun için anlaşılması güç olduğunu biliyordu. Sadece nereye bakması gerektiğini bilmiyordu. Çekirdek cümlesiyse bir harita işlevini görerek onu gitmesi gereken yöne yönlendirdi.

Tyler'ın Çekirdek Cümlesi: "Karım beni aldatacak ve mahvolacağım." Tyler farkında olmasa da bu çekirdek cümlenin sahibi değildi. Bu acı dolu mantra ailesinin geçmişinde kırk yıl önce yankılanmıştı, Tyler'sa bu hazin olaydan haberdar değildi.

Tyler'ın babası, ilk karısıyla bir yıldan daha az süredir evliyken karısı başka bir adamla cinsel birliktelik yaşamış, onu aldatmıştı. Yaşadığı şok kaldırabileceğinden fazlaydı. Babası kasabadan ayrılmış, işini bırakmış, arkadaş çevresinden ayrılmış ve ne olduğu hakkında hiçbir zaman konuşmamıştı. Tyler bunların hiçbirini bilmiyordu. Bunları kendi belirtileri ortaya çıktığında öğrendi ve benim teşvik etmem üzerine babasına, Tyler'ın annesiyle evlenmeden önce başka bir ilişkisi olup olmadığını sordu. Bir sonraki seansımızda Tyler, bu soruyu sorduğunda babasının bir an için nefesini tuttuğunu ve dişlerini sıkarak dudaklarını kapattığını anlattı. Bu bana, babasının âdeta kelimenin tam manasıyla geçmişinin ağzından kelimelerle dökülmemesi için çabaladığı hissini uyandırdı. Buna rağmen sonunda ilk karısından bahsetmişti.

Geçen zaman, aradaki mesafe ve tekrar evlenmesine rağmen babasının kırık kalbi hiçbir zaman iyileşmemişti. Babasının kalbinde çözümlenmeden kalan ne varsa şimdi Tyler'ın evliliğini etkiliyordu. Babasıyla yaşadığı acı hakkında hiç konuşmamasına rağmen duygular Tyler'ın bedeninde çok canlıydı. Tyler bilmeden babasının travmasını devralmıştı.

Bunu anlamanın getirdiği aydınlanma, tüm bedenini âdeta derin bir uykudan uyandırdı. Artık Jocelyn'le seks yapmak isterken bedeninin neden donup kaldığını anlıyordu. Sonunda bedeninin kendini kapatışının ardındaki bilgiyi anlamıştı. Cinsel iktidarsızlık arzuladığı aşkından onu uzaklaştırmıştı. Görünürde bu, mantıksız gibi görünse de daha derinden bakıldığında Tyler, Jocelyn'in onu incitmesinden korktuğunu anladı.

Jocelyn'le cinsel ilişki yaşayamayarak Tyler, bilinçdışı bir biçimde kendini muhtemel herhangi bir ihanetten koruyordu. Tıpkı babasının ilk karısına karşı "yeterince iyi olmaması" gibi Tyler, Jocelyn'e karşı "yeterince iyi olmama" fikrini kaldıramıyordu. Ereksiyon bozukluğu onu aynı reddedilişi yaşamasından uzakta tutuyordu. Jocelyn tarafından reddedilme düşüncesi Tyler'ın yaşamak istemediği bir şeydi. Kendi güvensizliği içinde neredeyse kendini reddetmesine sebep oluyordu.

Tyler'ın ihtiyaç duyduğu tek şey, bu bağlantıyı kurmaktı. Jocelyn'in onu gerçekten sevdiğini ve tüm cinsel problemleri boyunca onun yanında olduğunu görebildi. Babasının duygularını kalıtsal olarak almış olmasına rağmen Tyler, bunları tekrardan yaşamak zorunda olmadığını anladı. Babasının kâbusu onun başına gelmek zorunda değildi.

Sevgi

Antik çağ şairi Virgil, "Sevgi her şeye üstün gelir." demiştir. Sevgimiz yeterince büyükse, ilişkimiz ne kadar zor olsa da kesinlikle başarılı olacaktır. Beatles da bizlere şunu söyler, "İhtiyacın olan tek şey sevgidir." Ancak bilinçaltındaki çok sayıdaki sadakat bağı yaşamlarımızda görünen yüzeyin altından görünmez bir biçimde işlemektedir ve bilinçdışı sevginin (ailelerde ifade edilmiş bilinçdışı sevgi) partnerimizle sevgi dolu bir ilişki sürdürme becerimizi 'baskılayabildiğini' söyleyebiliriz. Aile geçmişimizin görünmez bağlarını çözmeyi öğrendiğimizde ise onların bizim üzerimizdeki etkilerini ortaya çıkarabiliriz. Çekirdek dilimizi deşifre etmek de bunu mümkün kılmaktadır. Görünmez olanı görünür hâle getirerek, sevgi alma verme konusunda daha özgür oluruz. Şair Rilke bir ilişkiyi sürdürmenin zorluğunu anlayarak şunları yazmıştır: "İnsan olarak bir başkasını sevmemiz, belki de yükümlü kılındığımız en çetin, en ağır görev, en büyük sınanma ve sınav, bütün ötekilerin yalnızca hazırlık oluşturduğu bir çalışmadır."[1]

Partnerimizle yakınlığımızı sarsan yirmi bir aile dinamiği aşağıdadır. Bu dinamiklerden bazıları bizleri bir ilişkiye girmekten bile alıkoyabilmektedir.

İlişkileri Etkileyebilen Görünmez Yirmi Bir Dinamik

1. **Annenizle zor bir ilişkiniz vardı:** Annenizle aranızda bitmemiş ne varsa partnerinizle ilişkinizde tekrar etmesi muhtemeldir.

2. **Ebeveynlerden birini reddediyor, yargılıyor veya suçluyorsunuz:** Ebeveynlerin birinde reddettiğiniz duygu, özellik ve davranışlar bilinçdışı bir biçimde sizin içinizde var olmaya devam edebilmektedir. Bu ebeveyn hakkındaki şikâyetlerinizi partnerinize yansıtabilirsiniz. Ayrıca reddedilen ebeveynin sahip olduğu özelliklere benzer özelliklerde bir partner seçmeniz de olasıdır. Bir ebeveyni reddettiğinizde, bu reddedişi ilişkilerinizde mücadele ederek dengelemeye çalışabilirsiniz. Partnerlerinizi terk edebilirsiniz veya onlar tarafından terk edilebilirsiniz. İlişkileriniz anlamsız gelebilir veya yalnız olmayı seçebilirsiniz. Aynı cinsten ebeveynimizle sahip olduğumuz yakın bağın bir partnere bağlanma kapasitemizi kuvvetlendirdiği görülmektedir.

3. **Ebeveynlerden birinin duygularıyla birleştiniz:** Ebeveynlerden biri, diğerine karşı negatif duygular besliyorsa, sizin bu duyguları kendi partnerinize karşı devam ettirme ihtimaliniz vardır. Bir partnere karşı hissedilen tatminsizlik nesilden nesile aktarılabilmektedir.

4. **Annenizle bağınızda erken bir kopuş yaşadınız:** Bu dinamiği taşıyorsanız partnerlerinizle yakın ilişki kurma teşebbüsünüzde bir derece kaygı ve endişe yaşamanız muhtemeldir. Genellikle bu kaygı/endişe ilişki derinleştikçe artar. Kaygının/endişenin yaşanılan erken bir kopukluktan kaynaklandığının farkında

olmaksızın, partnerinizde kusur bulmaya başlayabilirsiniz veya kendinizi bu yakınlıktan uzaklaştırmak için çatışmalar yaratabilirsiniz. Ayrıca kendinizi ilgiye muhtaç, ilgi meraklısı, kıskanç veya güvensiz hissedebilirsiniz ya da tam tersine, bağımsız görünebilirsiniz ve ilişkilerinizde fazla bir şey talep etmezsiniz. Belki de ilişkilerden büsbütün kaçınabilirsiniz.

5. **Ebeveynlerden birinin duygularının sorumluluğunu üstlendiniz:** En ideali ebeveynlerin vermesi, çocuklar almasıdır fakat üzgün, depresif, endişeli veya özgüvensiz bir ebeveyni olan birçok çocuk için odak, daha çok ebeveynleri rahatlatmak ve onlardan sevgi ve ilgi almayı geciktirmektir. Böyle bir dinamikte, çocuğun ihtiyaçlarının karşılanması ikinci planda kalabilmektedir ve kendi içgüdüsel duygularına erişimi ilgi almaktansa vermeye dair alışkanlığa bağlı dürtü tarafından gölgede kalabilmektedir. Yaşamın sonraki dönemlerindeyse bu çocuk, partnerine çok fazla kendinden verebilir ve ilişkiyi gerginleştirebilir veya tam tersi de geçerli olabilir. Partnerinin ihtiyaçları sebebiyle kişi bunalmış ve yük altında kalmış hissederek, ilişki geliştikçe içerleyebilir veya duygusal olarak engellenmiş hissedebilir.

6. **Ebeveynleriniz birlikte olmaktan mutsuzdu:** Ebeveynleriniz ilişkilerinde mücadele vermiş veya iyi anlaşamamışlarsa, sizin kendinize onların sahip olduğundan daha fazlasına sahip olma izni vermemeniz olasıdır. Ebeveynlerinize duyduğunuz bilinçdışı bağlılık, onların asıl isteğinin sizin mutlu olmanız olduğunu bilmenize rağmen sizi onların olduğundan daha mutlu olmanızdan alıkoyabilir. Canlılık ve neşenin eksik olduğu bir ailede çocuklar mutlu oldukları

zaman kendilerini suçlu veya rahatsız hissedebilmektedirler.

7. **Ebeveynleriniz bir arada kalmadı:** Ebeveynleriniz bir arada kalmadıysa, siz de bilinçdışı bir biçimde ilişkinizi bırakabilirsiniz. Bu, onların ayrıldığı yaşa geldiğiniz zaman, ilişkide onlarla aynı süre geçirdiğinizde veya çocuğunuz sizin ebeveynleriniz ayrıldığında olduğunuz yaşa geldiğinde meydana gelebilir ya da ilişkinizde bir arada kalırsınız fakat duygusal açıdan ayrı yaşarsınız.

8. **Ebeveynniz veya büyükanne/dedeniz eski partnerlerini terk etti:** Babanız veya dedeniz ilişkilerinin evliliğe gideceğine inanan daha önceki bir partnerinden veya karısından ayrıldıysa siz de kız çocuk veya torun olarak o kadın gibi yalnız kalarak bedelini ödeyebilirsiniz. Babanız veya dedeniz için yeterince iyi olamamış bu kadın gibi siz de kendinizi "yeterince iyi değilmiş" gibi hissedebilirsiniz.

9. **Annenizin büyük aşkı kalbini kırdı:** Siz bir çocuk olarak bilinçdışı bir biçimde annenizin kalp kırıklığına dahil olabilirsiniz. İlk aşkınızı kaybedebilirsiniz veya annenizin acısını taşıyabilirsiniz ya da tıpkı onun gibi mükemmel olmadığınız ve yeterince iyi olmadığınız duygusuna kapılabilirsiniz. Hiçbir zaman istediğiniz partnerle birlikte olamadığınızı hissedebilirsiniz. Bir erkek çocuk olarak, enerjisel açıdan bu ilk aşkın yerine geçmeyi deneyebilirsiniz ve annenize bir partner gibi olmaya çalışabilirsiniz.

10. **Babanızın büyük aşkı kalbini kırdı:** Siz bir çocuk olarak bilinçdışı bir biçimde babanızın kalp kırıklığına dahil olabilirsiniz. Siz de ilk aşkınızı kaybede-

bilirsiniz veya babanızın aşk acısını taşıyabilirsiniz ya da tıpkı onun gibi mükemmel olmadığınız ve yeterince iyi olmadığınız duygusunu taşıyabilirsiniz. Bir kız çocuk olaraksa enerjisel açıdan bu ilk aşkın yerine geçmeyi deneyebilirsiniz ve babanıza bir partner gibi olmaya çalışabilirsiniz.

11. **Ebeveyniniz veya büyükanne/dedeniz yalnız kaldı:** Ebeveynlerinizden veya büyükanne/dedenizden biri terk edildikten sonra veya eşinin ölümünden sonra yalnız kaldıysa, siz de yalnız kalabilirsiniz. Bir ilişki içindeyseniz, tartışma veya mesafe yaratarak kendinizi yalnız hissedersiniz. Sessiz bir bağlılıkla bilinçdışı bir biçimde bu yalnızlığı paylaşmanın bir yolunu bulursunuz.

12. **Ebeveyniniz veya büyükanne/dedeniz evliliğinde acı çekti:** Örneğin büyükanneniz sevginin olmadığı bir evlilik içinde sıkışıp kaldıysa veya dedeniz öldüyse, alkolikse, kumarbazsa veya büyükannenizi çocukları büyütme konusunda yalnız bırakıp terk ettiyse, siz de kız torun olarak farkında olmaksızın bu deneyimleri evli olmakla ilişkilendirebilirsiniz. Ya büyükannenizin deneyimini tekrar edersiniz ya da aynı şeyin sizin de başınıza gelebileceğinize dair duyduğunuz korkuyla bir partnere bağlanmaya direnç gösterebilirsiniz.

13. **Ebeveyniniz diğer ebeveyniniz tarafından küçük düşürüldü veya saygısızlık gördü:** Siz bir çocuk olarak partneriniz tarafından saygısızlığa maruz kalarak bu ebeveynin deneyimini tekrar yaratabilirsiniz.

14. **Ebeveyniniz genç yaşta öldü:** Çocukluğunuzda ebeveynlerinizden biri öldüyse ölen ebeveyninizle aynı yaşa eriştiğinizde, ilişkinizde aynı yıl süresini

doldurduğunuzda veya çocuğunuz siz ebeveyninizi kaybettiğinizde olduğunuz yaşa ulaştığında kendinizi partnerinizden fiziksel veya duygusal açıdan uzaklaştırabilirsiniz.

15. **Ebeveynlerinizden biri diğerine kötü davrandı:** Babanız annenize kötü davrandıysa erkek çocuk olarak siz de partnerinize benzer şekilde kötü davranabilirsiniz böylece babanız tek başına "kötü adam" olmayacaktır. Kız çocuk olaraksa size kötü davranan veya kendinizi mesafeli hissedeceğiniz bir partner seçebilirsiniz. Annenizden daha mutlu olmak sizin için zor olacaktır.

16. **Daha önceki bir partnerinizi incittiniz:** Eğer daha önceki bir partnerinizi fena hâlde incittiyseniz, farkında olmaksızın bu incitmeyi yeni ilişkinizi sabote ederek dengelemeye çalışabilirsiniz. Yeni partneriniz ise bilinçdışı bir biçimde sizden benzer bir davranış görebileceğinin farkında olarak sizden bir nebze kendini uzak tutabilir.

17. **Çok fazla sayıda partneriniz oldu:** Eğer çok fazla sayıda partneriniz olduysa bir ilişkide bir partnere bağlanma becerinizi tüketebilirsiniz. Ayrılıklar daha kolay hâle gelebilir. İlişkileriniz derinliğini kaybedebilir.

18. **Kürtaj oldunuz veya çocuğunuzu evlatlık verdiniz:** Suçluluk, vicdan azabı veya pişmanlık duygusuyla bir ilişki içinde kendinize mutlu olma izni vermeyebilirsiniz.

19. **Annenizin sırdaşıydınız:** Bir erkek çocuk olarak, annenizin karşılanmamış ihtiyaçlarını karşılayarak ve babanızdan alamadığı hisleri ona vermeye çalışarak onu tatmin etmeye gayret edebilirsiniz.

20. **Babanızın gözdesiydiniz:** Annesindense babasına daha yakın bir kız çocuğu genellikle seçtiği partnerlerle tatmin olduğunu hissedemez. Bu problemin kökeni partner değildir, kızın annesine duyduğu mesafedir. Bir kadının annesiyle ilişkisi partneriyle ilişkisinin ne kadar tatmin edici olacağını gösteren bir işaret olabilir.

21. **Ailenizde bir kişi hiç evlenmedi:** Kendinizi, hiç evlenmemiş bir ebeveyn, büyükanne/dede, hala/teyze, amca/dayı veya büyük abla/abi ile özdeşleştirmeniz olasıdır. Belki bu kişi küçümsendi, alay edildi veya diğer aile bireylerinden daha az şeye sahip gibi algılanmış olabilir. Bilinçdışı bir biçimde ittifak oluşturarak siz de evlenmeyebilirsiniz.

13. Bölüm

Başarı Dili

*Dans eden bir yıldız doğurabilmesi için insanın
içinde kaos olmalıdır.*
-Friedrich Nietzsche, *Böyle Buyurdu Zerdüşt*

Kişisel gelişim kitaplarının çoğu, yazarın belirttiği planı takip etmemiz kaydıyla bizlere finansal başarı ve memnuniyet vaat eder. Etkili alışkanlıklar geliştirmek, sosyal çevremizi genişletmek, gelecekteki başarımızı gözümüzde canlandırmak ve para mantraları tekrar etmek gibi stratejiler başarıya giden yollar olarak lanse edilir. Peki ya ne yaparsak yapalım ve hangi planı takip edersek edelim hiçbir zaman hedeflerini başaramayan bizler ne yapmalıyız?

Başarıya yönelik girişimlerimiz bariyerlere ve çıkmaz sokaklara çarptığında aile geçmişini incelemek izlenmesi en önemli doğrultudur. Ailelerimizdeki çözümlenmemiş travmatik olaylar başarının bize akışını ve bunu ne kadar iyi bir şekilde alabildiğimizi belirler. Başarısız olmuş, aldatılmış veya birini aldatan biriyle bilinçdışı bir biçimde kendimizi özdeşleştirmekten, hak edilmemiş bir mirasa sahip olmak, bir anneden erken yaşta ayrılmanın travmasını yaşamaya kadar uzanan dinamiklerin tümü kendimizi güvende ve finansal açıdan aktif hissetme becerimizi etkileyebilir. Bu bölümün sonunda aile geçmişinizde olan ve size engel oluşturan herhangi bir çekirdek travma olup olmadığını fark etmenize yardımcı olabilecek soru listesi bulacaksınız. Bununla birlikte kendi başarısızlık korkunuzun etrafındaki çekirdek dilin yapısını nasıl çıkaracağınızı ve hayatınızı nasıl tekrar rayına oturtabileceğinizi öğreneceksiniz.

İlk olarak başkalarının daha başarılı olabilmek amacıyla kendilerini özgürleştirmek için çekirdek dil yaklaşımını nasıl kullandıklarına bakalım.

Aile Geçmişindeki Hataların Bedelini Ödemek

Ben'in hukuk stajını bitirmesine bir hafta kalmıştı. Çalışmasını kâra çevirmek üzere yaptığı bir dolu girişimden sonra başarısız olmuştu ve hukuku temelli bırakmak üzereydi. Bana şöyle dedi: "Yalnızca yaşamımı sürdürebilecek miktarda para kazanma seviyesinin ötesine geçemiyorum. Zar zor geçiniyorum."

Ben'in Çekirdek Dili: "Yalnızca yaşamımı sürdürebiliyorum. Zar zor geçiniyorum." Ben, tüm yetişkinlik dönemi boyunca deneyimlediği bir yaşam kalıbını tasvir etti. Başını kaşıyacak vakti olmayan, aynı anda bir sürü değişik işle uğraşan, sırada bekleyen bir sürü müvekkili olan biriyken birdenbire dibe vurmuştu. "Kazandığım hiçbir şeyi tutamıyorum. Zar zor yaşamımı sürdürüyorum." Ben'in çekirdek dilini dikkatle dinlediğinizde, muhtemelen bir başkasının ağlayışını duyabilirsiniz, bu fakirleşmiş, "zar zor hayatta kalıp yaşamını sürdüren" ve "zar zor geçinen" biriydi. Tabii ki de soru şuydu: Kim?

Çekirdek dil yolu ile doğrudan problemin kökenine gidebiliriz. Ben, çocukluğunda Florida'ya seyahatlerini hatırladı. Ben'in dedesi Florida'nın merkezinde 1930 yılından 1970 yılının başlarına kadar sahip olduğu narenciye tarlasını başarılı bir şekilde işletmişti. Aile neredeyse hiç ödeme alamamış göçmen işçilerin teriyle ve çalışması üzerine servet inşa etmişti.

Çok az ücretle yaşamlarını zar zor sürdüren işçiler borçlarını ödeyemiyordu ve sefalet içinde yaşıyorlardı. Ben'in dedesinin ailesi bolluk içinde ve lüks bir malikânede yaşıyorlarken çiftçiler kırık dökük, harap hâldeki gecekondularda kalabalıkla hep beraber yaşıyorlardı. Ben, küçük bir çocukken onların çocuklarıyla oynadığını hatırladı. O zamanlar onların fakir, kendisinin zengin olmasından dolayı duyduğu suçluluk duygusunu hatırladı. Yıllar sonra Ben'in babasına, dedesinin malikânesi miras kaldı fakat zamanla yaptığı kötü yatırımlar ve iş anlaşmalarının kötü gitmesi sebebiyle malikâne kaybedildi. Sonuçta Ben mirastan faydalanamadı.

Sıkıntılı süreç Ben için de devam etti. Baroya geçtiğinden beri faturaları ödeyemiyordu ve bankaya borcu vardı.

Ben mevcut durumuyla aile geçmişi arasında bağlantı kurunca olanlar anlam kazanmaya başladı. Çiftçiler zar zor yaşamlarını sürdürürken ailesinin nasıl zenginlik içinde yaşadığını görebildi. Onların maruz kaldığı dezavantaj doğrudan Ben'in ailesinin elde ettiği avantajla bağlantılıydı. İşçilerle bilinçdışı bir biçimde ittifak oluşturan Ben sefaletlerini tekrarlıyordu. Âdeta fakir hâlde yaşayarak Ben, kendine ait olmayan, dedesinin borcunu bir şekilde dengeliyordu.

Artık bu şablonu kırmanın zamanıydı. Birlikte yaptığımız seans sırasında Ben, gözlerini kapadı ve birlikte oynadığı çocukları ve onların ailelerinin önünde durduklarını gözünde canlandırdı. Ben'in içsel imgesinde onlar üzgün ve sefalet içinde görünüyorlardı. Ben on iki yaşındayken vefat eden dedesinin onlarla birlikte durduğunu ve onlara hak ettikleri ödemeyi yapmadığı için özür dilediğini gözünde canlandırdı. Ben, dedesine bu işçilere yapılan haksız davranışların bedelini avukatlık mesleğinde mücadele ederek ödemeye devam edemeyeceğini ve işçilerin çektiği acının sorumluluğunu ona bırakacağını söylediğini hayal etti.

Dedesinin sorumluluk aldığını ve özür dileyerek bunu tazmin ettiğini gözünde canlandırdı. Dedesinin şunları söylediğini hayal etti: "Bunun seninle bir ilgisi yok Ben. Bu benim ödemem gereken bir borç, senin değil." Ben birlikte oynadığı çocukların ona gülümsediğini hayal etti. Ona karşı düşmanlık ve nefret gibi hisler barındırmadıklarını hissedebiliyordu.

Daha sonrasında Ben, göçmen ailelerden biriyle irtibata geçmeyi denedi fakat nerede olduklarına dair hiçbir iz bulamadı. Bunun yerine ailesinden bir iyi niyet göstergesi olarak sağlık ihtiyaçlarının giderilmesi amacıyla faaliyet gösteren bir derneğe bağış yaptı. Ben avukatlık mesleğine kapılarını açık tutmaya devam etti. Bu durumu büyük bir şirket tarafından kötü davranılan bir işçiye destek olarak telafi etmeye çalıştı. Birkaç hafta içinde, birkaç yeni ve yüksek ücretli işler önüne çıktı.

Finansal sorunun kaynağını bulmak için aile geçmişine baktığımızda, şu soruyu sormalıyız: Bizden önceki bir kişinin yaptıklarını dengelemek üzere farkında olmaksızın bir girişimde bulunuyor muyuz? Birçoğumuz farkında olmayarak geçmişin acılarını ve talihsizliklerini devam ettiririz.

Ben bunu başarabildi. Loretta da benzeri deneyimi yaşadı.

Loretta her şeyden çok kendi işini kurmak istiyordu. Kendi deyimiyle otuz yıl boyunca, "ter döküp ağır iş" yapması, çalıştığı şirketlerin sahiplerinin cüzdanlarını dolduruyordu ancak kendi işini kurmak veya kendi iş fikrini geliştirmek üzere önüne çıkan her fırsatta donakalıp adım atamıyordu. "Bir şey beni ilerlemekten alıkoyuyor. Sanki yüzeyin altında beni bir sonraki adımı atmaktan alıkoyan gizlenmiş bir şey var gibi." dedi. "Sanki aldığım şeyi hak etmiyormuşum gibi bir şey."

Loretta'nın Çekirdek Dili: "Aldığım şeyi hak etmiyorum." Loretta'nın çekirdek dilinin bizi geçmişe götürmesine izin verirsek aklımıza üç köprü sorusu gelecektir:

- Kim *aldığı şeyleri hak etmedi?*
- Kimin *önü kesildi?*
- Kim *ilerleyemedi?*

Yine cevap çok uzakta değildi. Loretta'nın babaannesi vasiyetinde kazançlı aile çiftliğini Loretta'nın babasına bırakmıştı ve Loretta'nın babasının dört erkek kardeşine ve kız kardeşlerine hiçbir şey bırakmamıştı. Babası ilerlemeye devam ederken kız kardeşleri mücadele etmeye devam etmişti. Bu olaydan sonra birbirleriyle uzak bir ilişkileri olmuştu.

Loretta'nın babası kardeşlerinin üstünden haksız bir avantaj elde etmişti. Loretta yetişkin olduğunda annesinin ve babasının tek çocuğu olarak tıpkı halaları ve amcaları gibi finansal açıdan mücadele verdi, böylelikle ailenin yönünü "avantajdan dezavantaja" döndürdü. Babasının, babaannesinden elde ettiği haksız kazancı dengelemek ister gibi Loretta bilinçdışı bir biçimde kendisini başarıdan uzak tutuyordu. Bilmeden, bir hatayı başka bir hatayla dengelemeye çalıştığını bir kez fark ettiğinde, bir girişimci olmak üzere gerekli olan riskleri alabilmeye başladı.

Loretta'nın durumunda, Loretta'nın çekirdek dili onu aile çiftliğine, aile geçmişindeki haksız kazanca götürdü. Ben'in durumunda da yol benzerdi ancak iş girişimine başlamak isteyen herkes bu kadar belirgin bir aile olayı tespit edemeyebilir.

John Paul'un durumunda, onu engelleyen aile olayı o kadar da belirgin değildi.

Anneden Ayrı, Başkalarından Kopuk

John Paul da kariyerini geliştirmek istiyordu, buna rağmen yakında göreceğimiz şekilde eylemleri tam tersini gösterir gibiydi. Çekirdek dil haritasını takip ederek, ipuçları ve içgörülerle çizilmiş bir yol keşfetti.

John Paul yirmi yıldan fazla süredir kariyer yapılamayacak bir işte oyalanıyor, ayrılamıyordu ve kendisinden düşük beceri düzeyindeki insanların ondan üst düzeylere ilerlemelerini izliyordu. John Paul sessizdi ve ofiste sohbet sırasında ve sosyal etkileşimlerde kuytu köşelerde saklanmayı tercih ediyordu. Başkaları tarafından fark edilmeden, göze batmadan, sadece üst yönetimin gözetimi altında çalışıyordu. Özel görevler için hiçbir zaman çağrılmadığından, başarısız olma riski de yoktu. Başkaları tarafından izlenme ve yargılanma stresinin eşlik ettiği bir görev olan liderlik görevini isteme düşüncesi onu bunaltıyordu. Bu çok tehlikeliydi. "Reddedilebilirim." veya "Yanlış bir hamle yapar ve her şeyi kaybedebilirim." diyordu.

John Paul'un Çekirdek Dili: "Reddedilebilirim. Yanlış bir hamle yapar ve her şeyi kaybedebilirim."

John Paul'un durumunda, daha önceki bir nesle bakmamız gerekmiyordu, sadece çocukluğundaki tek bir olayı incelememiz gerekiyordu: Annesiyle bağında yaşanan bir kopukluk. Birçoğumuz annemizle bağlanma sürecimizde bir kopukluk yaşamışızdır ve John Paul gibi biz de yetişkin olduğumuzda bunun bizi ne şekilde etkilediğiyle ilgili bir bağlantı kurmayız. John Paul, çocukluğunda annesinin sevgisine ve desteğine güven duymayı bırakmıştı. Bunun sonucu olarak da hayatının büyük bölümünde başkalarıyla ilişkilerinde tedbirli ve dikkatli oldu. Arkasında annesinin desteğini hissedemeyen John Paul çok arzuladığı şeylere doğru ilerlerken güvensizlik ve tereddüt yaşıyordu. "Eğer yanlış bir şey söylersem veya yaparsam reddedileceğim veya kovulacağım." diye korkuyordu.

John Paul, reddedilme korkusuyla annesiyle yaşadığı ayrılık arasında ne şekilde bir bağlantı kuracağını bilmiyordu.

Üç yaşındayken ebeveynleri, tatile gittiğinde yaz boyunca büyükannesinin yanında kalmak üzere gönderilmişti. John Paul'un büyükannesiyle dedesi çiftlikte yaşıyordu ve fiziksel olarak tüm ihtiyaçlarını karşılamalarına rağmen John Paul genellikle yetişkinler çiftliğin günlük işlerini yaparlarken, kendini çocuk parkında bırakılmış gibi hissediyordu. Yazın yarısında dedesi hastalanmıştı ve bu da büyükannenin ilgi ve enerjisini bölmüştü. Büyükannenin kendini çok bunalmış hissetmesi sebebiyle John Paul, sessiz durup ayakaltında olmazsa onu rahatsız etme ihtimalinin önüne geçebileceğini çabucak öğrenmişti.

Ebeveynleri döndüğünde John Paul oradaki deneyiminin ne kadar korkutucu olduğu hakkında onlarla konuşmanın bir yolunu bulamamıştı. Ebeveynlerine doğru koşmak istese de bir şey onu geri tutmuştu. Ebeveynleri sadece onun kucaklanmak istemediğini gördü ve onların yokluğunda daha bağımsız biri hâline geldiği sonucuna vardılar. Hâlbuki onun içinde tam tersi bir duygu gelişiyordu. Bağımsızlığı sadece annesinin onun için orada olacağına duyduğu güvene dair tereddüdün üstünü örtüyordu. John Paul bunu fark etmedi, daha öte bir hayal kırıklığından kendisini korumak için kendi canlılığını kapatıyordu. Kendi ışığını karartmıştı.

Bağımsızlık görüntüsünün arkasında gizlenen şey yakınlaşma ve incinme arasındaki riskli ilişkiydi. Bu etki yetişkinlik hayatının büyük bölümü üzerinde bir şablon hâlini aldı. Reddedilmekten ve kaybetmekten duyduğu korku, gizlice arzuladığı ilişkilerden kaçınma gibi aşırı derecelere ulaştı. Yanlış yapma riski "Her şeyi kaybetmek." anlamına gelebilirdi.

Annemizle bağımızda erken bir kopukluk yaşadığımızda, korku ve güvensizlik bulutu hayat deneyimlerimizin içine dolabilir.

Elizabeth adında başka bir danışanım da böyle bir kara bulutun altında yaşıyordu. O da John Paul gibi annesinden ayrılmıştı. Yedi aylıkken annesinin ilgisinden uzakta iki hafta hastanede kalmıştı. Bunu üç yaşındayken bir hafta süren hastane yatışı ve yedi yaşındayken diğer bir hastanede kalış izlemiş ve ayrılık tekrar edilmişti.

Elizabeth kendisinden başka otuz çalışanın olduğu bir ofiste veri girişi uzmanı olarak çalıştığı mevcut işini, "Gerçek bir cehennem." olarak tasvir etti.

Hiç kimseyle tek kelime konuşmadan bir günü geçirebilirdi. O ve ofis arkadaşları arasındaki uzaklık o kadar aşırı dereceye ulaşmıştı ki kendini hep birlikte yapılan sohbetlerin dışında kalmış hissediyordu yalnızca ona yöneltilen, cevabı evet ve hayır olan sorulara güveniyordu. Bana, "Eğer yanlış bir şey söylersem reddedilirim bu yüzden kendimi geri tutuyorum." dedi.

Geceleri aklından tekrar tekrar geçen obsesif düşünceleri ve korkuları anlattı: "Bir sohbetten sonra konuşmaları tekrar tekrar aklımdan geçiriyorum. Yanlış bir şey söyledim mi? Kimseyi incittim mi? Herhangi bir şeyi farklı şekilde mi söylemeliydim ya da arkadaşıma defalarca mesaj yazarak şöyle sorarım: 'Neden bana cevap vermiyorsun? Bana kızgın mısın?'" Ofis arkadaşlarını birlikte konuşurlarken görmekse korkularını artırıyordu. Onun hakkında konuşuyor olmalarından endişe ediyordu.

Sonunda, gözden çıkarılacağı ve reddedileceği veya kovulacağı ya da umursanmayacağı ve gruptan dışlanacağı hakkında endişeleniyordu. Bunlardan herhangi biri, küçük bir kızken hastanede hissettiği yalnızlık ve çaresizlik hislerini geri getiriyordu. Elizabeth, tıpkı John Paul gibi bu duyguların hastanede yattığı süre boyunca annesinden yaşadığı erken ayrılıkla bağlantısı olduğunun farkında değildi.

Elizabeth'in Çekirdek Dili: "Beni reddedecekler. Dışlanacağım. Uyum sağlayamayacağım. Tamamen yalnız olacağım."

John Paul gibi Elizabeth de bırakılma veya terk edilme korkusu taşıyordu. Benzer şekilde onun durumu da yaşama karşı tedbirli yaklaşımıyla hayatın kaynağıyla (annesiyle) yaşadığı erken ayrılıkla oluşan bağlantıyı kurarak çözüldü. Sadece bu bağlantıyı kurarak Elizabeth, fark etmeksizin yaşamını sınırlandıran çocukken vardığı sonuçları tersine döndürmeye başladı.

Hem John Paul hem de Elizabeth'in annelerine dair taşıdıkları, annelerinin destekleyici ve besleyici olmadığı içsel imgeleri iyileşmeye başladı. Sınırlı yaşantıları ve sahip oldukları sınırlandırıcı imgeler arasındaki paralelliği fark ettikten sonra her ikisi de annelerinde neyin canlandırıcı olduğunu anlamak için daha açık hâle geldiler. John Paul, annesinin resmini çizerken onun ne kadar heyecanlı olduğunu hatırlayarak başladı. Elizabeth ise annesinin ona karşı kendini kapatmadığını fark etti. Elizabeth hastanede yattığı sırada annesine karşı kendini kapatanın o olduğunu anladı.

Artık Elizabeth annesinin onu sevmek için sayısız teşebbüsünü onun engellediğini görebiliyordu. Annesi sebatkâr ve destekleyiciydi. Elizabeth'e fark ettiğinden daha çok şey vermişti.

Elizabeth bu ayrılığın etkisini anlar anlamaz içi daha bir umutla doldu. İlk defa, sonunda bir yere götüren bir yol görüyordu. Onun çekirdek dili yapayalnız bırakılan ve annesi tarafından terk edilmiş hisseden küçük kızın kelimelerini yansıtıyordu. İlk defa tünelin sonunda bir ışık görebiliyordu. Çekirdek dil yolunu izleyerek onun için iyi olan yola geçebildi.

Başarıyı Etkileyebilen Aile Dinamikleri

Finansal aktifliğimizin üzerinde sadece annemizle bağımızdaki kopukluk engel oluşturmaz (Elizabeth ve John Paul'da olduğu gibi) veya haksız iş anlaşmaları ve haksız miraslar (Ben ve Loretta'da olduğu gibi), aynı zamanda başka bir sürü dinamik başarı kavramıyla ilişkimizi etkileyebilmektedir. İlerleyen sayfalarda, bizi kısıtlayabilen birkaç aile etkisini inceleyeceğiz. Her biri art arda gelen nesilleri etkileyebilen sessiz bir güç görevi görebilmektedir. Bu dinamiklerden herhangi biri denediğimiz girişimlerde ilerleme sürecimizi raydan çıkarabilir niteliktedir.

Bir Ebeveyni Reddetmek Başarımıza Engel Olabilir

Ebeveynlerimiz hakkında anlattığımız hikâyelere, ne kadar iyi veya ne kadar kötü olduklarına, onların yaptıkları veya yapmadıkları şeyler yüzünden kendimizi ne kadar incinmiş hissettiğimize bakmaksızın, onları reddettiğimiz zaman kendi fırsatlarımızı kısıtlarız.

Ebeveynlerimizle ilişkimiz birçok yönden yaşama dair bir metafordur. Ebeveynlerinden çok şey aldığını hisseden kişiler genellikle yaşamdan çok şey aldıklarını hissederler. Ebeveynlerimizden çok az şey aldığımıza dair hissimiz yaşamdan da çok az şey aldığımız hissine dönüşebilir. Ebeveynlerimiz tarafından mahrum bırakılmış ve aldatılmış hissedersek yaşamın da bizi mahrum bıraktığını ve aldattığını hissedebiliriz.

Annemizi reddettiğimiz zaman, farkında olmadan kendimizi yaşamın rahatlatıcı unsurlarından da uzaklaştırırız.

Güvenlik, emniyet, beslenme, bakım (anneliğe ilişkin tüm elementler) yaşamlarımızda eksik gibi hissedebiliriz. Ne kadarına sahip olduğumuzu fark etmeksizin hiç yeterince sahip değilmişiz gibi algılayabiliriz.

Babamızı reddetmenin etkileri de eşit derecede kısıtlayıcı olabilir. Örneğin babasını reddeden bir adam başka insanların yanında kendini rahatsız veya içine kapanık hissedebilir. Hatta babasının aile birliğini sağlayıcı veya bozucu olması fark etmeksizin, kendini baba olmakla ilişkili sorumlulukları benimsemek konusunda tereddütlü veya isteksiz hissedebilir.

Ebeveynlerden biriyle bitmemiş bir mesele, iş yaşamımızın yanı sıra sosyal yaşamımıza da gölge düşürebilir. Çözümlenmemiş aile dinamiklerini bilinçdışı bir biçimde tekrar ederek, otantik ilişkiler yerine çatışmalar yaratmamız olasıdır. Patronlarımıza veya iş arkadaşlarımıza yönelik eski izdüşümlerle ilerlememiz zor olabilir.

Reddedilen Ebeveynimizin Deneyimini Tekrar Edebiliriz

Bir ebeveyni reddettiğimizde bizi bağlayan tuhaf bir simetri meydana gelebilir, farkında olmayarak kendimizi o kişinin yerine koyabiliriz. Ebeveynimizde kabul edilemez nitelendirip yargıladığımız veya tolere edemediğimiz şeyler yaşamımızda yeniden ortaya çıkabilir. Bu, bize istenmeyen bir miras almışız gibi hissettirebilir.

Bunun tersinin doğru olduğunu varsayalım. Kendimizi ebeveynimizden ne kadar çok uzaklaştırırsak, onlarla benzer yaşamlar yaşama ve yaşadıkları problemleri tekrarlama olasılığımız da o kadar azdır ancak bunun tam tersi daha doğru gibi görünüyor. Kendimizi onlardan uzaklaştırdığımız zaman, onlara daha benzer hâle geliriz ve genellikle onlarla benzer yaşamlar sürdürürüz.

Örneğin babamız alkolik veya başarısız olması sebebiyle reddedildiyse, tıpkı onun gibi içebilir veya başarısız olabiliriz. Bilinçdışı bir biçimde onun adımlarını takip ederek, onda negatif olarak algılanan şeyi paylaşarak onunla gizli bir bağ kurarız.

Kevin'ın Babasıyla Gizli Bağı

Otuz altı yaşındaki Kevin, en iyi on internet şirketi arasında sayılan bir şirketin üst yönetim kademesinde bir pozisyonda olması durumuyla gurur duyuyordu.

Ne var ki alkol sorununun onun hayatını mahvedeceğinden endişe ediyordu. "Sinir krizi geçireceğim, tükeneceğim ve sahip olduğum her şeyi kaybedeceğim."

Kevin'ın Çekirdek Dili: Kevin'ın ailesinde, babası tam da bunu yapmıştı. Kevin'ın babası Boston'da başarılı bir avukatmış, alkolik olmuş, işini kaybetmiş ve ardından sağlığını da kaybetmiş. Aile en sonunda evinden de olmuş. O dönem Kevin on yaşındaydı ve annesi onu babasından uzağa götürmüştü. Kevin sıklıkla annesinin şöyle dediğini anımsıyor; "Baban hiç de iyi biri değil. Hayatımızı mahvetti." Kevin o zamandan sonra babasını nadiren gördü. Babası akciğer yetersizliğinden genç yaşta öldü. Kevin babası öldüğünde yirmi beş yaşınday-dı. İçki içme alışkanlığı da o yaşta başladı.

Kevin, babası on iki yaşındayken yaşanmış bir olayı duy-duğunu hatırladı. Babası ve dokuz yaşındaki erkek kardeşi terk edilmiş bir ambara tırmanırlarken, küçük kardeş çatıdan düşmüş ve ölmüştü. Kevin'ın babası kardeşinin ölümünden dolayı suçlanmıştı. Şimdi Kevin, kardeşinin ölümünden ken-dini sorumlu tutan babasının, kardeşi hayatını yaşayamamış-ken hayatını yaşamayı sürdüremeyebileceğini anlıyordu.

Birlikte yaptığımız seans esnasında anlık bir içgörüyle Ke-vin, kendine zarar verme durumuyla benzerlik kurdu. Genç yaşta ölerek sadece ailesindeki yıkımı artıracağını fark etti. Babasının taşıdığı yükü anladıktan sonra Kevin ona yönelik derin bir sevgi duydu. Bu duygu içini merhametle kapladı. Uzun zaman önce onu iterek uzaklaştırdığı için şimdi üzüntü duyuyordu.

Yalnızca bu bağlantıyı kurarak Kevin büyük yaşamsal de-ğişiklikler yaptı. İçki içmeyi bıraktı ve ilk defa babasının arka-sında durduğuna dair bir imgeyle desteklenmiş hissetti. Artık önünde onu bekleyen yaşam için heyecan duyuyordu.

Başarısızlığa Yönelik Bilinçdışı Bağlılık

Ebeveynlerimizin talihsizliklerini tekrar etmek için illa onları reddetmemiz gerekmez. Bazen bizi onlarla benzer bir deneyi-me saplanmış hâlde tutan bilinçdışı bir bağ paylaşırız.

Başarılı olmak için üst düzey çaba göstermemize rağmen kendimizi yaşamımızda, onların başardığından daha fazla şey başaramaz hâlde bulabiliriz.

Örneğin babamız işinde başarısız olduysa ve aileye finansal yönden destek sağlayamadıysa biz de bilinçdışı bir biçimde aynı şekilde başarısız olarak ona dahil olabiliriz. Gizli bir bağlılığa yakalanmış olarak ondan üstün olmamak için kendi başarımızı sabote edebiliriz.

Bart adında başka bir danışanım satış ekibinin en zayıf halkasıydı. Sadece zar zor geçineceği kadar para kazanabiliyordu. Ona babasını sorduğumda bana babasının sadece sekizinci sınıfa kadar okuduğunu ve basit bir yaşam sürdüğünü anlattı. Çok para kazanırsa ne olacağını sorduğumdaysa Bart "yaşamın basitliğini kaçırmaktan" korktuğunu söyledi. Bu, babasının onu övdüğü bir erdemdi. "Çok paraya sahip olmak hayatımın değerini düşürebilir ve hayatımı karmaşık hâle getirebilir. Önemli olan şeyler kaybedilebilir."

Bart'ın Çekirdek Dili: "Çok para sahibi olmak hayatımın değerini düşürebilir." Bart'ın babasının değerlerini taklit etmeye çalıştığı görünüyordu. Babasından daha başarılı olmamaya yönelik bilinçdışı bir bağ taşıdığını fark eder etmez Bart, finansal hedeflerini yeniden değerlendirmeye başladı. Bart başarısını kısıtlamasının, babasının Bart için istediği şeyin tam tersi olduğunu açıkça anladı. Bart temposunu artırdı. Sekiz ay içinde satış verimi iki katına çıktı.

Ebeveynlerimizin ötesinde diğer aile bireyleriyle bilinçdışı bir biçimde bağ kurabiliriz ve kendimizi farkında olmayarak bir teyze/hala, amca/dayı, büyükanne/dede veya diğer bir aile bireyiyle bağlanmış hâlde bulabiliriz.

Paul'un durumu buydu. Terfi etme durumu tekrar tekrar es geçildikten sonra benimle görüşmeye geldi. Ona doğrudan hiç ifade edilmemiş olmasına rağmen Paul'un bakımsız görünüşü ve kıyafetlerinin eski püskü ve kirli olması terfi edilmeyişine katkıda bulunuyordu. Bir lider nasıl görünmeli konusunu es geçmişti.

Paul küçük bir çocukken, kasabanın zavallısı konumundaki dedesinden nasıl utandığını hatırladı. Paul ve arkadaşları, yiyecek bulmak için çöp tenekelerini karıştırırken veya kasabadaki sinemada akşamüstleri uyurken görülebilen dedesiyle alay ederlerdi. Şimdi bir yetişkin olarak Paul, onun gibi giyinerek ve onun korkularını yeniden yaşayarak dedesinin yaşamının özelliklerini tekrar ediyordu.

Paul'un Çekirdek Dili: "Yeterince iyi değilim. Beni istemiyorlar." Birlikte aile geçmişine baktık. Paul'un dedesi dört yaşındayken, ailesi zor bir döneme girmiş ve ona bakamayacak hâle geldikleri sebebiyle yetimhaneye gönderilmişti. Paul istenmediğini ve yeterince iyi olmadığını hisseden asıl kişinin dedesi olduğunu anladı. Paul, bu duyguları hissetmeye çok az bir süre daha devam etti.

Dedesiyle kurduğu bilinçdışı bağlılığı fark ettikten sonra Paul özgürleşti. Artık ona bağlılık hissetmek için dedesi gibi giyinmek yerine ona şefkat duyarak da bağlılık hissedebiliyordu. Bu özdeşleşmeyi anlayan Paul hemen fiziksel görünümünde düzgün seçimler yapmaya başladı.

Bitmemiş Meselelerin Mirası

Sevilen bir aile bireyi genç yaşta öldüğü zaman ve yaşamını tamamlayamadığı düşünüldüğünde, genellikle ailenin daha sonraki nesilinden biri sessiz bir anlaşmayla çok önemli bir şeyi tamamlamakta başarısız olabilir. Daha sonraki aile bireyi, okulu bitirmek veya başarı getireceği bir anlaşma yapmak gibi hayatında önemli bir işi başarmaya ramak kala durabilir. Erteleme de erken ölen bir aile bireyine bağlılıktan kaynaklanmaktadır.

Richard yaşamında neden bazı modelleri tekrar ettiğini anlamaya çalışıyordu. Parlak bir havacılık mühendisi olarak, havacılık alanında bazı önemli gelişmelerden sorumluydu ancak övgü almak için ileri adım atamıyordu. Hatta bir başkası ona ait bir çalışmanın patentini almıştı. Kendini aldatılmış hissetmesine rağmen sadece kendini suçladı. "Bana başarı getirecek riskleri almıyorum. Hiçbir zaman başarılarımla tanınmadım." dedi.

Richard'ın Çekirdek Dili: "Hiçbir zaman tanınmadım."

Richard'ın aile sisteminde paralel bir yaşantı vardı. Richard'ın abisi ölü doğmuştu. Ailede hiç kimse abisinden veya ölümünden bahsetmemişti. Hiç görmemiş veya tanımamış olsa da abisine duyduğu bağlılıkla Richard da tanınmadan yaşıyordu.

Bu etkiyi anladıktan sonra Richard "son şans" olarak isimlendirdiği yeni icadı için patent başvurusu yaptı. Yeni yaşamına doğru çok büyük bir adım attı ve yaşamı da eşit derecede ona doğru çok büyük bir adım attı. Richard patenti aldı ve icadı havacılık endüstrisinin bütünleyici bir parçası oldu.

Bizler genç yaşta ölen bir aile bireyi gibi tanınmadan veya görünmeden yaşarken zihinsel, fiziksel veya duygusal görevleri olan bir aile bireyine bağlı olmaktan da kısıtlanmış hâlde yaşayabiliriz. Yaşamlarının bir açıdan kısıtlı olduğunu düşündüğümüz bir kardeşe, teyze/halaya, dayı/amcaya veya büyükanne/dedeye bağlı olarak bilinçdışı bir biçimde kendi hayatımızı da benzer şekilde kısıtlar ve kendi başarılarımızı sınırlandırabiliriz.

Geçmişteki Yoksulluk Mevcut Zenginliği Gölgeleyebilir

Bazen yoksulluk içinde yaşamış, kendi geçimlerini sağlamak ve çocuklarına bakmakta zorlanan atalarımızla bilinçdışı bir bağ kurarız. Muhtemelen onları savaş, kıtlık veya zulüm, dünyanın başka bir yerinde yeni bir başlangıç yapabilmek üzere vatanlarını ve eşyalarını terk etmek zorunda bırakmıştır. Atalarımız büyük zorluklar yaşamışlarsa, farkında olmaksızın onların acılarını devam ettirebiliriz ve bolluk içinde bir hayat yaşama girişimlerimiz engellenebilir. Onların sahip olduğundan daha çok şeye sahip olmamız zor olabilir.

Genellikle, mücadele veren aile üyelerimizi, arkalarında bıraktıkları ülkelerini veya kültürlerini onurlandıran basit bir ritüel bizi köklendirir, böylece onların çabaları sayesinde edindiğimiz 'yeni' yaşamın avantajlarından yararlanabiliriz. 'Geçmişten' içimizde yaşayan şeyleri, vatanımızdan veya kültürümüzden bugüne neler getirdiğimizi kabul etmenin yeniden bir yaşama başlamamıza izin verdiği görülür.

Bunun ötesinde, bizi koruduğu ve bize başarıya yönelik yeni fırsatlar sunduğu için barındığımız yeni ülkeye minnettarlık duyduğumuz zaman daha sağlam köklenmiş, yerleşmiş oluruz. Hatta bunun da ötesinde (vergi ödemek, yasalara uymak, hayır işleri yapmak gibi) bir şeyleri geri vermenin bir yolunu bulduğumuzda, ülkeye hizmet etmenin bir yöntemi olarak ailemizin elde ettiği avantajları dengelediğimizde, yeni evimizin bize sağladığı faydaları daha kolaylıkla elde ettiğimiz görülür.

Kişisel Suçluluk Hissi Başarıyı Bastırabilir

Bazen büyük acılar yaratacak olsa da kendi çıkarımız uğruna insanlardan yararlanmış veya onları incitmişizdir. Belki manipülasyon veya hileyle hak etmediğimiz miktarda bir paraya sahip olmuş olabiliriz, örneğin zenginlik için evlenerek veya çalıştığımız şirketten zimmetimize para geçirerek olabilir. Böyle bir olay meydana geldiğinde, genellikle bu finansal kazancı elimizde tutamayız. Kendimizi suçlu hissedip hissetmediğimize veya eylemlerimizin doğurabileceği sonuçları düşünüp düşünmediğimize bakmaksızın, bizler ve çocuklarımız verdiğimiz zararı dengelemek üzere kıtlık içinde yaşam sürebiliriz.

Nihayetinde eylemlerimizin sonuçları, çözümlenmemiş aile travmaları, ebeveynlerimizle ilişkilerimiz ve aile sistemimizdeki acı çeken aile üyeleriyle karışıklıkların hepsi başarıya yönelik yolumuzun üzerinde duran engeller hâline gelebilirler. Şu anda dengesiz hâlde olduğu görülen şeylerle geçmiş arasında bağlantı kurduğumuzda, çok önemli bir adım atmış oluruz. İlgili herkes ve her şey, saygılı bir biçimde ele alındığında geçmişte bitmemiş meseleler geçmişte kalabilir ve bu da bizim daha özgür ve finansal açıdan daha rahat olmamızı sağlayabilir.

Başarıya Yönelik Yirmi Bir Soru

Aşağıda aile geçmişinizin sizin başarınız üzerinde nasıl bir etkisi olduğunu keşfetmeniz için yirmi bir soru vardır:

1. Annenizle zorlayıcı bir ilişkiniz var mıydı? (Yedinci bölümdeki çekirdek tanımlayıcılarınıza bakın.)

2. Babanızla zorlayıcı bir ilişkiniz var mıydı? (Yedinci bölümdeki çekirdek tanımlayıcılarınıza bakın.)

3. Ebeveynleriniz geçimlerini sağladıkları işlerinde başarılı mıydı?

4. Ebeveynlerden biri ailenin geçimini sağlama konusunda başarısız oldu mu?

5. Ebeveynleriniz siz küçükken ayrıldı mı?

6. Annenizin babanıza yönelik tavırları nasıldı?

7. Babanızın annenize yönelik tavırları nasıldı?

8. Siz küçükken, annenizle fiziksel veya duygusal bir ayrılık yaşadınız mı?

9. Anneniz, babanız, babaaanne, anneanne veya dedenizden biri genç yaşta öldü mü?

10. Sizin, ebeveynlerinizin veya büyükanne/dedenizin genç yaşta ölen kardeşleri var mı?

11. Siz veya ailenizden biri bir başkasının üstünden önemli miktarda kazanç elde etti mi?

12. Herhangi birine bir miras durumunda hile yapıldı mı?

13. Herhangi biri haksız bir şekilde miras veya para sahibi oldu mu?

14. Ailenizde herhangi biri iflas etti mi aile servetini kaybetti mi veya ailesinin finansal açıdan sıkıntı yaşamasına sebep oldu mu?

15. Aileniz dışından biri ailenizin finansal sıkıntı yaşamasına sebep oldu mu?

16. Başarısız, zavallı, kumarbaz olmak ve benzeri bir sebeple reddedilen biri var mı?

17. Evini veya sahip olduğu varlıkları kaybeden ve yeniden toparlanmakta zorluk yaşayan biri var mı?

18. Yoksulluğa düşen atalarınız var mı?

19. Siz göç ettiniz mi veya ebeveynleriniz göç etti mi?

20. Aile üyeleriniz vatanlarından kaçmak veya sürülmek durumunda kaldı mı?

21. Siz veya ailenizde herhangi biri bir başkasını dolandırdı mı veya başkasından faydalandı mı?

14. Bölüm
Çekirdek Dil Tedavisi

*Eğer avcunuzun içine iyice bakarsanız, orada
ebeveynlerinizi ve atalarınızın tüm nesillerini
göreceksiniz. Onların hepsi şu an yaşıyor. Her
biri, bedeninizde mevcuttur. Siz bu insanların her
birinin devamısınız.*

-Thich Nhat Hanh, *A Lifetime of Peace*

Ben bu kitapta sizlere geçmişin loş koridorlarına ışık tutan yeni bir dinleme yöntemi sundum. Çekirdek dil haritamızı nasıl çözeceğimizi keşfederek nelerin bize ait olduğunu ve nelerin aile geçmişimizdeki travmatik bir olaydan kaynaklanmış olabileceğini deşifre edebiliriz. Bunların kaynakları ortaya çıktığındaysa eski modeller serbest kalabilir ve bu da bize yeni yollar ve yeni yaşam imkânları açabilir.

Umuyorum ki daha önce yazdığınız korkularınıza tekrardan baktığınızda kendinizi daha hafif ve daha rahat hissetmişsinizdir. Belki de yol boyunca tanıştığınız aile üyelerine daha derin bir aidiyet hissi veya şefkat hissetmiş olabilirsiniz. Belki onlar artık farklı bir biçimde -kendinizden daha büyük bir şey tarafından desteklendiğinizi hissettiren destekleyici bir şekilde- yanınızda duruyorlardır. Belki de onların verdiği rahatlık ve desteği etrafınızda hissediyor olabilirsiniz.

Bu desteği hissetmek için bir dakikanızı ayırın. Bedeninizde bunu hissettiğiniz yerlere nefesinizi gönderin. Bu yeni hisler şimdi sizin içinizde ve büyümek için sizin ilginize ve dikkatinize ihtiyaç duyuyor. Aldığınız her bir bilinçli nefesle, sakinlik ve iyilik hissi tüm yönlere yayılabilir ve benliğinizin bir parçası hâline gelebilir. Her nefes alışınızda, güzel hislerin bedeninize yayılmasına izin verin. Her nefes verişinizde, tüm korku kalıntılarının nefesinizle birlikte yok olmasına izin verin.

Sonraki Adımlar: Dönüşüme Devam Edin

Ana cümlenizin ve kaynağının bilinçli olarak farkında olduktan sonra, kalıtsal korku ağınızdan kendinizi kurtarabilirsiniz. Bir zamanlar farkında olmadığınız bir mantra gibi işlev görüp sizi acı içinde tutan şeyler artık sizi özgürleştirebilecek kaynaklar olabilir. Eski duygularınızın geri döndüğünü hissederseniz, hiç uğraşmadan sadece bu adımları uygulayın.

Çekirdek cümlenizi yüksek sesle söyleyin veya sessizce kendinize söyleyin. Söyler söylemez, sadece bir dakikalığına eski korku hissinizin ortaya çıkmasına izin verin böylece hissettiğiniz duyguları daha iyi anlayabilirsiniz. Bu hisler, ana cümlenizin sizin bilginiz dışında etkinleştiğine dair birer işaret olabilirler. Bunun farkına varır varmaz, bunun trans hâlini sonlandırabilirsiniz. Bunu yapmanın üç kolay yolu aşağıdadır:

1. İçinizdeki düşünceleri, imgeleri ve hisleri tanırsınız.

2. Eski korkunun etkinleştiğini kabul edersiniz.

3. Sarmal hâlindeki duygulardan çıkmak için harekete geçersiniz.

Attığınız eylem adımları önemlidir. Kendinize şunu söyleyerek başlayabilirsiniz: "Bunlar benim duygularım değiller. Ben sadece bunları ailemden kalıtsal olarak devraldım." Bazen bunu kabul etmek dahi yeterlidir. Bir zamanlar sizi tutsak eden travmatik olayı veya özdeşleşmiş olduğunuz aile bireyini gözünüzde canlandırabilirsiniz. Bunu yaparken, bu duyguların şimdi gömüldüğünü ve ilgili aile bireyinin şimdi sizi rahatlattığını ve desteklediğini kendinize hatırlatabilirsiniz.

Ayrıca bedeninizde eski duyguların bulunduğunu fark ettiğiniz yerlere elinizi koyup derin nefes alabilirsiniz. Bunu yaparken kendinize şu soruyu sorabilirsiniz: Tam şu anda bedenimde hangi yeni hissi veya neyi fark ediyorum? Odağınızı ve nefesinizi bedeninize yönelttiğinizde ve orada bulunan hisleri hissettiğinizde, onlar tarafından tetiklenme yaşamadan içsel durumunuzu dönüştürebilirsiniz.

Ayrıca onuncu bölümdeki uygulamaları, alıştırmaları ve ritüelleri yeniden değerlendirmek isteyebilirsiniz ve yararlı bulduğunuz bazı iyileştirici cümleleri söyleyebilirsiniz. Size etkili gelen alıştırmalara geri dönün ve bunu her yaptığınızda beyninizde yeni nöral yollar oluşturduğunuzu ve bedeninizde yeni deneyimler yarattığınızı kendinize hatırlatın. Bu yeni deneyimlerin duygularını ve hislerini hissetmeye yönelik yaptığınız her alıştırmada, iyileşmeyi sağlamlaştırmış ve derinleştirmiş olursunuz. Bu adımları takip ederek, beynin travma tepkilerini sakinleştirmiş ve beynin kendinizi daha iyi hissetmenize yardımcı olabilecek bölümlerini güçlendirmiş olursunuz. Tekrar ediş ve dikkatinizi odaklamayla bu yeni düşünce, görüntü ve duygular devam edecek, günlük hayatın iniş çıkışları sırasında sizi istikrarlı tutacaktır.

Çekirdek Dil Yolunuzun Bitiş Çizgisine Varmak

Bu kitapta özetlenen adımları takip ederseniz, en kötü korkunuzun diğer tarafında durmanız muhtemeldir. Bu bir dağın zirvesinde durup bir vadiye bakmak gibi hissettirebilir. Uzakta, tüm bölge geniş açılı bir mercekten bakar gibi gözlenebilir. Vadinin dip bölümünde eski korkular, ümitsizlik dolu duygular, aile acıları ve talihsizlikler yatar. Bu bakış açısından bakıldığında, aile geçmişinin tüm parçaları görülebilir ve karşılanabilir.

Ailenizle ilgili önemli bilgileri bir araya getirerek, önemli bağlantılar kurdunuz. Artık kendinizi ve taşıdığınız fakat tanımlayamadığınız duygularınızı daha iyi anladınız. Şanslısınız ki bunlar sizinle başlamadı. Muhtemelen siz de en kötü korkunuzun artık o kadar korkutucu olmadığını keşfettiniz çünkü onun korkularını takip ederek yeni bir yere ulaştınız. Korkunuzun gizli dilinin aslında hiçbir zaman korkuyla bir ilgisi olmadığını artık biliyorsunuz. Daha büyük sır ise şuydu: Büyük bir sevgi tüm bu zaman boyunca sizin onu bulmanızı bekliyordu. Bu sizden önceki kişilerden ileriye aktarılan bir sevgidir, sizin hayatınızı geçmişin korkularını ve talihsizliklerini tekrarlamadan doyasıya yaşamanız konusunda ısrar eden bir sevgidir. Bu, derin bir sevgidir. Bu, sizi herkese ve her şeye bağlayan sessiz ve hiç bitmeyen bir sevgidir. Bu, etkili bir tedavidir.

Teşekkür

Bu kitabın çıkabilmesi için çok sayıda insan zamanını ve yeteneklerini özveriyle paylaştı. Bana gösterdikleri nezaket ve cömertlik karşısında çok mutlu oldum ve onur duydum.

Dr. Shannon Zaychuk bu metnin ilk taslakları üzerinde benimle birlikte tekrar tekrar çalışarak sayısız saatini harcadı. Kavramsallaştırmadan sözcükleri şekillendirme aşamasına kadar, bu kitabın temelinin oluşmasına yardım etti. Onun uzmanlığı ve önemli içgörüleri bu sayfalara derin bir boyut kazandırdı.

Yol ne zaman tıkanmış gözükse, muhteşem yazar ve editör Barbara Graham bana yol gösterici ve öncü oldu. Onun sonsuz bilgeliği pek çok açıdan kitapta can buldu.

Kari Dunlop, Kalıtsal Aile Travmaları Enstitüsü ile işleri yürütmekten sorumlu ve tüm süreç boyunca yararlı önerilerde ve duygusal destekte bulunarak bu projenin her yönüne yardımcı oldu. Onun yaratıcı fikirleri, cömertçe sunduğu arkadaşlığı ve yolun her adımında bana verdiği cesaret için minnettarım.

Viking'deki editörüm Carole DeSanti'ye minnettarım, onun vizyonu ve ileri görüşlülüğü bu kitabı benim hayalimden öte şekilde geliştirdi. Ayrıca Christopher Russell'a ve Viking'deki tüm takıma verdikleri büyük destek için çok teşekkür ederim.

Vekilim Bonnie Solow'a bilgeliği ve mükemmel rehberliği için derin şükranlarımı sunarım.

Bu projeye birçok arkadaşım ve meslektaşım büyük katkı sağladı. Ruth Wetherow'a bilimsel araştırmalar sırasındaki paha biçilmez yardımları için, Daryn Eller'a usta yorumları ve kitap taslağında sunduğu hüneri için, Nora Isaacs'a editoryal bilgileri için, Hugh Delehanty'ye tüm yol boyunca verdiği cömert rehberliği için, Corey Deacon'a nörofizyoloji konusundaki yardımları için, Stephanie Marohn'a ilk taslağı oluşturma aşamasındaki yardımları için ve Igal Harmelin-Moria'ya içgörüm tıkandığında ileriyi görmemi sağladığı için sonsuz şükranlarımı sunuyorum.

Bütünleyici tıp alanında Dr. Bruce Hoffman'a içgörüleri ve daimi desteği ve Dr. Adele Towers'a önemli olanı görme konusundaki keskin becerisi için son derece müteşekkirim. En başından beri bu kitabı çıkarmam için beni cesaretlendirdiler. Ayrıca neonatalog Dr. Raylene Phillips'e bu kitabın önemli kısımlarında sunduğu cömert desteği için ve Dr. Caleb Finch'e embriyoloji konusunda sunduğu uzman görüşü için teşekkür etmek istiyorum.

Ayrıca Variny Yim, Lou Anne Caligiuri, Dr. Todd Wolynn, Linda Apsley, Dr. Jess Shatkin ve Suzi Tucker'a derin şükranlarımı sunuyorum.

Paha biçilemez önerilerde bulunmalarının ötesinde bana daimi cesaret ve destek kaynağı oldular.

Son olarak benimle hikâyelerini paylaşan tüm cesur insanlara teşekkür borçluyum. En derin umudum, onları bu sayfalarda onurlandırmış olmaktır.

Sözlük

Köprü Soru

İnatçı bir belirtiyi, problemi veya korkuyu bir ana travmayla veya benzer şekilde mücadele etmiş bir aile bireyiyle bağdaştırmak üzere sorulan sorudur.

Çekirdek Şikâyet

Ana problemimizdir. İçselleştirilmiş veya dışa yansıtılmış olması fark etmeksizin, genellikle travmatik deneyimlerin parçalarından kaynaklanır ve çekirdek dilimizde ifade edilir.

Çekirdek Tanımlayıcılar

Ebeveynlerimize dair sahip olduğumuz bilinçaltında saklı olan duyguları gösteren sıfatlar ve kısa tanımlayıcı sözcüklerdir.

Çekirdek Dil

Çözümlenmemiş bir travmanın kaynağına gitmek üzere ipuçları sağlayan en derin korkularımızı yansıtan kişiye özgü kelimeler veya cümlelerdir.

Çekirdek Cümle

En derin korkumuzun duygu yüklü dilini ifade eden bir kısa

cümledir. Bu cümle çocukluğumuzdan veya aile geçmişimizden çözümlenmemiş bir travmanın kalıntılarını taşır.

Çekirdek Travma

Davranışlarımızı, seçimlerimizi, sağlığımızı ve iyilik hâlimizi bilinçli farkındalık olmaksızın etkileyebilen çocukluğumuzdan veya aile geçmişimizden çözümlenmemiş bir travmadır.

Genogram

Bir aile ağacının iki boyutlu görsel temsilidir.

İyileştirici Cümle

Yeni görüntüler ve iyilik hâli veren uzlaşma veya çözüm cümleleridir.

Ek A: Aile Geçmişine İlişkin Soru Listesi

- Kim erken öldü?
- Kim terk etti?
- Kim aile tarafından terk edildi, izole edildi veya dışlandı?
- Kim evlat edinildi veya kim çocuğunu evlatlık verdi?
- Kim doğum esnasında öldü?
- Kim ölü doğum, düşük yaptı veya kürtaj yaptırdı?
- Kim intihar etti?
- Kim ciddi bir suç işledi?
- Kim önemli bir travma yaşadı ya da felaket boyutunda bir olaydan dolayı acı çekti?
- Kim evini veya sahip olduğu varlıkları kaybetti ve yeniden toparlanmakta zorluk yaşadı?
- Kim savaşta mağdur oldu?
- Kim Nazi soykırımında öldü ya da bu veya başka bir soykırıma katıldı?
- Kim öldürüldü?
- Kim birini öldürdü veya birinin ölümünden veya talihsizliğinden kendini sorumlu tuttu?
- Kim bir başkasını yaraladı, aldattı veya birisinden faydalandı?
- Kim bir başkasının kaybından kâr elde etti?
- Kim haksız yere suçlandı?
- Kim hapsedildi veya hastaneye yatırıldı?

- Kimin fiziksel, duygusal veya zihinsel engeli vardı?
- Hangi ebeveynin veya büyükanne/dedenin evlenmeden önce ciddi bir ilişkisi oldu ve ne yaşandı?
- Bir kişinin başkası tarafından derinden kalbi kırıldı mı?

Ek B: Erken Dönem Çocukluk Travmalarına İlişkin Soru Listesi

- Anneniz size hamileyken travmatik bir olay meydana geldi mi? Anneniz ciddi anlamda endişeli, bunalmış veya stresli miydi?

- Ebeveynleriniz hamilelik boyunca ilişkilerinde zorluklar yaşadılar mı?

- Doğumunuz zor muydu? Prematüre mi doğdunuz?

- Anneniz hamilelik sonrası (postpartum) depresyonu yaşadı mı?

- Doğduktan kısa süre sonra annenizden ayrıldınız mı?

- Evlat edinilmiş bir çocuk musunuz?

- Yaşamınızın ilk üç yılında herhangi bir travma yaşadınız mı veya annenizden ayrı kaldınız mı?

- Siz veya anneniz hastanede yattınız mı ve ayrı kalmak zorunda kaldınız mı? (Bir süre kuvözde kalmış olabilirsiniz, bademcikleriniz alınmış olabilir veya başka bir tıbbi süreç yaşamış olabilirsiniz, annenizin ameliyat olması gerekmiş olabilir veya anneniz bir hamilelik komplikasyonu yaşamış olabilir vb.)

- Yaşamınızın ilk üç yılı süresince anneniz herhangi bir travma veya duygusal karmaşa yaşadı mı?

- Anneniz siz doğmadan önce hiç çocuk kaybetti mi veya düşük yaptı mı?
- Annenizin dikkati kardeşlerinizden birini içeren bir travma üzerinde miydi? (Geç dönem düşük, ölü doğum, ölüm, tıbbi bir acil durum vb.)

Dönüşüm Öfke

Doc Childre & Deborah Rozman, Phd

Özgür Ruh

Michael A. Singer

Notlar

1. Bölüm: Kaybolan ve Bulunan Travmalar

1. Mary Sykes Wylie, "The Limits of Talk: Bessel Van Kolk Wants to Transform the Treatment of Trauma," Psychotherapy Networker, July 16, 2015, www.psychotherapynetworker.org/magazine/article/818/the-limits-of-talk.

2. R. Yehuda and J. Seckl, "Minireview: Stress-Related Psychiatric Disorders with Low Cortisol Levels: A Metabolic Hypothesis," Endocrinology, October 4, 2011, http:// press.endocrine.org/ doi/ full/ 10.1210/ en.2011- 1218.

3. R. C. Kessler, et al., "Posttraumatic Stress Disorder in the National Comorbidity Survey," Archives of General Psychiatry 52(12) (1995): 1048–60,doi:10.1001/ archpsych.1995.03950240066012.

4. Judith Shulevitz, "The Science of Suffering," The New Republic, November 16,2014, www.newrepublic.com/ article/ 120144/trauma-genetic-scientists-say-parents-are-passing-ptsd-kids.

5. Josie Glausiusz, "Searching Chromosomes for the Legacy of Trauma," Nature, June 11, 2014, doi:10.1038/ nature.2014.15369, www.nature.com/news/searching -chromosomes-for-the-legacy-of-trauma-1.15369.

6. Rachel Yehuda, interview with Krista Tippett, On Being, July 30, 2015, www.onbeing.org/ program/rachel-yehuda-how-trauma-and-resilience-cross-generations/7786.

7. Ibid.

2. Bölüm: Üç Kuşak Paylaşılan Aile Öyküsü: Aile Bedeni

1. C. E. Finch and J. C. Loehlin, "Environmental Influences That May PrecedeFertilization: A First Examination of the Prezygotic Hypothesis from Maternal Age Influences on Twins," Behavioral Genetics 28(2) (1998): 101.

2. Thomas W. Sadler, Langman's Medical Embryology, 9th ed. (Baltimore: Lippincott Williams & Wilkins, 2009), 13.

3. Finch and Loehlin, "Environmental Influences That May Precede Fertilization,"101-2

4. Tracy Bale, "Epigenetic and Transgenerational Reprogramming of Brain Development,"-Nature Reviews Neuroscience, 16 (2015): 332–44; doi:10.1038/ nrn3818.

5. Bruce H. Lipton, "Maternal Emotions and Human Development," Birth Psychology, https://birthpsychology.com/free-article/maternal-emotions-and-human- development.

6. Bruce H. Lipton, PhD, The Wisdom of Your Cells: How Your Beliefs Control Your Biology (Louisville, CO: Sounds True, Inc., 2006), audiobook, Part 3.

7. Ibid.

8. K. Bergman, et al., "Maternal Prenatal Cortisol and Infant Cognitive Development: Moderation by Infant-MotherAttachment," Biological Psychiatry 67(11) (June 2010): 1026–32,doi:10.1016/ j.biopsych.2010.01.002, Epub February 25, 2010.

9. Thomas Verny, MD, and Pamela Weintraub, Nurturing the Unborn Child: A Nine-Month Program for Soothing, Stimulating, and Communicating with Your Baby (e-book) (New York: Open Road Media, 2014), in the chapter "Why the Program Works."

10. Ibid.

11. Lipton, "Maternal Emotions and Human Development."

12. Ibid.

13. "Definition of Epigenetics," MedicineNet.com, www.medterms.com/ script/ main/art. asp? articlekey= 26386.

14. Alice Park, "Junk DNA—Not So Useless After All," Time, September 6, 2012, http:// healthland.time.com/ 2012/ 09/ 06/junk-dna-not-so-useless-after-all/.

15. Danny Vendramini, "Noncoding DNA and the Teem Theory of Inheritance, Emotions and Innate Behavior," Medical Hypotheses 64 (2005): 512–19,esp. p. 513,doi:10.1016/ j.mehy.2004.08.022.

16. Park, "Junk DNA—Not So Useless After All."

17. Michael K. Skinner, "Environmental Stress and Epigenetic Transgenerational Inheri-

tance," BMC Medicine 12(153) (2014): 1–5,esp. pp. 1, 3, www.biomedcentral.com/1741-7015/12/ 153.

18. Vendramini, "Noncoding DNA and the Teem Theory of Inheritance, Emotions and Innate Behavior," 513.

19. Danny Vendramini, "Paper 5 of 5: The Teem Theory of NonMendelian Inheritance," 23, 25, www.thesecondevolution.com/ paper5dna.pdf.

20. Tori Rodriguez, "Descendants of Holocaust Survivors Have Altered Stress Hormones," Scientific American Mind 26(2) (February 12, 2015), www.scientificamerican.com/ article/ descendants-of-holocaust-survivors-have-altered-stress- hormones.

21. Alisha Rouse, "Holocaust Survivors Pass the Genetic Damage of Their Trauma onto Their Children, Researchers Find," The Daily Mail, August 21, 2015, www.dailymail.co.uk/ sciencetech/article-3206702/Holocaust-survivors-pass-genetic- damage-trauma-children-researchers-find.html.

22. C. N. Hales and D. J. Barker, "The Thrifty Phenotype Hypothesis," British Medical Bulletin 60 (2001): 5–20.

23. Bale, "Epigenetic and Transgenerational Reprogramming of Brain Development."

24. David Samuels, "Do Jews Carry Trauma in Our Genes? A Conversation with Rachel Yehuda," Tablet Magazine, December 11, 2014, http:// tabletmag.com/jewish-arts-and-culture/books/ 187555/trauma-genes-q-a-rachel-yehuda.

25. Patrick McGowan, et al., "The Legacy of Child Abuse," Headway 4(1) (2009), McGill University.

26. Jamie Hackett, "Scientists Discover How Epigenetic Information Could Be Inherited," Research, University of Cambridge, January 25, 2013, www.cam.ac.uk/ research/news/ scientists-discover-how-epigenetic-information-could-be-inherited.

27. Ibid.

28. Brian G. Dias and Kerry J. Ressler, "Parental Olfactory Experience Influences Behavior and Neural Structure in Subsequent Generations," Nature Neuroscience 17 (2014): 89–96,doi:10.1038/ nn.3594, www.nature.com/ neuro/ journal/ v17/ n1/abs/ nn.3594.html.

29. Hackett, "Scientists Discover How Epigenetic Information Could Be Inherited."

30. Katharina Gapp, et al., "Implication of Sperm RNAs in Transgenerational Inheritance of the Effects of Early Trauma in Mice," Nature Neuroscience 17 (2014): 667– 69, doi:10.1038/ nn.3695.

31. Richard L. Hauger, et al., "Corticotropin Releasing Factor (CRF) Receptor Signaling in the Central Nervous System: New Molecular Targets," CNS Neurological Disorder Drug

Targets 5(4) (August 2006): 453–79.

32. Hiba Zaidan, Micah Leshem, and Inna Gaisler-Salomon, "Prereproductive Stress to Female Rats Alters Corticotropin Releasing Factor Type 1 Expression in Ova and Behavior and Brain Corticotropin Releasing Factor Type 1 Expression in Offspring," Biological Psychiatry 74(9) (2013): 680–87, doi:10.1016/ j.biopsych .2013.04.014, Epub May 29, 2013, www.biologicalpsychiatryjournal.com/ article/S0006-3223(13)00361-2/ abstract.33. Max-Planck-Gesellschaft, "Childhood Trauma Leaves Mark on DNA of Some Victims: Gene-EnvironmentInteraction Causes Lifelong Dysregulation of Stress Hormones," ScienceDaily, December 2, 2012.

34. Patrick O. McGowan, et al., "Epigenetic Regulation of the Glutocorticoid Receptor in Human Brain Associates with Childhood Abuse," Nature Neuroscience 12(3) (March 2009): 342– 48,pp. 342–45, doi:10.1038/ nn.2270.

35. Hackett, "Scientists Discover How Epigenetic Information Could Be Inherited."

36. Rachel Yehuda, et al., "Transgenerational Effects of Posttraumatic Stress Disorder in Babies of Mothers Exposed to the World Trade Center Attacks During Pregnancy," Journal of Clinical Endocrinology & Metabolism 90(7) (July 2005):4115–18, p. 4117, doi:10.1210/jc.2005-0550, www.ncbi.nlm.nih.gov/pubmed/15870120.

37. Samuels, "Do Jews Carry Trauma in Our Genes?"

38. Rachel Yehuda, et al., "Gene Expression Patterns Associated with Posttraumatic Stress Disorder Following Exposure to the World Trade Center Attacks," Biological Psychiatry (2009): 1–4,esp. p. 3, doi:10.1016/ j.biopsych.2009.02.034.

39. Rachel Yehuda, et al., "Holocaust Exposure Induced Intergenerational Effects on FKBP5 Methylation," Biological Psychiatry, August 12, 2015, www.biologicalpsychiatryjournal. com/ article/S0006-3223(15)00652-6/ abstract, doi: 10.1016/j.biopsych.2015.08.005.

40. Eric Nestler, MD, PhD, "Epigenetic Mechanisms of Depression," JAMA Psychiatry 71(4) (2014), doi:10.1001/ jamapsychiatry.2013.4291, http:// archpsyc.jamanetwork. com/ article.aspx? articleid= 1819578.

41. Emily Laber-Warren, "A Fateful First Act," Psychology Today, May 1, 2009, www. psychologytoday.com/ articles/ 200904/fateful-first-act.

42. David Sack, MD, "When Emotional Trauma Is a Family Affair," Where Science Meets the Steps (blog), Psychology Today, May 5, 2014, www.psychologytoday.com/blog/where-science-meets-the-steps/201405/when-emotional-trauma-is-family- affair.

43. Virginia Hughes, "Sperm RNA Carries Marks of Trauma," Nature 508 (April 17,2014): 296–97, www.nature.com/ news/sperm-rna-carries-marks-of-trauma-1.15049.

44. Albert Bender, "Suicide Sweeping Indian Country Is Genocide," People's World, May 18, 2015, www.peoplesworld.org/suicide-sweeping-indian-country-is-genocide/.45. Ibid.

46. LeManuel Bitsoi quoted in Mary Pember, "Trauma May Be Woven into DNA of Native Americans," Indian Country, May 28, 2015, http:// indiancountrytodaymedianetwork.com/ 2015/ 05/ 28/trauma-may-be-woven-dna-native-americans-160508.

47. Stéphanie Aglietti, "Ghosts of Rwanda Genocide Haunt New Generation," The Sun Daily, April 12, 2015, www.thesundaily.my/ news/ 1381966.

48. Rachel Yehuda, et al., "Low Cortisol and Risk for PTSD in Adult Offspring of Holocaust Survivors," American Journal of Psychiatry 157(8) (August 2000): 1252–59,esp. p. 1255.

49. Rachel Yehuda, et al., "Influences of Maternal and Paternal PTSD on Epigenetic Regulation of the Glucocorticoid Receptor Gene in Holocaust Survivor Offspring," American Journal of Psychiatry 171(8) (August 2014): 872– 80, http:// ajp.psychiatryonline.org/ doi/ abs/ 10.1176/ appi.ajp.2014.13121571.

50. Judith Shulevitz, "The Science of Suffering," The New Republic, November 16, 2014, www.newrepublic.com/ article/ 120144/trauma-genetic-scientists-say- parents-are-passing-ptsd-kids.

51. Josie Glausiusz, "Searching Chromosomes for the Legacy of Trauma," Nature, June 11, 2014, doi:10.1038/ nature.2014.15369, www.nature.com/ news/searching- chromosomes-for-the-legacy-of-trauma-1.15369; Yehuda, "Influences of Maternal and Paternal PTSD," 872–880.

52. Ibid.

53. Ibid.

54. Samuels, "Do Jews Carry Trauma in Our Genes?"

55. Sack, "When Emotional Trauma Is a Family Affair."

56. Deborah Rudacille, "Maternal Stress Alters Behavior of Generations," Simons Foundation of Autism Research Initiative (April 18, 2011), http:// spectrumnews.org/news/ maternal-stress-alters-behavior-of-generations.

57. Ian C. G. Weaver, et al., "Epigenetic Programming by Maternal Behavior,"Nature Neuroscience 7 (2004): 847– 54.

58. Tamara B. Franklin, et al., "Epigenetic Transmission of the Impact of Early StressAcross Generations," Biological Psychiatry 68(5) (2010): 408-15, esp. pp. 409–11, doi:10.1016/ j.biopsych.2010.05.036.

59. Gapp, et al., "Implication of Sperm RNAs in Transgenerational Inheritance of the

Effects of Early Trauma in Mice."

60. Ibid.

61. Ibid.

62. Ibid.

63. Dias and Ressler, "Parental Olfactory Experience Influences Behavior and Neural Structure in Subsequent Generations."

64. Linda Geddes, "Fear of a Smell Can Be Passed Down Several Generations," New Scientist, December 1, 2013, www.newscientist.com/ article/dn24677-fear-of-a-smell-can-be-passed-down-several-generations.

65. Dias and Ressler, "Parental Olfactory Experience Influences Behavior and Neural Structure in Subsequent Generations."

66. Tanya Lewis, "Fearful Experiences Passed On in Mouse Families," Live Science, December 5, 2013, www.livescience.com/41717-mice-inherit-fear-scents-genes.html.

67. Zaidan, Leshem, and Gaisler-Salomon, "Prereproductive Stress to Female RatsAlters Corticotropin Releasing Factor Type 1 Expression in Ova and Behavior and Brain Corticotropin Releasing Factor Type 1 Expression in Offspring."

68. Ibid.

69. Youli Yao, et al., "Ancestral Exposure to Stress Epigenetically Programs Preterm Birth Risk and Adverse Maternal and Newborn Outcomes," BMC Medicine 12(1) (2014): 121, doi:10.1186/s12916-014-0121-6.

70. BioMed Central, "Stress During Pregnancy Can Be Passed Down Through Generations,Rat Study Shows," ScienceDaily, August 7, 2014, www.sciencedaily.com/releases/2014/ 08/ 140807105436.htm.

71. Yao, et al., "Ancestral Exposure to Stress Epigenetically Programs Preterm Birth Risk and Adverse Maternal and Newborn Outcomes."

3. Bölüm: Aile Zihni

1. Thomas Verny and Pamela Weintraub, Tomorrow's Baby: The Art and Science of Parenting from Conception Through Infancy (New York: Simon & Schuster, 2002), 29.

2. Winifred Gallagher, "Motherless Child," The Sciences 32(4) (1992): 12–15,esp. p. 13, doi:10.1002/ j.2326- 1951.1992. tb02399.x.

3. Raylene Phillips, "The Sacred Hour: Uninterrupted Skin-to-Skin Contact Immediately After Birth," Newborn & Infant Reviews 13(2) (2013): 67– 72, doi: 10.1053/j.na-

inr.2013.04.001.

4. Norman Doidge, The Brain That Changes Itself: Stories of Personal Triumph from the Frontiers of Brain Science (New York: Penguin, 2007), 243.

5. Ibid., 47.

6. Ibid., 203–4.

7. Norman Doidge, The Brain's Way of Healing: Remarkable Discoveries and Recoveries from the Frontiers of Neuroplasticity (New York: Penguin, 2015), 215.

8. Doidge, The Brain That Changes Itself, 91.

9. Dawson Church, The Genie in Your Genes: Epigenetic Medicine and the New Biology of Intention (Santa Rosa, CA: Elite Books, 2007), 69.

10. Perla Kaliman, et al., "Rapid Changes in Histone Deacetylases and Inflammatory Gene Expression in Expert Meditators," Psychoneuroendocrinology 40 (November 2013): 96–107, doi:http:// dx.doi.org/ 10.1016/ j.psyneuen.2013.11.004.

11. Church, The Genie in Your Genes, 67.

12. Doidge, The Brain That Changes Itself, 220–

13. David Samuels, "Do Jews Carry Trauma in Our Genes? A Conversation with Rachel Yehuda," Tablet Magazine, December 11, 2014, http:// tabletmag.com/jewish-arts-and-culture/books/ 187555/trauma-genes-q-a-rachel-yehuda.

4. Bölüm: Çekirdek Dil Yaklaşımı

1. Annie G. Rogers, The Unsayable: The Hidden Language of Trauma (New York: Ballantine, 2006), 298.

5. Bölüm: Dört Bilinçaltı Teması

1. Linda G. Russek and Gary E. Schwartz, "Feelings of Parental Caring Predict Health Status in Midlife: A 35-Year Follow-up of the Harvard Mastery of Stress Study," Journal of Behavioral Medicine 20(1) (1997): 1–13.

2. P. Graves, C. Thomas, and L. Mead, "Familial and Psychological Predictors of Cancer," Cancer Detection and Prevention 15(1) (1991): 59– 64.

3. David Chamberlain, Windows to the Womb: Revealing the Conscious Baby from Conception to Birth (Berkeley, CA: North Atlantic Books, 2013), 180.

4. Michael Bergeisen, interview with Rick Hanson, "The Neuroscience of Happiness," Greater Good: The Science of a Meaningful Life, September 22, 2010, http://greatergood.berkeley.edu/ article/ item/ the_ neuroscience_ of_ happiness.

6. Bölüm: Çekirdek Şikâyet

1. Bert Hellinger, No Waves Without the Ocean: Experiences and Thoughts (Heidelberg,- Germany: Carl Auer International, 2006), 197.

10. Bölüm: İç Görüden Entegrasyona

1. Rick Hanson, "How to Trick Your Brain for Happiness," Greater Good: The Science- of a Meaningful Life, September 26, 2011, http:// greatergood.berkeley.edu/ article/item/ how_ to_ trick_ your_ brain_ for_ happiness.

2. Andrea Miller, interview with Thich Nhat Hanh, "Awakening My Heart,"Shambha- la Sun, January 2012, 38, www.shambhalasun.com/ index.php? option=com_ content& task= view& id= 3800& Itemid= 0.

11. Bölüm: Ayrılık Dili

1. Thomas Verny, with John Kelly, The Secret Life of the Unborn Child (New York:Simon & Schuster, 1981), 29.

2. Ken Magid and Carole McKelvey, High Risk: Children Without a Conscience (New- York: Bantam Books, 1988), 26.

3. Edward Tronick and Marjorie Beeghly, "Infants' Meaning-Making and the Development of Mental Health Problems," American Psychologist 66(2) (2011): 107–19, doi:10.1037/ a0021631.

12. Bölüm: İlişkilerin Çekirdek Dili

1. Rainer Maria Rilke, "Letter no. 7," Letters to a Young Poet, trans. M. D. Herter Norton (New York: W. W. Norton, 2004; org. publ. 1934), 27.